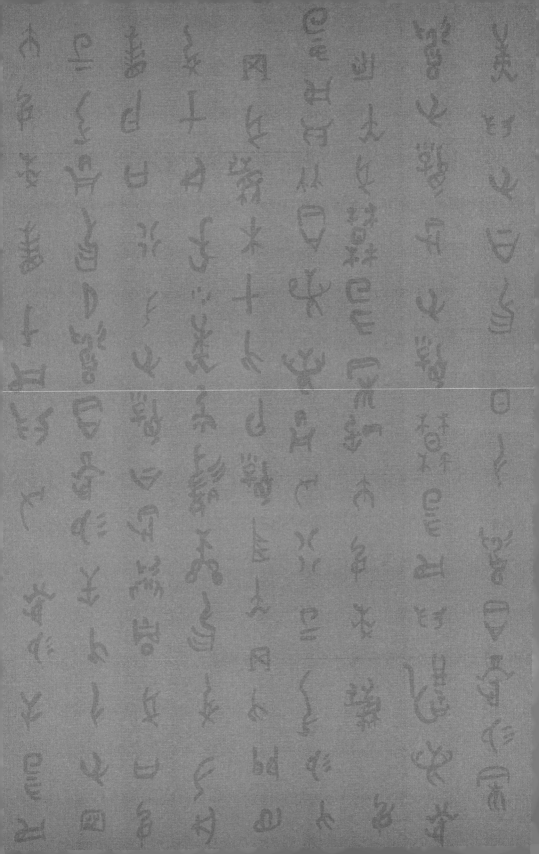

역경과 역전,
점술에서 철학으로

주역의 탄생

역경과 역전, 점술에서 철학으로

주역의 탄생

초판 1쇄 발행 | 2021년 1월 15일
초판 2쇄 인쇄 | 2021년 3월 10일

지은이 | 이봉호
펴낸이 | 김태화
펴낸곳 | 파라아카데미 (파라북스)
기획 · 편집 | 전지영
디자인 | 김현제

등록번호 | 제313-2004-000003호
등록일자 | 2004년 1월 7일
주소 | 서울 특별시 마포구 와우산로 29가길 83 (서교동)
전화 | 02) 322-5353   팩스 | 070) 4103-5353

ISBN 979-11-88509-42-3 (93140)

* 파라아카데미는 파라북스의 학술 관련 전문 브랜드입니다.
* 값은 표지 뒷면에 있습니다.

역경과 역전, 점술에서 철학으로

주역의 탄생

이봉호 지음

파라아카데미

머리말

『주역』에 대한 일반적인 이해는 다음과 같다. 주나라 이전에 복희씨에 의해 8괘가 만들어졌고, 문왕이 64괘를 그리면서 괘사를 붙였으며, 주공이 효사를 짓고 공자가 『역전』을 지으면서 오늘날 통용본인 『주역』이 되었다는 것이다.

하지만 이러한 일반적인 이해는 신화에 기초한 것이다. 이 책에서는 여러 역사적 자료를 면밀히 분석하고 현대 연구자들의 자료를 검토해 『주역』의 저자와 관련된 신화적인 부분을 제거하고, 『주역』이 어떻게 형성되었는지를 보여주려 노력하였다. 이러한 저술 의도는 『주역』과 관련된 신화들이 『주역』의 원형을 제대로 보지 못하게 한다는 생각 때문이었다. 아울러 『주역』을 바라보는 관점에서, 점술서와 철학서라는 양측면을 지닌 모순을 어떻게 설명할까라는 문제의식도 깔려있다.

이 책은 『주역』의 원문을 분석하고 설명한 것이 아니다. 『주역』에 대한 전반적인 이해를 목적으로 한다. 이 글을 따라가다 보면 『주역』

이 과거 여러 점술 중에서 어떻게 최고의 권위를 가진 점술서가 되었고, 또한 어떤 과정을 거쳐 점술서에서 철학서로 전환되었는지를 알게 될 것이다.

이 책은 내용을 나누어 1부와 2부로 구성하였다. 1부에서는 여러 점술에서 『주역』이 살아남아 점술서를 대표하는 책이 되는 과정을 7개의 장으로 나누어 서술하였고, 『주역』에 대한 오해들을 해명하였다. 2부에서는 『역전』의 내용을 각 편을 중심으로 서술하면서, 『주역』이 철학서로 전환되는 이론들과 용어들을 주로 서술하였다.

『주역』이라는 책은 점술서와 철학서라는 이중의 성격으로 이해된다. 『주역』은 한나라 초기까지 형성의 과정에 있었다. 한나라 초기의 정치상황을 정당화하는 논리로서 『주역』이 이용되었으며, 정치 이데올로기를 정당화하기 위해 태극과 음양론이 『주역』에 삽입된 것으로 본다. 『주역』이라는 책은 한무제 시기에야 우리가 지금 보고 있는 완전한 책으로 편집된다. 이러한 문제의식을 수렴한 질문이 '『주역』은 어떻게 탄생하는가?'였고, 이 책의 제목인 『주역의 탄생』이 되었다.

필자는 전통 한학교육기관인 한림원에서 노주 양홍렬梁洪烈 선생님께 『주역』을 배웠다. 필자가 노주 선생님께 『주역』에 관해 여러 질문한 것은 박사 논문 주제가 보만재保晚齋 서명응徐命膺의 역학이기 때문이었다. 조선시대 북학파의 비조인 서명응의 학문에서 핵심이 되는 것은 역학易學이었다. 서명응의 역학은 상수학象數學을 기반으로 한 역학사를 주된 내용으로 서술되어있다. 박사 논문을 준비하면서 역학에 관련된 자료와 책들을 상당히 모았다. 당시 논문을 준비하면서, 주역의 상수학에 관해 노주 선생님께 질문하면 선생님은 '몰라'라고 대답하시고는 다음 주가 되면 관련된 내용을 여러 책에서 찾아 설명해주셨다. 이미 작고하신 노주 선생님의 가르침이 없었다면 아마 오늘의 이 책은 쓸 수가 없었을 것이다.

이 책은 경기대학교 대학원에서 행한 '『주역』강의'의 강의록과 평소 연구한 결과물들을 정리하여 엮은 것이다. 강의에 쓰일 교재를 염두에 두고 집필했기에 다소 구어체의 문장들이 눈에 띤다. 하지만 그대로 두었다. 이것도 이 책의 성격을 보여 줄 것이기 때문이다. 필자의 강의를 수강했던 대학원생들에게 고마움을 전한다. 아울러 필자를 만나면 항상 『주역』을 두고 이야기를 나누었던 SK텔레콤 손길승 회장님, 윤순한 변호사님, 이우형 팀장님께도 감사의 말씀을 전한다.

차례

제2부 『역전』: 점술에서 철학으로

제1부

『역경』
점술들 중에서
승리하다

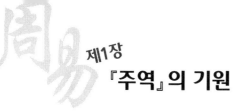

제1장

『주역』의 기원

1.『주역』에 대한 올바른 해명

주에周 대한 다양한 의견들

『주역周易』은 주나라 시대의 역이라고 알려져 있다. 주나라 시대의 역이라는 인식을 갖게 된 것은 다음과 같은 이유 때문이다. 먼저 8 괘와 64괘의 생성과 관련한 기록에 따른 것으로, 「계사전繫辭傳」에는 전설적인 인물인 복희씨[포희씨]가 8괘를 그렸고,[1] 역이 은나라 말기에 주나라 덕이 흥할 때 일어났다[2]는 문장이 있다. 또한 『사기史記』에서는 이 내용을 기초로 주나라 건국 초기 인물인 문왕이 8괘를 중첩하여 64괘를 만들었다[3]고 설명한다.

다음으로 주나라 시대의 관직과 그 역할을 집대성하고 있는 『주례

---

1. 「繫辭傳」下2, 古者包犧氏之王天下也, 仰則觀象於天, 俯則觀法於地, 觀鳥獸之文, 與地之宜, 近取諸身 遠取諸物, 於是, 始作八卦, 以通神明之德, 以類萬物之情.
2. 「繫辭傳」下11, 易之興也, 其當殷之末世, 周之盛德耶. 當文王與紂之事邪.
3. 『史記』「太史公自序」, 文王拘羑裏而演周易.

『周禮』[4]「춘관종백春官宗伯·태복太卜」의 내용에 따른 것이다. 이 편에는 "태복이 세 역의 법을 관장하는데 첫째는 연산이고, 둘째는 귀장이며, 셋째는 주역이다."[5]라고 적고 있다. 이 문장에 관련한 주석에서는, 율력지를 가져와 이를 근거로 주나라는 11월을 정正으로 삼아 이를 천통天統으로 확정했기에 건괘를 첫머리에 두었고, 은나라는 12월을 정으로 삼아 이를 지통地統으로 확정했기에 곤괘를 첫머리에 두었으며, 하나라는 13월을 정으로 삼고 인통人統으로 확정했는데 사람을 괘의 첫머리에 두는 이치가 없어 간괘를 첫머리에 두었다[6]고 주석한다. 이는 하나라의 역을 '연산역連山易'으로, 은나라 시대의 역을 '귀장역歸藏易'[7]으로, 주나라 시대의 역을 '주역周易'으로 주석하고 있는 것이다.

  이러한 주장들이 『주역』을 주나라 시대의 역이라는 생각을 갖게했고, 한나라 시대에 『주역』의 '주周'는 왕조의 이름이라는 설이 출현

---

4. 『周禮』의 성립 시기는 양한兩漢 시기이다. 『주례』는 한나라 시기에 『주관周官』으로 불렸고, 『사기史記·봉선서封禪書』에 처음 보인다. 그러다가 『한서漢書·경십삼왕전景十三王傳』의 〈하간헌왕전河間獻王傳〉에 『주례周禮』라는 명칭이 처음 등장한다. 하간 헌왕(? ~ BC 130)은 서한 시기 경제景帝의 둘째아들 유덕劉德으로, 황자의 신분으로 하간왕河間王에 봉해졌다. 그는 고대의 문헌들을 수집하고 정리하였는데, 『주례』뿐만 아니라 『모시毛詩』와 『좌전左傳』도 수집·정리하였다고 한다.

5. 『周禮·春官宗伯』, 大卜掌三兆之灋, 一曰玉兆, 二曰瓦兆, 三曰原兆. 其經兆之體, 皆百有二十, 其頌皆千有二百. 掌三易之灋, 一曰連山, 二曰歸藏, 三曰周易.

6. 『周禮·春官宗伯』, 위의 경문에 대한 주석, 律曆志云, …… 周以十一月爲正, 天統, 故以乾爲天首. 殷以十二月爲正, 地統, 故以坤爲首. 夏以十三月爲正, 人統, 人無爲卦首之理, 艮漸正月, 故以艮爲首也.

7. 귀장역은 1993년 3월 호북성湖北城 강릉현江陵縣 형주진영荊州鎭郢 북촌北村 왕가태王家台 15호 진묘秦墓에서 출토되었다.

하였다. 당나라 시대의 공영달孔穎達[8]은 '주' 자는 주나라 왕조를 지칭한다는 설을 적극적으로 주장하였다. 그는 『주역정의周易正義』「권수卷首, 제삼第三, 논삼대역명論三代易名」에서 주나라 문왕이 「역」을 짓고 은나라와 구별하기 위해 '주周'라고 이름을 붙였다[9]고 한다. 송대 학자들 대부분이 공영달의 이러한 설은 취한다. 정이程頤[10]의 『주역정씨전周易程氏傳』, 주희朱熹[11]의 『주역본의周易本義』 등에서 '주'자를 왕조의 이름으로 이해한다. 주희는 여기에서 더 나아가, 문왕文王이 단사彖辭를 붙였으며, 주공周公은 효사爻辭를 만들고, 공자孔子는 십익十翼을 지어 오늘날의 『주역』이 성립되었다[12]고 주장한다.

주왕조 시대의 역을 '주역'이라고 하였다면, 하왕조 시대의 역은 '하역', 은왕조 시대의 역은 '은역'이 되어야 하지 않을까? 괘사를 만들었다는 문왕은 은나라의 속국의 왕이었으며, 은나라의 왕 주紂에 의해 유리羑里라는 곳에 감금되어 있었다. 당시 주나라가 힘을 키우

---

8. 공영달(574~648)은 당나라의 학자로 자는 중달(仲達)이다. 태종 때 국자감의 좨주가 되었고, 위징(魏徵)과 함께 『수서隋書』를 편찬하였다. 또 『오경정의五經正義』를 편찬하여 오경 해석의 통일을 시도하였다.

9. 『周易正義』「第三 論三代易名」, 又文王作易之時, 正在羑里, 周德未興, 猶是殷世也. 故題周別於殷, 以此文王所演, 故謂之《周易》.

10. 정이(1033~1107)는 하남(河南) 낙양(洛陽) 사람으로 북송시기 이학자이다. 정호(程顥)의 동생. 서경국자감(西京國子監) 교수, 비서성교서랑(秘書省校書郎)과 숭정전설서(崇政殿說書) 관직 등을 지냈다.

11. 주희(1130~1200)는 송나라의 이학자, 사상가, 유학집대성자로 주자(朱子)라고 높여 부른다. 『주자어류朱子語類』, 『성리대전性理大全』과 같은 서적을 저술하면서 유학을 새롭게 해석해, 북송시기 유학을 집대성하였다.

12. 『周易本義』「易說綱領」, 文王, 見其不可曉故, 爲之作彖辭, 或占得爻處, 不可曉故, 周公, 爲之作爻辭, 又不可曉故, 孔子爲之作十翼, 皆解當初之意.

기는 했어도 여전히 은나라의 속국이었던 정황에서 문왕이 64괘를 그리고 괘사를 짓는 것이 가능했을까? 또한 문왕의 아들인 주공이 효사를 짓고 '주周'라는 국호를 서명에 쓰면서 『주역』이라고 명명할 수 있었을까?

이러한 의심을 제기한 사람이 있었다. 동한 시기의 경학經學의 대가인 정현鄭玄[13]이 의문을 가졌다. 그는 앞에서 언급한 『주례』「춘관 종백·태복」의 '세 역'의 의미를 해석할 때, '주周'자를 "두루 완비되다, 갖추지 않음이 없다[周普]."라고 보았다. 그는 『역해부록易解附錄· 역찬역론易贊易論』에서 "주역이란 역의 도가 두루 갖추지 않음이 없다는 말이다."[14]라고 풀었다. 이러한 풀이는 『주역』을 주나라 왕조의 역이 아니라, 점서占書 혹은 그 점서의 기능과 효용이 완전한 '역'이라는 의미로 이해한 것이다.

정현은 또한 "연산역은 구름을 뚫고 나온 산들이 첩첩으로 이어져 끊어지지 않은 것을 형상한 것이고, 귀장역은 만물은 그 속에 감추어지지 않음이 없는 것이다"[15]고 풀이했다. 이러한 세 가지의 역에 대한 해석은 왕조에 따른 구분이 아니라, 성격이 다른 세 종류의 역이라는 의미가 된다.

---

13. 정현(BC 127 ~ BC 200)은 동한 시기 경학자이다. 일찍이 태학에 입학하여 『경씨역京氏易』, 『공양춘추公羊春秋』 및 『삼통력三統曆』 등을 공부하고, 또 장공조(張恭祖)로부터 『고문상서古文尚書』, 『주례周禮』, 『좌左傳』 등을 배웠으며, 마융(馬融)으로부터 고문경을 배웠다. 정현의 학문은 고문경학을 위주로 하면서 금문경학을 겸하고 있다. 한나라 경학의 집대성자였다.

14. 『易解附錄·易贊易論』, 周易者, 言易道周普, 無所不備.

15. 『易解附錄·易贊易論』, 連山者, 象山之出雲, 連連不絕, 歸藏者, 萬物莫不歸藏於其中.

수당 시기 육덕명陸德明[16]도 정현의 세 가지 역에 대한 이해를 받아들여, 『경전석문經典釋文』에서 '주'의 뜻을 "두루 통하다[至], 갖추다[備]."[17]라고 풀이하였다. 현대 학자들은 정현의 이러한 해석에 의거해 역을 다음과 같이 설명하기도 한다. 연산역에서 괘의 배열에서 가장 먼저 산을 상징하는 간괘艮卦를 둔 것은 목축시대에 광활한 초원에서 멀리 보이는 산들이 연이어 있는 모양을 형상화한 것이다. 귀장역에서 땅을 상징하는 곤괘坤卦를 괘의 배열에서 가장 먼저 둔 것은 오곡이 땅에서 발아하여 자라나는 것을 의미하며 농경 시대의 역이라고도 한다.[18]

하지만 대부분의 현대 학자들은 『주역』의 성립 시기에 대해, 합의된 의견을 제시하지 못하고 있다. 64괘와 괘사, 효사의 형성과 관련해 고형高亨, 장립문張立文, 주백곤朱伯崑 등의 현대 학자들에게서도 합의된 의견이 없다. 청대로부터 현대에 이르는 『주역』 연구자들의 학설을 종합하면 대체적으로 은·주 교체기에 『주역』이 형성되었다는 설과 서주 말기에 형성되었다는 설, 그리고 전국시대 초기에 형성되었다는 설로 구분해 볼 수 있다.(이와 관련해서는 8장에서 논의하겠다.)

간략하게 정리하면, 『주역』은 한나라 시대부터 주나라 시대의 역이라는 학설이 제기되었고, 송나라 시대에 정이와 주희에 의해 이 학설은 정설이 되었다. 그러나 이 주장은 복희伏羲와 문왕의 전설에 기초한 것이고, 괘사나 효사의 내용을 검토하면 문왕과 주공시대 이

---

16. 육덕명(550?~630)은 당대의 학자로 『경전석문經典釋文』 30권을 편찬했으며, 『노자소老子疏』와 『역소易疏』 등을 남겼다.

17. 『經典釋文』, 周, 至也, 遍也, 備也. 今名書, 義取周普.

18. 徐志銳 著, 『周易陰陽八卦說解』, 里仁書局印行, 民國83, 2쪽.

후의 역사적인 내용이나 문헌학적으로 후대에 쓰인 용어가 나타나기도 한다. 십익(역전) 또한 공자에 의해 작성된 것이라고 하나 십익의 여러 편의 글들이 전국시대와 진한교체 시기에 작성된 것도 있으며 심지어 한무제 시기에 작성된 것도 보이는 등 작성된 시기가 다르다는 것이 밝혀졌다. 이러한 점들 때문에 현대 학자들조차도 『주역』의 성립 시기에 대한 합의된 의견을 제시하지 못하고 있다.

역易의 의미

'역'이라는 글자에 대한 해석은 크게 네 가지로 구분할 수 있다. 첫째는 '易'이라는 글자의 형상이 '나는 새의 형상[鳥]'이라는 것이다. 역의 한자 모양이 조鳥(鳥)자의 형상과 닮았다는 이유이다.

둘째는 동한 시대 허신許慎[19]의 『설문해자說文解字』에서 언급한 것으로, 역을 도마뱀[蜥易]을 형상화한 것[20]으로 풀이한다. 도마뱀은 환경에 따라 보호색을 자유롭게 바꿀 수 있는 능력을 있기에, 이를 따라 변역變易의 의미로 역易이라고 풀이한 것이다. 도마뱀이 자유롭게 보호색을 바꾸는 것을 통해 우주의 삼라만상이 천변만화하는 것을 상징한다고 풀이한 것이다. 이러한 설을 이은 공영달이 『주역정의周易正義』 서문에서 변화를 총괄하는 명칭으로 '역'을 사용하였다. 이후 사람들이 『주역』을 변화라는 의미로 이해하기 시작했다.

셋째는 '역易'자를 글자 모양에 따라 '日'과 '月'자의 결합으로 보고,

---

19. 허신(58~147)은 동한東漢 시대의 유명한 경학자이자 문자학자이다. 허신은 30년 동안 『설문해자』를 편찬하면서 한자의 형(形), 음(音), 의(義)를 규명했다. 허신은 중국어 문자학에 뛰어난 공헌을 하여, '문자학의 성인[字聖]'으로 존칭되고 있다.

20. 『說文解字』, 易, 蜥易, 蜓蜒, 守宮也. 象形.

일은 양陽으로, 월은 음陰으로 이해하는 설이 있다. 이 설은 허신의 『설문해자』에 따른 것으로, 그는 "일월이 역이 된다. 음양을 형상한 것이다."[21]라고 하였다. 이는 한자를 만드는 회의會意의 방법으로 '일'과 '월'의 결합을 '역'으로 보는 입장이다. 이 학설은 동한 시기의 도교 연단서인 『주역참동계』[22]에 등장하고, 이 책을 삼국 시기의 역학 이론가인 우번虞翻[23]이 주석하면서 역에 대한 새로운 정의가 된다.

마지막으로, '역'을 '간역簡易', '변역變易', '불역不易'의 의미로 풀이하는 경우가 있다. 이 설은 한나라 시대의 『역위건착도易緯乾鑿度』에 따른 것으로, 이 책에서는 "역은 하나의 이름이지만 세 가지 뜻이 포함된다. 이른바 간이한 역, 변화하는 역, 바뀌지 않는 역이다."[24]라고 한다. 이는 '역'의 의미에서 '간단하고 쉽다'는 의미와 '변화한다'는 의미, '그러한 변화 속에서 불변하는 원리가 있다'는 의미로 풀이한 것이다. 이러한 의미는 '역'이 갖는 다양한 의미를 모두 포괄하는 풀이이다.

---

21. 『說文解字』, 日月爲易, 象陰陽也.

22. 『周易參同契』 9장 경문, 坎戊月精, 離己日光, 日月爲易, 剛柔相當.

23. 우번(164~223)은 최초로 『周易參同契』를 주석한 사람이다. 우번이 주석한 『주역참동계』는 남아 있지 않다. 우번은 『주역참동계』의 역에 대한 정의를 수용해, 역 易을 日月의 결합으로 본다.

24. 『易緯乾鑿度』, 易一名而含三義, 所謂簡易也, 變易也, 不易也.

2. 『주역』과 공자의 관계

과연 공자가 십익[역전]을 지었을까?

'공자가 십익十翼: 『역전易傳』을 지었는가?', '공자가 『역경』의 경문을 산정하였는가?'라는 의문이 있다. 앞에서 언급한 내용에 따르면 이 질문은 당연히 제기된다. 이 문제를 본격적으로 다루기 전에 『주역』과 공자의 관계를 언급한 몇 개의 문장들을 살펴보자. 첫 번째 문장은 『주역전의대전周易傳義大傳』의 서문에서 가져왔고, 두 번째 문장은 『사기史記』「공자세가孔子世家」에서 가져왔으며, 세 번째 문장은 『논어論語』「술이述而」에서 가져왔다.

『주역』은 상경上經과 하경下經 2편과 공자孔子가 지은 십익十翼 10편이 각각 따로 책이 되어 있었다. 그런데 전한前漢 시대의 비직費直[25]이 처음으로 「단전彖傳」과 「상전象傳」으로 경문經文을 해석하여 경문經文의 뒤에 붙였다. 정현鄭玄과 왕필王弼[26]이 이를 기준으로 삼고 또 괘사卦辭와 효사爻辭의 아래에 나누어 붙였으며, 건괘와 곤괘에 「문언전文言傳」을 보태어 넣고서, 처음으로 경문經文과 구별하기 위해, '단왈彖曰', '상왈象曰', '문언왈文言曰'이라는 글자를 덧붙였으며, 「계사전繫辭傳」에서부터 「잡괘전」이

---

25. 비직(생몰연대 불분명)은 서한 시기 고문 역학의 대가로, 그의 역학을 비씨학(費氏学)이라고 부른다.

26. 왕필(226~249)은 위진현학을 대표하는 철학자로, 노자와 주역에 탁월한 연구 결과를 남겼다. 현대 대표적인 노자 통행본은 왕필이 주석한 『노자왕필주老子王弼注』이다. 또한 역학에서 상수학을 비판하면서 의리역을 열어 『주역주周易注』를 남겼다. 아내와 딸을 남기고 23세에 죽었다.

후의 편장체계는 예전과 똑같다. 역대로 이러한 체제를 따랐으니, 이것이 지금의『주역』이다.[27]

공자가 만년에 역을 좋아하여「단전」,「계사전」,「상전」,「설괘전」,「문언전」의 차례를 매겼다. 역을 읽어 가죽 끈이 세 번이나 끊어졌으며, 나에게 몇 년을 빌려주어 이와 같이 할 수 있다면, 내가 역에 대해서 분명히 할 것이다.[28]

나에게 몇 해를 더 주어, 오십에 역을 공부할 수 있다면 큰 허물이 없을 수 있을 것이다.[29]

먼저 첫 인용문의 내용과 두 번째 인용문의 내용에서 "공자의 십익 10편"이라는 말과 "공자가 만년에 역을 좋아하여「단전」,「계사전」,「상전」,「설괘전」,「문언전」의 차례를 매겼다."는 문장이 있다. 이들 문장은 공자가『주역』에서『역경易經』을 제외한『역전易傳』을 지었다는 것을 의미한다. 이 내용을『한서漢書』에서도 수용해 기록하고 있다. 이 인용문들은 공자와『주역』이 밀접한 관계가 있으며,『역전』의 저자를 공자라고 인식하게 만든다. 그런데 과연 그럴까?

27.『周易傳義大全』「凡例」, 周易, 上下經二篇, 孔子十翼十篇, 各自爲卷. 漢費直, 初以象象釋經, 附於其後. 鄭玄, 王弼, 宗之, 又分附卦爻之下, 增入乾坤文言, 始加象曰, 象曰, 文言曰, 以別於經而繫辭以後, 自如其舊. 歷代因之, 是爲今易.

28.『史記』,「孔子世家」, 孔子晚年而喜易, 序彖繫象說卦文言. 讀易韋編三絶. 曰假我數年, 若是, 我於易, 則彬彬矣.

29.『論語』「述而」, 子曰, "加我數年, 五十以學易, 可以無大過矣."

『역전』[30]은 7종으로 그 편수는 10편이다. 구체적으로는 「단전」 상·하편, 「상전」 상·하편, 「문언전」, 「계사전」 상·하편, 「설괘전」, 「서괘전」, 「잡괘전」으로 구성되어 있다. 이 10개 편을 한나라 경학자들은 "10익+翼"이라고 불렀다. "익翼"의 의미는 "보좌한다"는 의미로, 『역경』을 해석하고 보조한다는 의미이다.[31] 『역전』의 7종 10개편의 저자와 저작 시기는 여전히 논란거리이다. 송대의 구양수歐陽脩[32]가 최초로 「계사전」뿐만 아니라 『역전』 모두가 공자의 저작이 아니라는 의심을 하였고,[33] 청대의 학자들에 의해 「단전」과 「상전」이 공자의 저작이 아님이 밝혀졌다.[34] 이후 현대 학자들에 의해 이들 『역전』은 대부분 전국 시대에서 쓰이기 시작했고, 또한 한 사람에 의해 쓰인 것이 아니라 여러 사람의 손을 거쳐서 이루어졌으며, 『역전』의 여러 편이 한나라 초기에 완성된 것이라고 본다.[35]

현대 학자들이 공자가 십익을 쓴 것이 아니라고 판단하는 근거로, 첫째는 공자의 사상을 전수받았다고 자임하는 맹자孟子에서 역과 관

---

30. 『역전易傳』의 '전傳'은 한대 학자들이 유가 경전을 해석하여 저술한 책들을 부르는 명칭으로 사용했다. 『역경易經』을 해석한 '십익'과 같은 종류의 책을 『역전易傳』이라고 불렀다.

31. '십익十翼'이라는 용어는 『역위건착도易緯乾鑿度』에 처음 등장한다. 이 책에서 '십익'이라는 용어가 등장하고 나서 동한 시기의 경사들이 이 용어를 일반화시켰다.

32. 구양수(1007~1072)는 송대 정치가이자 학자로 당송8대가唐宋八大家의 한 사람이다. 저술로는 『문충공집文忠公集』, 『신당서新唐書』 등이 있다.

33. 『易童子問』권3, 繫辭非聖人之作乎, 曰何獨繫辭焉, 文言, 說卦而下, 皆非聖人之作, 而象說淆亂, 亦非一人之言也.

34. 朱伯崑, 『周易哲學史』上册, 북경대학출판사, 1986, 39쪽 참조.

35. 카나야 오사무 지음, 김상래 옮김, 『주역의 세계』, 한울출판사, 2010, 129쪽 참조.

련된 내용이 전혀 나오지 않는다는 점이다. 『역전』을 관통하는 핵심 개념이 음양陰陽이지만, 이 음양론의 사유가 춘추시대 말기에 활동한 공자에게서 보이지 않으며, 맹자에게서도 보이지 않는다는 점이다. 또한 음양은 전국 시기에 탄생한 개념이어서 공자와 시대적으로 맞지도 않는다.

둘째는 공자의 사상을 이은 전국시대 순자荀子 역시 역을 비롯한 점술에 대한 입장과 태도에서 회의적이라는 점이다. 『순자荀子』「대략大略」편에는 '역을 잘하는 사람은 점을 치지 않는다[善易者不占]'라는 입장을 제시한다. 즉 순자는 유교의 이념에 따라 '유덕한 사람이 복을 받는다'는 입장을 견지한 것이다.

현대 학자들은 사상사의 흐름에서 『역전』은 전국시대에 탄생한 것이고, 공자를 비롯한 유교의 입장을 견지한 학자들에게서 점술은 부정적으로 인식된다는 점에서 『역전』이 공자가 썼다는 것을 부정한다. 물론 이러한 입장을 반대하는 현대학자들도 존재한다. 김경방金景芳과 이학근李學勤, 료명춘廖名春과 같은 학자들은 『역전』이 기본적으로 공자의 저작이지만, 공자가 자신 이전 사람들의 설도 가져오고, 공자 이후의 제자들이 평상시 공자의 말을 기록한 부분도 있어서 탈문과 착간이 많이 있다는 입장이다.[36]

특히 료명춘은 이러한 입장을 견지하기 위해 『여씨춘추呂氏春秋』, 『예기禮記』등의 다양한 서목들의 내용을 인용하고 있다. 하지만 그가 자신의 주장을 증명하기 위해 인용한 서목과 그 내용이 적절하게 구성되었는지는 의문이다. 예컨대 「계사전」의 내용 중에서 일부를 인

---

36. 료명춘廖名春 등 저, 심경호 역, 『주역철학사』, 예문서원, 1995, 103쪽 참조.

용하고 『여씨춘추』의 한 편에서 비슷한 내용을 가져오거나, 『예기』 「악기」에서 일부 인용문이 「계사전」의 일부 내용과 비슷하다는 등의 논리를 들어 공자가 『역전』을 지었다는 논리를 편다.[37]

하지만 『여씨춘추』나 『예기』의 내용이 「계사전」과 비슷하다고 해서 공자가 『역전』의 저자라는 논리는 성립되지 않는다. 『여씨춘추』는 여불위呂不韋가 통일제국 진나라를 준비하면서 학자들을 모아 만든 책이고, 『예기』는 한나라 때 완성된 책이기 때문이다. 이들 책과 공자의 활동 시간과는 차이는 너무나 많이 난다. 료명춘의 논리는 거꾸로 「계사전」이 한나라 때 성립된 것이라고 주장하는 학자들의 논리로 사용된다.

료명춘과 반대 입장을 펼치는 학자들은 「계사전」에 보이는 태극과 음양의 도입은 음양학파의 영향을 받아서 「계사전」에 나타난 것이라고 본다.[38] 이러한 주장은 강유剛柔 개념과 음양陰陽 개념으로 이해하면 타당하다. 『역전』에서 괘와 효의 성질을 표현하는 용어로 강유를 사용하다가 「계사전」에 와서야 음양으로 사용하기 때문이다. 또한 「계사전」에 보이는 "역에는 태극이 있고, 태극이 양의(음양)을 생성한다[易有太極, 太極生兩儀]"라는 문장은 시초점을 치는 과정을 설명하는 용어였다. 그러나 『노자』나 『여씨춘추』의 학설들을 가져와 '태극'과 '음양'을 세계의 형성과 발전이라고 이해하고, 태극과 음양을 개념화

---

37. 앞의 책, 105~106 참조.

38. 이경지李鏡池는 「계사전」이 서한시대 한무제 이후의 황제인 소제와 선제의 사이에 완성된 것이라고 본다. 이경지처럼 이해하면, 음양학파의 영향을 받아 「계사전」이 쓰인 것이라고 말할 수 있다. 朱伯崑, 『易學哲學史』 상책, 북경대학출판사, 1989, 46쪽 참조.

하고 실체화하는 것은 진한 교체기에 형성되기 시작해 한무제 시기에 와서야 완성된다. 이러한 점 때문에 료명춘의 주장은 쉽게 반박된다.

「계사전」과 『여씨춘추』, 『예기』의 내용 관계에 관해서는 조심스러운 접근이 필요하다. 필자는 이 문제에 대해서, 전국 말기의 추연鄒衍[39]으로부터 시작된 음양오행설이 『여씨춘추』 「응동應同」편 등의 주된 이론적 근거가 되었다가 동중서董仲舒에 의해 한무제의 대일통사상大一統思想이 만들어질 때, 적극적으로 이용된다고 본다. 대일통사상의 주요한 체계가 태일(太一. 태극)−음양−오행의 구조이기에, 이 구조를 만들면서 동중서는 『여씨춘추』 「응동」편의 음양오행론과 「계사전」의 태극과 음양개념을 적극적으로 재해석한다. 이러한 영향을 받아 『예기』 「악기」에서는 음양오행론이 반영된 천문天文과 역법曆法, 월령月令 등의 이론이 나타났다고 본다.

또한 료명춘은 장사長沙 마왕퇴馬王堆 한묘漢墓에서 출토된 한나라 시대의 백서帛書 「요要」 편을 중요한 근거로 든다. 공자와 자공子貢의 대화편을 기록한 「요要」 편의 내용 속에는, 공자가 늘그막에 역易을 좋아하여 앉아서는 그 자리에 역을 두고, 다닐 때는 자루에 역을 넣고 다녔다는 내용이 나온다는 것이다. 이 내용이 공자가 『역전』을 지

---

39. 추연의 생몰연대를 알 수 없지만, 전국말기 직하학궁의 마지막 시기에 수학하였고, 음양오행학설을 여러 제후국에 전파하면서 국빈의 대우를 받기도 하였다. 저서로는 『추자鄒子』라는 책이 있다고 하지만 전해지지 않는다. 그의 음양오행설은 『여씨춘추呂氏春秋』나 『춘추번로春秋繁露』 등에 녹아 들어가 있어서, 그 학설의 대체적인 내용을 확인할 수 있다.

었다는 강력한 근거라고 본다.[40] 하지만 이 내용만으로 공자가 『역전』을 지었다는 것을 증명할 수 없다. 역을 좋아하였다는 것과 『역전』의 저자라는 것은 다른 차원의 이야기이기 때문이다. 또한 「요要」편이 한나라 시기의 비단에 쓰인 것이기에 시대적으로 공자와 자공의 대화인지를 확인할 수도 없다. 한무제는 스스로 절대 신격을 갖추면서 아울러 공자를 신격화한다. 이러한 공자의 신격화가 반영된 것이 「요要」편에 영향을 미친 것으로 보아야 한다.

그렇다면 공자가 『역경』의 경문을 산정하였는가?

근대 경학 연구의 권위자인 피석서皮錫瑞[41]의 규정에 따르면, 유교만의 텍스트 분류법 중의 하나가 '경經'과 '전傳'이다. 이 중에서 '경'은 육예詩, 書, 禮, 樂, 易, 春秋에 대한 공자의 산정을 거쳐서 만들어진 텍스트에 대한 명칭이고, '전'은 경의 문장들을 해석한 저작을 의미한다.

피석서는 공자가 역을 산정하였다고 보았다. 피석서는 금문학의 입장에서, 경전이 공자 이전에는 없었던 것으로 공자가 찬정撰定한 것으로부터 경전이 시작되었다는 입장을 견지한다. 이러한 입장을 취하였기에 공자가 역을 산정刪定했다고 보았다. 하지만 그가 취한 금문학이란 '경전'에 대한 의심을 전제하지 않는 입장을 가진 학자들의 경전 연구방법이고 보면, 여러 문제를 노출할 수밖에 없다. 이러한 문제 때문에 피석서의 『중국경학사』의 내용은 객관적이지 않고,

---

40. 료명춘 위의 책, 124쪽 참조.
41. 피석서(1850~1908)는 과거에 탈락하고 난 뒤 저서와 강학에 집중하였다. 『상서尚書』 연구로부터 경학연구로 연구 범위를 확대한다. 금문파의 입장에서 경학을 연구하였기에 그의 학설에 대한 비판도 많다.

중국 중심의 사상이나 학파로서의 선입견을 배제하지 못한 것이라고 본다.[42]

피석서의 '경'과 '전'에 대한 이러한 규정은 진晉나라 장화張華의 『박물지博物誌』에서 말하는 "성인이 제작한 것을 경이라고 하고, 현인이 저술한 것을 전이라고 한다."[43]라는 말과 남북조시대 유협劉勰[44]의 『문심조룡文心雕龍』에서 "성인의 불변한 가르침을 경이라고 하고, 경의 철학적 이치를 조술하여 전개한 것을 논이라고 한다. 논論은 윤리이다. 윤리가 어긋나지 않으면 성인의 뜻은 없어지지 않는다."[45]의 논리를 따른 것이다. 유협의 『문심조룡文心雕龍』에서는 '경'에 대해서 무오류의 성인의 말씀이자 진리의 말씀이라는 의미가 부여되었다. 다시 말해 '전'은 오류가 없는 성인의 말씀인 '경'에 대한 현인賢人의 풀이를 의미하게 되었다. 다시 말해, '성인이 지은 것은 경經이고, 현인이 저술한 것은 전傳'이라는 의미로, 경과 전에 대한 차등적 권위가 부여되었다.

하지만 피석서가 말한 '공자가 육예를 산정하였다'는 주장에 대해서 학계에서 합의되지 않았다. 산정刪定은 어떤 경문이 수정을 거쳐 확정된다는 의미이다. 이 의미에 따르면, 『주역』의 경문에 나타난 문

---

42. 이와 관련해, 피석서 지음, 이홍진 역, 『중국경학사』(동화출판사, 1984)의 이학주 선생의 서문을 읽어보기 바란다.

43. 張華, 『博物誌』권4, 聖人制作曰經, 賢者著述曰傳.

44. 유협(465?~521?)은 남조 시대의 문학자이자 문학비평가이다. 그가 남긴 『문심조룡文心雕龍』은 고금의 문체와 그 작법을 분석하고 비평하여 중국 문학 비평사를 확립하였다.

45. 劉勰, 『文心雕龍』論說 제18, 聖哲彝訓經, 述經敍理曰論, 論者倫也, 倫理無爽, 則聖意不墜.

자와 내용에 대한 수정작업을 거쳐 확정하고 그 체제를 정한다는 말이다. 이러한 공자의 산정작업에『주역』이 포함되었는가의 문제는 논란이 많다. 우선 청대의 유월俞樾[46]은『다향실총초茶香室叢鈔』「상서집주서尙書集注序」에서 "시詩, 서書, 예禮, 악樂, 춘추春秋는 모두 공자의 산정을 거쳤다."[47]고 한다. 유월의 말을 뒤집어 이해하면, 역은 빠져 있기에 공자가『역경』을 산정하지 않았다는 것이 된다.

　유월의 입장을 현대학자들도 수용한다. 우선 현재 우리가 보고 있는 통행본『주역』은 위진魏晉 시대의 왕필王弼 주석본을 기초로 한 것이다. 이 말은『역경』에서 64괘가 건괘와 곤괘에서 시작해 기제괘와 미제괘에서 마치는 편장 체제가 바로 왕필의 주석본을 따른 것이다. 최근 마왕퇴묘에서 출토된 백서본『역경』의 괘 배열은 건괘와 비괘에서 시작해 익괘에서 끝난다. 또한 한나라 시기 경방京房[48]이 저술한『경씨역전京氏易傳』은 그 괘의 배열순서가 건괘와 진괘에서 시작해 동인괘와 귀매괘로 끝난다. 경방의『경씨역전』에서 괘 배열도『주역』의 괘 배열과 다르며, 한나라 마왕퇴묘에서 출토된 백서본과도 다르다. 이러한 사실을 통해서 보면, 한나라 시기에도 여전히 괘 배열이 다른 3종의『역경』이 존재했고 유통되었음을 알 수 있다. 이 사실은 공자가『역경』을 산정하지 않았음을 증명한다.

---

46. 유월(1821~1907)은 청나라 말기의 유명한 학자로, 문학과 경학, 고문자학에 업적을 남겼다. 현대 인물인 증조보曾祖父, 장태담章太炎, 일본인 이노우에井上陳政가 그의 제자이다. 1850년 진사進士가 되었으며, 한림원 편수를 지냈다.

47.『茶香室叢鈔』「尙書集注序」, 詩, 書, 禮, 樂, 春秋, 皆經孔子刪定筆削.

48. 경방(BC 77~37)은 서한 시기의 학자로 본래의 성은 이李, 자는 군명君明, 스스로 경씨京氏로 성을 삼았다. 한대 역학의 대가로, 대표적인 역학 저서로는『역전易傳』이 있다. 이 책을『경씨역전京氏易傳』이라고 부르기도 한다.

그렇다면『논어論語』의 "나에게 몇 해를 더 주어, 오십에 역을 공부할 수 있다면 큰 허물이 없을 수 있을 것이다."라는 문장은 어떻게 보아야 할까? 이 문장의 원문은 "子曰, 加我數年, 五十以學易, 可以無大過矣."이다. 이 문장의 해석에는 여러 가지의 문제가 있어 논란이 되고 있다. 첫째는 공자가 이렇게 말한 때가 70세에 가까운 때라는 점이다. 이미 70세가 다 된 공자가 '나에게 몇 해를 더해주어 50세에 역을 공부한다'고 말하는 것은 모순이라는 점이다. 또한『논어』의 여러 판본[고론古論, 제론齊論, 노론魯論]에는 이 문장의 서술이 각기 다르다는 점이다. 현재 통행본인『논어집주論語集注』에서도 이 내용이 담겨 있다.[49] 각기 다른 판본의 내용 중에 가장 합리적인 문장은 "學易, 可以"를 구두와 글자를 바꾸어 "學, 亦可以"로 이해하는 것이다. 문장을 이렇게 바꾸면, 공자가 자신에 대해서 말하는 것이 아니라 다른 사람에게 말하는 내용으로 보아, "오십에 학문을 하여도 또한 큰 허물이 없다(五十以學, 亦可以無大過矣—魯論)."라고 보는 것이 가장 타당할 것이다.[50] 노나라에서 발견된「노론魯論」에서는 위와 동일한 문장이 나온다.

이상의 논의에 따르면, 공자와『주역』은 전혀 관계가 없는 것이 된

49.『論語集注』, 劉聘君見元城劉忠定公自言嘗讀他論, '加'作假 '五十'作卒. 蓋加論假聲相近而誤讀, 卒與五十字相似而誤分也. 愚按, 此章之言, 史記作'假我數年, 若是我於易則彬彬矣'. 加正作假, 而無五十字. 蓋是時, 孔子年已幾七十矣, 五十字誤無疑也. 學易, 則明乎吉凶消長之理, 進退存亡之道, 故可以無大過. 蓋聖人深見易道之無窮, 而言此以教人, 使知其不可不學, 而又不可以易而學也.

50. 이와 같은 번역은 카나야 오사무에 따른 번역이다. 카나야 오사무는 공자가 역전을 지었다는 설에 대해 의문을 제시하며,『논어』의 문장을 위와 같이 번역한다. 카나야 오사무 지음, 김상래 옮김,『주역의 세계』, 한울출판사, 2010, 106쪽 참조.

다. 공자가 역을 읽어 가죽 끈이 세 번이나 끊어졌다는 '위편삼절韋編三絶'이라는 구절은 공자를 신화화하는 동시에 『주역』의 권위를 높이는 과정에서 나온 것이라고 현대학자들은 말한다. 따라서 공자가 『역경』을 산정하고, 『역전』을 지었다는 내용은 공자의 권위에 빗댄 말들임을 알 수 있다.

3. 『주역』의 편장체계

통행본 『주역』의 64괘 배열 체계는 건괘로부터 시작해 미제괘로 끝난다. 통행본 『주역』의 64괘의 괘 배열은 전국시대 진晉나라 급현汲縣에서 출토된 위양왕묘魏襄王墓의 죽간본과 같은 형태를 띤다. 이와 달리 마왕퇴馬王堆 한묘漢墓에서 출토된 백서본 역의 64괘 배열은 건괘와 비괘에서 시작해 익괘에서 끝난다. 한나라 시기의 학자 경방京房의 『경씨역전』의 괘 배열은 건괘와 진괘로부터 시작해 동인괘와 귀매괘로 끝이 난다.

이처럼 전국 시기에서부터 한나라 시기에 이르기까지 64괘의 배열이 전혀 다른 판본들이 유통했음을 알 수 있다. 현재 통행하는 『주역』은 한대의 비직費直과 정현鄭玄으로부터 시작된 편장체계를 위진 시기의 왕필王弼이 보완하여 만든 것이다. 역사적 기록을 보면, 비직은 복서卜筮에 띄어난 학자로 「단전」, 「상전」, 「계사전」, 「문언전」 등을 가지고 『역경』의 상하 경문을 해석[51]하였고, 정현은 「단전」과 「상

---

51. 『漢書』「儒林傳」, 東萊費直, 治易長於卜筮, 無章句. 徒以彖象繫辭文言, 解釋上下經.

전」을 경문에 붙여서 학자들로 하여금 역의 의미를 찾고 살피게 하였다 [52]고 한다. 이러한 『역경』과 『역전』의 결합은 이후 왕필에게 이어져 현재의 『주역』 편장체계를 완성하게 되었다. 이는 진나라 죽간본의 64괘 배열에 '괘사'에 '단사'와 '상사'를 붙이고, '효사'에 이어 '소상'을 붙인 체계이다.

왕필이 이러한 편장체계를 확립한 것은 한나라 역학이 지나치게 상수학象數學[53]으로 치우쳐, 학자마다 『주역』에 대한 이해를 달리하고 지나치게 견강부회하여 64괘의 배열과 편장체계 역시 혼란스러운 상황 때문이었다. 한나라 역학자들은 괘기설卦氣說[54]에 기초하여 사시四時와 12개월, 24절기, 우주와 만물의 변화를 설명하였기에 이러한 설명에 필요한 괘들을 선택적으로 사용했고, 이러한 괘들의 선택에서 지나치게 견강부회하는 경우가 많아 64괘의 배열이나 『주역』의

---

52. 『魏志』 「高貴鄕公記」, 鄭氏合彖象於經, 欲使學者尋省易了也.

53. 상수학은 한대 역학의 특징을 지칭할 때 쓰이는 용어이다. 한나라 시기의 역학이 괘기설을 기초로, 도상과 숫자로 역학을 해석하면서 1년의 변화, 절기의 변화 등을 설명하거나 천인감응론에 따라 천체의 변화를 역학으로 설명하고 이를 인간의 사회와 역사, 왕조의 변화 등에 적용해서 설명하는 학설을 상수학이라고 한다.

54. 괘기설(卦氣說)은 서한 시기 경방京房의 역학에서 나온다. 「설괘전」에서 말한 8괘 방위설을 근거로 하여, 괘상을 사시, 열두 달, 365일, 24절기 등에 배분한 학설이다. 감괘와 이괘, 진괘와 태괘를 북남동서의 방위에 위치시키고, 이 네 괘가 사시四時를 주관한다고 인식한다. 감괘는 겨울, 이괘는 여름, 진괘는 봄, 태괘는 가을을 주관한다고 설명한다. 또한 12벽괘辟卦는 열두 달을 주관하는데, 복괘는 11월, 임괘는 12월을 주관한다는 식으로 이어져 곤괘는 10월을 주관한다고 설명한다. 감, 리, 진, 태 괘를 제외한 60개의 괘로 1년 365일에 배당하여 설명하기도 한다. 이러한 괘기설은 기본적으로 음양오행학설이 천문과 역법으로 체계화되어 수록된 『예기禮記 · 월령月令』이나 『여씨춘추呂氏春秋』 「십이기十二紀」, 『회남자淮南子』 「천문훈天文訓」, 유흠劉歆의 「삼통력三統曆」 등의 이론을 가져와 괘상과 결합한 내용이다.

편장체계를 어긴 경우가 많았다.

앞에서 『주역』과 공자의 관계를 설명하면서 인용했던 문장을 다시 살펴보자.

> 전한 시대의 비직費直이 처음으로 「단전」과 「상전」으로 경문經文을 해석하여 경문經文의 뒤에 붙였다. 정현과 왕필이 이를 기준으로 삼고 또 괘사卦辭와 효사爻辭의 아래에 나누어 붙였으며, 건괘와 곤괘에 「문언전文言傳」을 보태어 넣고서, 처음으로 경문經文과 구별하기 위해, 단왈彖曰·상왈象曰·문언왈文言曰이라는 글자를 덧붙였으며, 「계사전繫辭傳」에서부터 「잡괘전」에 이르는 편장체계는 예전과 똑같다. 역대로 이러한 체제를 따랐으니, 이것이 지금의 『주역』이다.

이 문장에서 확인할 수 있는 것은 첫째는 통행본 『주역』의 체제가 정비되는 역사 과정이다. 그 과정은 서한 시대 역학자인 비직費直이 경문의 뒤에 「단전」과 「상전」을 붙였고, 정현과 왕필이 이 방식을 따라 「단전」과 「상전」을 괘사와 효사에 붙였으며, 건괘와 곤괘에 「문언전」을 붙였는데, 괘사와 효사를 구분하기 위해 '단왈', '상왈', '문언왈'이라는 글자를 보탰다는 말이다. 이러한 체제는 현행본 『주역』의 체제와 같다. 다음 페이지의 그림을 보자.

그림에 보이듯이, 괘상(☳·☰진상 건하)과 괘명[雷天大壯]이 나오고, 줄을 바꾸어 괘사(大壯은 利貞하니라)가 나온다. 이어서 줄을 바꾸어 단사彖曰(大壯은 大者壯也니 剛以動이라 故로 壯하니, 大壯利貞은 大者正也니 正大而天地之情을 可見矣리라)가 나오고, 또 줄을 바꾸어 상사象曰(雷在天上이 大壯이니 君子以하여 非禮弗履하나니라)가 나온다. 이후에는 각 효사들(初九는 壯于趾니 征하

震上
乾下
雷天大壯 (三四)

大壯은 利貞하니라

象曰 大壯은 大者壯也니 剛以動이라 故로 壯하니 大壯利貞은

大者正也니 正大而天地之情을 可見矣리라

象曰 雷在天上이 大壯이니 君子以하여 非禮弗履하나니라

初九는 壯于趾니 征하면 凶이 有孚리라

象曰 壯于趾하니 其孚窮也로다

九二는 貞하여 吉하니라

象曰 九二貞吉은 以中也라

九三은 小人은 用壯이요 君子는 用罔이니 貞이면 厲하니 羝羊이

觸藩하여 羸其角이로다

象曰 小人은 用壯이요 君子는 罔也라

면 凶이 有孚리라)이 나온다. 각 효사를 이어서 소상[象曰](壯于趾하니 其孚窮也로다)이 따라 나오는 체제이다.

　왕필에 의해서, 64괘의 배열체계와 '경문'과 '단사', '상사', '효사'와 '소상'의 체계가 정립되었다는 말이다. 따라서 공자가 『주역』의 경문을 산정하였고, '십익'이라고도 불리는 『역전』을 지었다는 것은 공자를 신성화한 한나라 시대 경학자들에 의한 신화 만들기에 해당한다. 진시황에 의해 분서갱유가 일어난 이래 100년 이상 유학은 잊힌 학

문이었다. 한나라 초기에는 황로학이 주류였고 유학은 신진학문이었다. 당시 유가는 육예六藝의 뜻을 찾기 위해 넓게 연구하지만 핵심은 적고, 힘은 들이지만 공은 적어서 도대체 그 뜻을 파악하지 못하는 상태였다.[55] 한무제에 의해 유교를 정치 이데올로기로 도입하기위해서는 공자에 대한 신성화 작업이 필요했을 것이다.

4. 『역경易經』과 『역전易傳』

『주역』을 굳이 '경經'과 '전傳'을 구분하여 언급한 것은 크게 두 가지이유 때문이다.[56]

첫째, 『역경』과 『역전』의 시차

『역경』이 은주 교체기에 성립되었다는 학설에 근거하고 한나라 초기인 한무제 때에 『역전』이 거의 완성되었다는 현대학자들에 따르면두 책의 시차는 거의 1,000년에 달한다. 이 천년의 시차는 신의 뜻을 묻는 점서였던 『역경』의 성격을 전혀 다르게 바꾸었다. 이는 『주역』이라는 점서가 철학책으로 그 성격이 바뀌어 갔다는 의미이다.

통행본 『주역』에는 심오한 철학이 담겨 있다거나, 우주와 인간 사

---

55. 사마담, 「論六家要旨」, 夫儒者以六藝爲法, 六藝經傳以千萬數, 累世不能通其學, 當年不能究其禮. 故曰博而寡要, 勞而少功.

56. 용어상의 혼란을 피하기 위해, 『역경易經』은 괘상과 괘사, 효사로 구성된 경을, 『역전易傳』은 '단전'과 '상전', '문언전', '계사전' 등의 십익을, 『주역周易』은 『역경』과 『역전』이 결합된 통행본을 지칭한다.

회의 원리를 설명하거나, '태극太極'이라는 형이상학적 원리나 도덕 이론과 '음양陰陽'의 체계로 설명되는 세계관 등이 갖춰져 있다고 생각한다. 하지만 이러한 사유들은 전국 시대로부터 진한 교체기를 거치고, 한나라 초기에야 완성된 것이다. 이러한 역사적 우여곡절을 거치면서 그때그때의 사유가 시대 상황에 맞게 『역전』에 녹아 들어갔다.

『역전』은 '경'인 『역경』에 매인 하위 텍스트인 '전'이기에, 『역전』을 구성하는 전들(십익)이 형성되는 시대의 철학적 사유에 영향을 받으면서 『역경』을 해석할 수밖에 없다. 『역전』을 구성하는 전傳 하나하나가 그 전이 형성되던 시기의 사상으로 『역경』을 재해석하고 있다. 『역전』의 이러한 시대적·사상적 배경이 『역경』을 철학적 사유로 해석하게 하였고, 『주역』을 심오한 책으로 만들었다.

『역전』의 철학적인 개념은 2부에서 보기로 하고, 여기서는 음양론에 대해 간략하게 살펴본다. 공자나 맹자의 사유에는 음양론이 보이지 않는다. 『노자老子』에 의해 음양론이 언급되고, 『상서尚書』의 「감서甘誓」와 「홍범洪範」편에서 최초로 오행이 보인다. 『상서尚書』의 이 두 편은 후대의 위작으로, 진시황 시기에 제齊나라와 노魯나라 지역의 방사方士들의 영향을 받은 방사화된 유가들의 작품이라는 것이 학계의 일반론이다. 이러한 사실로부터 춘추시대에는 음양론과 오행론이 일반화되지 못하였으며, 음양론이나 오행론을 주장하는 사상가는 일부에 지나지 않았음을 알 수 있다. 당연히 공자의 사유에 음양론과 오행론이 깃들 수 없었다. 따라서 음양론의 관점으로 서술된 『역전』이 공자가 저술하였다는 말은 논리적으로 성립될 수 없다.

음양론을 일반화시킨 인물은 전국시대 말기의 추연鄒衍이다. 추연은 직하학궁稷下學宮에서 수학하면서『노자』의 음양설을 수용하고, 오행설을 결합하여 음양오행설을 창시한다. 이를 음양가陰陽家라고 부르는데, 음양오행설은『관자』,『열자』,『장자』,『역전』 등에 상당한 영향을 미쳤다. 전국시대에 다양한 사유가 탄생하고, 이러한 사유가『역전』에 녹아들어, 이러한 다양한 사유로서『역경』을 해석하기 시작한 것이다. 전국시대에 이르러서야 "역은 음양을 말한 것"[57]이라는 장자莊子의 평가가 나온다.『장자』에는 '음양'이라는 용어가 빈번하게 나오는데, 이는 음양론이 전국시대에 일반화되기 시작하였음을 보여준다. 반면에 '오행'이라는 용어는『장자』「설검說劍」편에 딱 한 번 등장한다.[58] 이는『장자』가 쓰일 때 오행이라는 용어는 일반화되지 못한 것을 의미한다.『장자』「설검」편은 장주의 후학들이 쓴 것이어서 전국 말기에나 써진 책인데도 오행이 딱 한 번 등장한다.

둘째,『역경』은 점치는 책

『역경』이란 책은 선진시기에 이미『주역』이라고 불렸다. 한나라 시대에『역경』이라고 불리면서 '경經'으로 존칭되고, 유가儒家의 다섯 가지 경전[五經] 중의 최고의 경으로 자리 잡는다.

『역경』의 성격이 무엇인지는 춘추시대로부터 지금까지 논쟁이 끊이지 않고 이어진다. 어떤 학자들은 점치는 책이라고 정의하는가 하면, 어떤 학자들은 심오한 철학서로 이해하기도 한다. 심지어는 천문학의

57.『莊子』「天下」, 易以道陰陽.

58.『莊子』「天下」, 王曰天子之劍何如. 曰天子之劍, 以燕谿石城爲鋒, 齊岱爲鍔, 晉衛爲脊, 周宋爲鐔, 韓魏爲夾. 包以四夷, 裹以四時. 繞以渤海, 帶以常山. 制以五行, 論以刑德. 開以陰陽, 持以春夏, 行以秋冬.

책이자 수학책이라고 이해하는 학자도 있다. 이러한 다양한 입장이 있는 것은 『역경』 속에 기록된 내용들이 그만큼 다양하기 때문이다. 그래서인지 『사고전서총목四庫全書總目』 「역류易類」에서는 역의 도가 지극히 넓어 포괄하지 않음이 없다. 천문과 지리, 음률과 병법, 음운학과 산술에서부터 신선방술가의 연단법까지 포괄한다[59]고 한다.

우선 철학서로 이해하는 경우는, 『역경』의 괘상卦象이 우주와 만물의 구조와 운동을 표현하고 있을 뿐만 아니라 괘상이 상징하고 있는 상징체계에서 우주와 세계를 분류하고 구조화하고 있다고 보기 때문이다. 우주의 삼라만상과 순환원리가 괘상에 담겨있다고 주장을 하더라도 어색하지 않는 것이다.

천문학과 수학책이라고 보는 경우는 『역경』에는 우주론과 발생론을 설명하는 내용이 있으며, 도상圖象과 수적 조합이 있고, 천문현상을 설명하는 논리 역시 도출되기 때문이다. 『역경』의 내용으로 우주가 발생하는 도식을 그린다든지, 태극에서 만물에 이르는 발생론을 그려내기도 한다. 또한 동양 의학의 이론을 도출 해내기도 한다. 『역경』에는 인체를 비유한 상징의 괘상이 존재할 뿐만 아니라, 『역경』의 이론적 원리들이 의학적 원리와 상통하는 점이 적지 않기에 동양 의학의 원류로 이해하기도 한다.

이렇게 『역경』에 대한 다양한 이해가 존재하는 것은 무엇 때문일까? 우선 위에서 언급한 것처럼, 『역경』 자체가 갖는 다양성 때문일 것이다. 『역전』이 다양한 관점에서 『역경』을 해석해 냄으로써 『역

---

59. 『四庫全書總目』 「易類」, 易道廣大, 無所不包, 旁及天文, 地理, 音律, 兵法, 韻學, 算術以逮方外之爐火.

경』의 성격을 복잡하고 미묘하게 만들었다고 보아야 한다.

하지만『역경』그 자체는 점치는 책일 뿐이다. 위에서 언급한 다양한 해석들은『역경』과『역전』을 구분하지 않고, 뭉뚱그려 이해했기 때문이다.『역경』은 우주와 자연계, 인간 사회를 구조화하거나 그 변화를 설명한 책이 아니다. 물론 수학이나 의학의 내용도 없다. 그럼에도 이처럼 다양한 해석을 가능하게 하는 것은『역전』의 사유에 학자들이 자신의 입장을 결합해서『역경』을 해석했기 때문일 것이다.

그렇다면 도대체『역경』은 어떤 성격의 책이란 말인가? 학자들 대부분은『역경』을 점치는 책으로 인정한다.『역경』을 점치는 책으로 보는 것은 그 역사가 한나라 이전부터 내려온 지배적 관점이었다. 그럼에도 우리가『역경』을 철학서로 이해하는 것은 바로『주역』에 덧씌워진 공자孔子 신화 때문이다. 한나라 초기에 공자를 신화화하면서, 공자가『역전』을 저술해 덧붙이면서 "이치를 궁구하고 본성을 다 발휘하는 책(窮理盡性之書)"으로 전환시켰다라는 인식을 만들어낸다.

이러한 신화는 한나라 시대에 역학을 연구하는 학자들에게 이어져『역경』을 철학적 탐구의 길을 열었다. 여기에다가 위진 시기의 왕필王弼이 다시 한 번『역경』을 철학적으로 해석했다. 왕필은 당시에 상수학적으로『역경』을 이해하던 풍조를 전환시켜 철학적으로 해석했다. 우리가『역경』혹은『주역』을 철학서로 인식하는 것은 전적으로 이러한 정황과 왕필이라는 학자 때문이다. 물론 이후의 주희라는 걸출한 학자가 나타나 형이상학적이면서도 철학적으로 해석해냈지만, 그는『역경』에 대해 "기본적으로 점치는 책"[60]으로 보았다.

60.『朱子語類』권66, 易本卜筮之書.

결국『역경』자체는 점치는 책이지만, 다양한 학자들의 해석인 '역학'을 통해 철학적 해석과 천문학적 해석, 수학적 해석, 의학적 해석이 곁들어진 책인 것은 부인할 수 없는 사실이다.

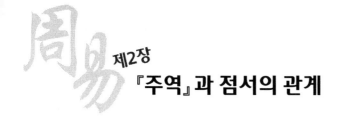

제2장

『주역』과 점서의 관계

1. 점술과 『역경』

『역경』의 성격

　『역경』에 관련한 모든 학설에 앞서 검토되고 확인되어야 할 것은 바로 '『역경』은 점서이다'라는 명제이다. 『역경』이 우주와 세계의 구조·변화를 설명하는 책이라거나, 심오한 형이상학의 내용을 담고 있는 책이라고 주장하거나, 또는 국가·사회의 구성과 그 운영의 논리를 담고 있다고 할지라도, 『역경』의 정체성은 바로 점을 치는 과정과 점을 친 내용을 기록한 내용이라는 것이다. 다시 말하면 신의 뜻을 알아내기 위해 점을 치기 시작하였고, 점을 쳐서 얻은 괘를 통해 신의 뜻을 해석하고, 그 해석을 기록하여 형성된 것이 『역경』이라는 것이다.

　『역경』의 성격과 정체성에 관한 기록은 동한東漢 시기의 반고班固[1]

---

1. 반고(32~92)의 자는 맹견孟堅이고 부풍 안릉(扶風安陵, 현재 협서 함양 동북) 사람이다. 동한 시기의 저명한 사학자이자 문학자이다. 아버지 반표班彪가 쓴 『사기후전史記後傳』을 기초로 『한서漢書』를 썼다.

의 저서에서 확인할 수 있다. 반고의『한서예문지漢書藝文志』「육예략六藝略」[2]에는 진시황의 분서갱유 때에『역경』은 점서占筮의 책으로 분류되어 불에 타 없어지는 화를 면했고,『역경』을 전하는 자들이 끊이지 않았다[3]는 기록이 있다.

반고의 기록은『역경』의 정체성을 그대로 보여준다. 진시황이 행한 분서갱유는 사상적 통일을 위해 행한 참혹한 정책이었지만,『역경』은 단순한 점술서로 분류되어 불에 태워지는 화를 면했다. 반고의 학설을 고금의 학자들이 수용하는 것은『역경』에 대한 반고의 기록이 합리적일 뿐만 아니라,『역경』의 기원과 출발이 점을 쳐서 신의 뜻을 묻고 길흉을 예측한 책이라는 사실을 인정한 것이다. 고금의 학자들이 반고가『한서예문지』에서 선진시기의 학문을 구류십가九流十家[4]로의 분류에 동의하고, 이후 반고의 분류를 따라 '제자백가諸子百家'라는 명칭을 사용하는 것과 같은 이유이다.

점술의 사례

신의 뜻을 읽어낸다는 의미에서 무巫 역시 점술에 포함된다. 점과 무를 포함한 점술占術은 국가의 큰일을 결정할 때에는 늘 시행했다. 국가의 중대사에는 전쟁을 일으키거나, 새로운 왕을 세우거나, 하늘과 땅과 조상에게 제사를 지내는 것 등의 일들이 포함된다. 심지어

2.『漢書藝文志』는 중국 최초의 도서목록학에 속하는 책이다.『한지漢志』라고 줄여서 부르기도 한다. 유흠劉歆의『칠략七略』을 증보하고 개정하여 편찬한 책이다.

3.『漢書藝文志』, 及秦燔書, 而易爲筮卜之事, 傳者不絶.

4. 구류십가九流十家는 法家, 道家, 墨家, 儒家, 陰陽家, 名家, 雜家, 農家, 小說家, 縱橫家 구류인데, 소설가를 덧붙여 십가로 삼았다.

예법과 법도를 제정하는 일에서도 굿을 하거나 점을 쳐서 신의 뜻[神意]을 물었다. 결국 점술은 국가의 중대사를 결정하는 의사결정 과정이라고 할 수 있다.

이러한 국가의 중대사를 결정하는 과정에 대한 구체적인 사례를 확인할 수 있는 책이『중용中庸』과『서경書經』「홍범편洪範篇」이다. 이들 책에는 국가의 중대사를 결정할 때, 정치적 의사를 결정하기 위하여 충분히 토의한 이후에, 최종적으로 신의 뜻을 묻는 내용을 기록하고 있다.『중용』에는 예법과 법도를 제정하고 문자文字를 교정하는 일을 두고서 신에게 묻는 내용이 나온다.

> 그러므로 군자의 도는 자신의 덕성을 근본으로 삼아 제정한 다음, 서민들이 신임하는지 징험해 본다. 그리고 하은주 삼대의 제도와 비교해 보아도 착오가 없고, 천지에 세워도 어긋나지 않으며, 귀신에게 물어보아도 의심할 것이 없고, 백세 이후에 성인이 나와도 의혹하지 않도록 한다.[5]

이 문장의 주석에 따르면, 이 글은 군자가 예법과 법도를 제정하는 과정이라고 한다.[6] 예법과 법도를 제정할 때 군자는 자신의 덕성을 근본으로 예법과 법도를 제정한 뒤, 이를 백성에게 징험하며, 다음으로 과거의 역사적 사실에 비추어보고, 이 세상에 시행될 때 문

5.『中庸』29장, 故君子之道, 本諸身, 徵諸庶民, 考諸三王而不謬, 建諸天地而不悖, 質諸鬼神而無疑, 百世以俟聖人而不惑.

6.『中庸』29장의 주석, 此君子指王天下者而言, 其道卽議禮制度考索之事也. 本諸身有其德也. 徵諸庶民 驗其所信從也. 建立也. 立於此而參於彼也. 天地者道也. 鬼神者造化之迹也. 百世以俟聖人而不惑, 所謂聖人復起, 不易吾言者也.

제가 없는지를 생각한다. 마지막으로 신의 뜻을 물어서 의심을 해소하고, 후세의 사회에서도 작동되도록 만전을 기한다는 점이다. 이 과정에서 귀신에게 묻는 행위가 바로 점술에 해당한다. "귀신에게 물어서 의심할 것이 없다."는 것은 신의 뜻에 의해 예법과 법도가 제정되었음을 의미한다. 이는 예법과 법도라는 것을 왕이 제정하지만, 최종적으로는 신의 뜻에 부합해야 한다는 것을 뜻한다. 더 나아가 왕의 통치 행위가 신의 권위에 부합함을 나타난 것이다.

『중용』에서는 왕이 정책을 입안하고 백성들에게 묻고, 역사적 사례에 비추어보고 신의 뜻을 물었다. 그런데 이러한 의사결정 과정에서 다양한 변수가 있을 수 있다. 쉽게 합의가 되는 경우도 있지만 입장들이 달라서 합의가 도출되지 않는 경우도 있다. 합의가 도출되지 않는 경우에 정책을 시행할지 말지를 두고, 점을 칠 수도 있으며, 점을 치더라도 그 점의 결과도 다를 수 있다. 그렇다면 '어떻게 해야 하는가?'라는 문제를 생각해 볼 수 있다.

『중용』에 보이는 의사결정 과정을 좀 더 구체적으로 말하고 있는 경우가 『서경』 「홍범편」의 내용이다. 「홍범편」의 내용은 의사결정 과정에서 일어날 수 있는 다양한 변수들에 대한 내용까지 포함하고 있어 고대 국가의 의사결정 과정을 좀 더 구체적으로 보여준다. 이러한 다양한 변수에서 합의를 도출하는 경우를 보여주는 사례가 다음과 같은 내용이다.

일곱 번째 거북점과 시초점을 쳐서 의심을 밝히는 일: 거북점을 칠 사람과 시초점을 칠 사람을 가려 세우고, 이에 명하여 점[복서]을 치게 한다. 거북점을 치는 사람들은 거북 문양이 '비 오는 듯하다'고 하고, '개인 듯하다'고 하며, '흐릿한 듯하다'고도 하고, '맴도는 듯하다'고도 하며, '이기는 듯하다'고도 한다[이들 표현은 거북점을 통해 드러난 문양인 조兆를 표현한 것이다].

시초점을 치는 사람들은 '정貞이다'라고 하고 '회悔이다'[6효로 이루어진 대성괘에서 정은 하괘이고, 회는 상괘이다]라고도 한다. 무릇 일곱 가지라고 하는 것은 거북점 치는 사람은 다섯을 쓰고, 시초점 치는 사람은 둘을 쓰는 것이니 잘못됨을 추측하기 위함이다. 이 사람들을 세워 거북점과 시초점을 치되 세 사람이 점을 칠 경우, 두 사람의 말을 따른다.

너는 큰 의심이 있거든 의심을 해소하기를 너의 마음을 헤아려보고, 경대부卿大夫와 사士에까지 헤아려보며, 아울러 백성들을 헤아리며 거북점과 시초점을 쳐서 헤아려보라. 그 결과가 네가 따르고 거북점이 따르고 시초점이 따르고 경대부와 사가 따르고 서민이 따르면, 이 경우를 크게 하나가 됨[大同]이라고 하니 몸이 편안하고 강성하여 자손이 길함을 만날 것이다.

그런데 그 결과가 네가 따르고 거북점이 따르고 시초점이 따르는데, 경대부와 사가 거스르고 서민이 거스를 경우도 길할 것이다. 그리고 그 결과가 서민이 따르고, 거북점이 따르며, 시초점이 따르고 네가 거스르고 경대부와 사가 거스를 경우도 길할 것이다. 만약 그 결과가 네가 따르고 거북점이 따르며, 시초점이 거스르고 경사가 거스르고 서민이 거스를 경우는 안의 일을 하는 것은 길하고 밖의 일을 하는 것은 흉할 것이다. 거북점과 시초점이 모든 사람과 배치되는 경우는 결정하지 않음이 길하고 무리하게 결정해 따르면 흉할 것이다.[7]

---

7. 『尙書』「洪範」, 七, 稽疑. 擇建立卜筮人, 乃命卜筮. 曰雨, 曰霽, 曰濛, 曰圉, 曰克,

위의 내용은 국가의 중대사를 결정하는 의사결정 과정에 일어나는 다양한 정보를 보여준다. 기본적으로 의사결정 과정에서 거북점과 시초점을 사용함을 밝힌 내용에서부터 거북점에서 길흉을 판단하는 다양한 거북배의 무늬도 보이고, 시초점을 사용해 괘를 구하는 내용도 나온다. 또한 점을 치기 위해서 일곱 사람의 복서인卜筮人을 세우는 경우와 세 사람의 복서인을 세우는 경우도 보인다.

또한 의사결정의 과정을 보여주는 내용도 나온다. 먼저, 의견의 일치는 '대동大同'이라고 표현하고 있다. 의견이 일치하는 경우는 왕 자신과 경대부, 사, 서민, 점복의 결과가 일치하는 경우이다. 이 경우를 '대동'이라고 한다. '대동'이라는 말의 의미가 크게 하나로 귀결되거나 의견이 크게 일치한 경우이기 때문에 이러한 결과를 얻을 경우 문제될 것이 없다.

문제는 의견의 불일치를 처리하는 방식이다. 위의 글에 따라 그 내용을 살펴보자. 의견들이 달라 일치하지 않을 경우는 네 가지로 구분할 수 있지만, 그 기준은 거북점과 시초점이 일치하는 경우와 그렇지 않는 경우의 두 가지로 나눌 수 있다.

어떤 정책을 집행할 때, 거북점과 시초점을 치고 그 결과 두 점의 판단사가 길하다고 나온 경우는 두 가지로 나눌 수 있다. ㉠ 왕이 그 정책을 집행하려는데, 경대부와 사와 서민이 반대할 경우, ㉡ 서민

曰貞. 曰悔. 凡七, 卜五, 占用二, 衍忒. 立時人作卜筮, 三人占, 則從二人之言. 汝則有大疑, 謀及乃心, 謀及卿士, 謀及庶人, 謀及卜筮. 汝則從, 龜從, 筮從, 卿士從, 庶民從, 是之謂大同, 身其康彊, 子孫其逢, 吉. 汝則從, 龜從, 筮從, 卿士逆, 庶民逆, 吉. 卿士從, 龜從, 筮從, 汝則逆, 庶民逆, 吉. 庶民從, 龜從, 筮從, 汝則逆, 卿士逆, 吉. 汝則從, 龜從, 筮逆, 卿士逆, 庶民逆, 作內吉, 作外凶. 龜筮共違于人, 用靜吉, 用作凶.

이 찬성하고 왕과 경대부, 사가 반대하는 경우이다. 이 두 경우는 공통점이 거북점과 시초점이 일치한다는 점이다. 이럴 경우는 사람들의 의견이 일치하지 않더라도 그 결과는 길하다고 판단한다. 거북점과 시초점이 신의 뜻을 반영하는 것이기에 인간의 의사보다 신의 뜻을 따른다는 의미이다.

문제는 거북점과 시초점의 결과가 일치하지 않는 경우이다. 이 경우도 두 가지로 나눌 수 있다. ⓒ 거북점이 길하다고 나왔고, 왕이 정책을 집행하려하고, 시초점은 흉하다고 나왔고, 경대부와 사, 서민이 그 정책을 반대할 경우는 내부적인 일은 길하지만 외부적인 일은 흉하다고 판단한다. ⓔ 거북점과 시초점의 결과가 일치하지도 않고 왕과 경대부, 사와 서민의 의견이 각기 다를 경우, 어떠한 결정도 하지 않는 것이 좋다고 한다.

이렇게 보면, 거북점과 시초점의 결과를 중심에 두고 국가의 중대사를 결정한 과정을 거친 것으로 볼 수 있다. 비록 왕과 관리들이나 서민들이 모두 같은 의견을 가졌다고 할지라도 거북점과 시초점의 결과를 중심으로 의사결정을 했다고 이해할 수 있다. 이는 거북점과 시초점이 신의 뜻을 보여주는 것으로 이해하였고, 인간의 뜻에 비해 신의 뜻이 더 중요하다고 판단했기 때문이다. 결론적으로 고대 국가에서는 국가의 중대사를 결정하는 과정에서 거북점과 시초점을 항상 시행해 신의 뜻을 물었고, 신의 뜻이라고 할 거북점과 시초점의 결과가 관료들의 의견보다 우선시 되었다는 것이다.

2. 점술의 집행자인 무巫

점술의 주관자

고대사회에는 사람들의 인지가 발달하지 않았고, 제정일치祭政一致의 시대였다. 국가의 중대사와 개인의 일들은 모두 신神이 주관한다는 생각이 지배하던 시대였다. 국가에는 신의 뜻을 읽어내는 사람이 존재했다. 이들은 왕王인 무巫, 혹은 무巫인 왕王으로 존재했다. 고대에는 왕이 신을 대리하는 존재였기에, 왕은 신의 뜻을 읽어내는 무당일 수밖에 없었다.

사회가 발전하면서 정치적 권력과 종교적 권력이 분리되면서 왕과 무의 신분과 직분이 구분되기 시작하였다. 정치적 권력을 전담하는 왕과 종교적 권력을 전담하는 무로 구분되었다. 윌리엄슨R.W. Williamson에 따르면, 사회의 여러 부족에서 종교적 권력을 담당하는 무巫 중에는 몇 가지의 등급이 있었으며, 최고 무의 지위는 왕의 다음이었다. 왕은 이들 무 중에서 총명한 사람을 선택하여, 신에게 기도하고 제사지내는 직무를 대표하게 하였다.[8]

부족이 통합되어 국가 형태가 되면서 정치적 권력과 종교적 권력이 분리되었다. 왕과 무는 신의 뜻을 읽어내는 본래의 의미를 유지한 채, 왕은 신神 혹은 천天을 대리하는 최상의 권력자가 되고, 무는 신과 소통하는 전문적인 영역을 담당하는 관료 형태로 전환된다. 이러한 사실은 주나라의 왕을 '천자天子'라고 부르는 것에서 확인할 수

---

8. R.W. Williamson, 『The Social and Political Systems of Central Polynesia』, Vol.3. 1924, 50쪽.

있다. 주나라의 왕을 천자라고 부르는 것은 왕이 바로 천제天帝의 아들로, 천을 대리해 인간 세상을 통치한다는 의미이다. 물론 여기서 천의 의미는 지고의 신이 거주하는 곳이거나 지고의 신을 의미한다.[9]

무巫는 고대 국가의 관리들이 된다. 고대 관리들은 대부분 무 출신이고, 무들은 그들이 맡은 전문적인 행정업무에 따라 다양한 관직으로 분화된다. 천자의 아래에 있는 경대부卿大夫, 사士 등은 모두 무巫 출신이었다. 왕국유王國維[10]의 분석에 따르면, 사士와 사史 그리고 사事는 원래 하나의 글자였으며, 고대 관직은 모두 사事나 사史, 리吏라고 칭했다. 시간이 지나면서 그 직무가 분화되고 지위에 따른 구분이 생겨 경대부와 사가 구분되었다. 그리고 그 직무가 전문화되면서 서적을 담당하는 관리는 사史, 사람을 다스리는 관리는 리吏, 일을 맡은 관리는 사事라고 불리게 되었다고 한다.[11]

이와 같이 무에서 왕과 관리의 분화가 일어나고, 또한 정치적 권력과 종교적 권력이 분화된다. 이러한 분화는 점술의 영역에서도 세분화되어 점과 굿이라는 형태로 나타나는데, 이러한 정보를 가장 많

---

9. 중국 고대에서 '천'이 어떤 권위나 신격을 가지고 처음 등장한 것은 주나라부터이다. 주나라가 은나라를 멸망시키고 왕조 변화의 필연성으로 제시한 용어가 '천天'이다. 이때의 천은 지고의 신을 의미한다.
이에 반해 상나라에서는 천이라는 용어가 신격을 갖지 않았으며, 신격을 갖춘 존재는 상제上帝 혹은 제帝였다. 은대의 갑골문에 최고의 신격으로 등장하는 용어는 '상제'와 '제'였다. 물론 상제와 제는 자연현상을 주재하는 존재이자 선악과 전쟁을 주재하는 존재였다.

10. 왕국유(1877~1927)는 중국 근대 역사가로서 저명한 인물로 국학대사(國學大師)라고 부른다. 중국고대사에 탁월한 업적을 남겼다.

11. 王国維, 『觀堂集林』권6, 「釋史」, 中華書局, 2004.

이 보여주는 것이『주례周禮』「춘관春官 · 종백宗伯」편이다. 이 편에는 우리의 주제인 복과 점을 관장하는 관리와 무당들에 대한 관직, 그 관원의 수와 역할들도 기록하고 있다.

점술은 크게 점을 통해 신의 뜻을 읽어내는 태복太卜과 굿의 방식으로 신의 뜻을 읽어내는 무축巫祝으로 구분이 되기에, 복卜과 점占을 관장하는 관리들뿐만 아니라 무축도 관리로 기록하고 있다.

먼저, 거북점과 시초점을 관장하던 관리를 살펴보면 크게 네 종류로 구분된다. 거북점을 관장하던 태복太卜, 점치는 도구인 거북을 관리하는 귀인龜人, 일반적인 점을 관장하던 점인占人, 꿈을 해몽하던 점몽占夢이 그것이다. 다음으로 푸닥거리를 담당하던 무에는 그들의 성별에 따라 남무男巫와 여무女巫 등으로 구분되었다.

신의 뜻을 읽어내던 관직에는 태복, 귀인, 점인, 점몽, 무가 있고, 이들 각 관직에서 가장 높은 지위는 대부大夫이다. 대부 밑에 사史와 사士를 부속시켰다. 이들 관직에서 대부가 점을 치거나 굿을 주관하고, 사와 사가 점을 치거나 굿을 한 일들을 기록했다. 또한 제사와 같은 의례를 주관하면서 신을 찬양하여 강신降神을 이끌어내던 축관祝官에 대해서도 대부와 사와 사를 부속시켜 그 일들을 기록하고 있다.

이러한 점술을 주관하는 자들을 무축巫祝과 무사巫史 그리고 점인占人으로 구분하여 설명해 보자.

무축巫祝 − 노래와 춤으로 신을 섬기다[12]

무축巫祝은 국가 기관이나 민간에서 종교적 의례와 제사를 전문적으로 담당하면서 신과 인간을 소통하던 영매靈媒이다. 무巫와 축祝을 구분해보면, '무'는 두 손으로 옥玉을 받드는 모습을 형상화한 글자이다. 『설문해자說文解子』에는 "여자 중에 무형의 존재를 섬길 수 있어서 춤을 추어 강신할 수 있는 자이다[女能事無形 而舞降神者也]"고 설명한다. 결국 형상이 없는 신을 춤을 추어 강림하게 하는 사람이란 뜻이다. 무巫에는 여성만 있는 것이 아니다. 남자 무당도 역시 여자 무당과 동일한 능력을 가졌다. 그래서 『국어國語』 「초어楚語」에는 "남자를 박수라고 하고, 여자를 무라고 한다[在男曰覡 在女曰巫]"라고 구분하고 있다. 무당과 박수무당[覡]을 통칭하여 무巫라고 불렀다는 것이다.

축祝은 축관祝官이라고도 부른다. 축祝은 본래 신을 섬기는 일에 종사하는 사람을 말한다. 이들은 종교적 의식이나 제사 의식을 담당하여 신을 맞이하거나, 기도를 드리거나, 의식 전체를 주관하는 역할을 했다. 『설문해자』에서는 축을 "제사 의식에서 신을 찬양하는 사詞를 주관하는 자[祭主贊詞者]"라고 풀이한다. 이 말의 의미는 의례를 주관·집행하는 자라는 뜻이다. 오늘날에는 많이 사라졌지만, 우리가 일상에서 제사를 지낼 때 축문을 지어 읽는 사람을 축관이라고 하는데, 이 축관이 축祝에 해당한다.

결국 무巫와 축祝은 종교적 의례와 제사를 주도적으로 주관하는 사람이다. 이러한 의식을 통해 신의 뜻을 인간에게 전해주거나, 종교적 의식에서 신의 강림을 이끄는 자(영매)이다. 그래서 두 글자가 합

---

12. 以歌舞事神.

쳐져서 '무축巫祝'이라고 부르고, 그 성격을 "노래와 춤으로 신神을 섬기는 자[以歌舞事神]"라거나, "제사 의식에서 신을 찬양하는 사를 주관하는 자[祭主贊詞者]"라고 기록한 것이다.

3. 무당과 역사가, 무사巫史

  천체의 변화와 기후의 변화 등을 관측하고 예측하며 관장하는 관리들은 사史였고, 신의 뜻을 물었던 사람들은 점인占人이거나 무당이었다. 이처럼 고대에는 신의 뜻을 구하는 구신求神 활동과 길흉을 예측하는 점복占卜 활동 등에 종사하는 사람을 '무巫'라고 불렀고, 천문天文현상·성상(星象, 별자리)의 운행·역수(曆數, 계절에 따른 천체와 기후의 변화)·역사와 서적[史冊] 등을 관장하던 사람을 '사史'라고 불렀다. 상고시대에 무당[巫]과 사史는 서로 다른 관직이었다. 다시 말해 무당도 관직이고, 사관史官도 관직으로 서로 다른 일을 주관한 관리였다. 그런데 이 두 가지 일을 한 사람이 겸직한 경우가 많았는데, 그를 '무사巫史'라고 불렀다. 게다가 '무사'는 점복占卜·도적(圖籍, 그림과 문서)을 기록·보존하는 일, 자문하는 일, 자연 현상, 귀신의 활동, 재해와 상서 등에 대해 기록하고 대답했다.

  은·주나라 시기는 학문이 모두 관부(국가)에 속했다. 학문을 담당한 관리가 무와 사[巫史]이다. 당시의 학문적 내용은 대부분 국가의 중대사와 직접적으로 관련된 내용이었다. 군대를 일으킴[興兵: 흥병], 상대국을 멸망시킴[滅國: 멸국], 새로운 임금을 세움[立君: 입군], 천체의 현상을 파악해 달력을 만들거나 자연의 변화를 파악하는 일[天道: 천되], 귀신을 섬기는 일[鬼神: 귀신], 조상들에게 제사하는 일[祭祀: 제사] 등이 학문의 주된 내용이었다.

전쟁을 하기 위해 군대를 일으키는 흥병興兵을 예로 들어 보자. 전쟁은 단지 군사력만으로 승리할 수 없다. 전쟁을 하기 위해서는 천체의 변화와 기후의 변화, 지리적 요소와 같은 환경적 요인에 대한 지식이 필요하고, 전술과 전략 그리고 무기와 같은 군사적 지식이 필요하며, 전쟁을 수행하기 위해 필요한 비용을 계산하는 수학, 상대국과 전략을 맺는 외교술 등의 다양한 지식이 동원된다. 결국 이러한 지식은 이전의 경험을 토대로 하는 것이지만, 전쟁의 승패는 신의 뜻을 따라야 좋은 결과를 얻는다고 생각하여 굿을 하거나 점을 쳐서 신의 뜻을 읽으려고 노력하였다. 또한 전투 현장에서 일어나는 급변하는 상황들에 대처하는 방법도 기존의 경험들과 점을 쳐서 얻었던 판단들이 결합된 것이었다.

『예기禮記』「예운편禮運篇」에는 다음과 같은 기록이 있다. "복을 비는 말들을 기록한 글을 종축宗祝과 무사巫史가 간직하는 것은 예가 아니다. 이는 나라의 정치를 혼란하게 하는 것이다."[13] 여기서 종축은 축관인 무이고, 무사는 무와 사를 겸직한 관리를 의미한다.

『예기』의 내용에서 보듯이, 무사는 상고시대에 가장 지식이 풍부한 사람일 수밖에 없다. 중국철학사를 읽어보면, 춘추와 전국 시기에 천자국인 주나라를 중심으로 한 분봉제分封制가 와해되어 해체되자 관부官府에 속해 있는 학문이 민간으로 전파되었고, 관부에 속한 지식을 민간에서 가르치며 생계를 유지하던 사람을 '진신선생搢紳先

---

13. 『禮記』「禮運篇」, 祝嘏辭說, 藏於宗祝巫史, 非禮也, 是謂幽國.

生'이라고 불렀다[14]는 기록을 만날 수 있다. 이 말이 의미하는 것을 크게 두 가지로 나누어 볼 수 있다. 첫째는 분봉제가 붕괴되면서 힘이 약한 제후국이 힘이 강한 제후국에 복속될 때, 힘이 약한 제후국의 귀족들이 몰락하면서 그들이 민간인으로 흡수되고 그들의 지식이 민간으로 전파되었다는 점이다. 둘째는 주나라에서 인문주의가 발달하면서 무축에 대한 인식이 바뀜에 따라 무축이 관부官府에서 밀려나 민간으로 흩어졌고, 그들이 민간에서 활동하면서 관부의 학문을 팔아 생계를 유지하였으며, 이러한 관부의 지식이 민간으로 전파되었다는 의미이다.

진신선생에 관한 기록들을 찾아보면, 『묵자墨子』 「공맹公孟」편과 『장자莊子』 「천하天下」편 등에서 이들에 관한 기록을 만날 수 있다. 『묵자』에서는 공맹자가 조정에서 신하가 쓰는 예모禮帽인 장보章甫를 쓰고, 홀을 꽂고 유자의 옷을 입고서 묵자를 만났다[15]고 기록한다. 『장자』에서는 추나라와 노나라의 선비들과 진신선생들이 시·서·예악에 능하며, 이들이 시·서·예악을 세상에 퍼뜨려 중국에 유행하

---

14. 진신선생搢紳先生은 진홀선생搢笏先生이라고도 부른다. '진신', '진홀'의 뜻은 조정에서 신하가 갖추던 관복의 의미이다. 이러한 관복을 입었던 신하 혹은 관리를 '진신', '진홀'이라고 불렀다. 따라서 진신선생 혹은 진홀선생이라는 명칭은 이들 관리 집단을 부르는 이름이기도 하고, 관리 집단에서 민간으로 흘러가 지식을 팔던 사람들을 지칭하던 용어이다.
진신선생에는 두 가지 뜻이 있다. 하나는 몰락한 귀족이 민간에서 관부의 지식을 팔아 생계를 유지한 집단을 부르는 경우이고, 다른 하나는 은퇴한 관리가 민간에서 지식을 가르치던 경우이다. 특히 侯外廬 등은 추노鄒魯 지역의 진신선생은 유학자들의 기원이 된다고 한다. 이들은 詩·書·禮·樂을 위주로 가르쳤다고 한다.(侯外廬, 趙紀彬, 杜國庠 저, 『中國思想通史』, 人民出版社, 1992, 139쪽 참조.)
15. 『墨子』 「公孟」, 公孟子戴章甫搢忽, 儒服而以見子墨子.

였고, 백가의 학문이 때때로 그들을 칭송[16]하기도 한다고 기록하고 있다.

이상의 내용에서 보면, 전국시대에 제자백가 사상이 탄생한 것은 이 몰락한 귀족들인 무축巫祝과 무사巫史들이 민간으로 흩어졌기에 가능했다. 이들은 민간에서 자신의 지식을 팔아 생활을 영위했고 이들의 지식을 사士집단이 흡수해 다양한 학문이 탄생했다는 의미이다. 철학사에서 말하는 '제자백가 관부설官府說'은 여기에 근거한 것이다.

---

16. 『莊子』「天下」, 其在於詩書禮樂者, 鄒魯之士, 搢紳先生, 多能明之. 詩以道志, 書以道事, 禮以道行, 樂以道和. 易以道陰陽, 春秋以道名分. 其數散於天下而設於中國者, 百家之學時或稱而道之.

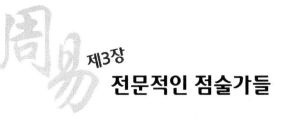

제3장

전문적인 점술가들

1. 점술의 총관리자 태복太卜

앞장에서 '무巫'를 중심에 놓고 신의 뜻을 파악하는 방식에 대해 살펴보았다. 이제 점占을 치는 방법으로 신의 뜻을 파악하는 방식을 알아본다.

하나라와 은나라의 점술을 '복卜' 혹은 '귀복龜卜'이라고 부르고, 주나라의 점술을 '서筮'라고 부른다. 하나라와 은나라 사람들은 주로 거북과 동물의 뼈를 사용해 점을 쳤고, 주나라 사람들은 '시초'라는 풀의 줄기를 사용해 점을 쳤기 때문에 '복卜'과 '서筮'로 구분해서 부른 것이다. 그런데 '서筮'라는 글자의 구성에서 보이듯이 '筮'는 무巫에서 기인한 것으로 볼 수 있다. 물론 당연히 복사卜辭에서는 '서筮'라는 글자가 없다. '筮'자는 무巫에 의해 만들어진 점치는 방법이었다가 시초점이 확립되고 난 이후에 '서筮' 혹은 '서죽筮竹'이라는 명칭으로 일반화된 것으로 보아야 한다.

『주례』「춘관·종백」의 기록에 따르면 주나라 사람들이 시초점을 주로 쳤다고 해도 여전히 귀복龜卜을 더 믿었다. 이 책에는 점술의 집행자와 점술의 내용, 점술의 분류와 그에 따른 관원에 대해 가장 많은 정보가 담겨 있다. 거북점과 시초점을 주관하는 관직과 소속 관원, 그 관원의 직무를 세세히 기록하고 있다. 그리고 이 책에는 점술을 관장하는 관직을 '태복太卜', '복사卜師', '귀인龜人', '점인占人', '서인筮人'으로 구분하여 기록하고 있다.『주례』「춘관·종백」에서 이들 관직을 하나씩 살펴보자.

먼저 태복부터 살펴보겠다.

㉠ 태복은 삼조三兆의 법을 관장하는데, 첫째는 옥조玉兆이고, 둘째는 와조瓦兆이며, 셋째는 원조原兆이다. ㉡ 경조經兆의 체는 모두 일백이십 개이고, 그 송頌은 모두 일천 이백 개에 해당한다. ㉢ 태복은 삼역三易의 법을 관장하는데, 첫째는 연산連山이고, 둘째는 귀장歸藏이며, 셋째는 주역周易이다. ㉣ 그 경괘經卦는 모두 여덟 개이고, 그 별괘別卦는 육십사 괘이다. ㉤ 태복은 삼몽의 법을 관장하는데, 첫째는 치몽致夢이고, 둘째는 기몽觭夢이며, 셋째는 함척咸陟이다. 그 경은 십을 운용하고 그 별법은 구십이다.[1]

이 글에 따르면, 태복은 '삼조三兆의 법', '삼역三易의 법', '삼몽三夢의 법'을 관장한다고 기록하고 있다. 태복은 국가의 모든 점복을 관

1.『周禮·春官·卜師』, 大卜, 掌三兆之法, 一曰玉兆, 二曰瓦兆, 三曰原兆. 其經兆之體, 皆百有二十, 其頌, 皆千有二百. 掌三易之法, 一曰連山, 二曰歸藏, 三曰周易. 其經卦, 皆八, 其別皆六十有四. 掌三夢之法, 一曰致夢, 二曰觭夢, 三曰咸陟. 其經運十, 其別九十.

장하는 관직으로 추측할 수 있다. 왜냐하면 거북점인 삼조의 법뿐만 아니라, 시초점인 삼역의 법, 꿈풀이 점인 삼몽의 법을 모두 관장하기 때문이다. 이러한 점술을 총괄하여 국가의 길흉을 살피고, 그 결과를 왕에게 고했다. 태복은 점복을 총괄하는 책임자 혹은 복서인들 중에서 가장 직책이 높은 관리라고 볼 수 있다.

삼조와 삼역, 삼몽의 법

위의 내용에 따라 삼조와 삼역, 삼몽의 법들을 확인해 보자. ㉠ 삼조의 법에는 '옥조玉兆'와 '와조瓦兆' 그리고 '원조原兆'고 있다고 한다. 이들 삼조는 거북의 배나 짐승의 뼈를 구워 점치는 수골점을 통해 얻어진 무늬[兆]를 말한다. 이 무늬를 얻는 방법과 이렇게 얻은 무늬를 구분하는 기준은 무엇일까? 이 물음에 대한 답은 정현鄭玄의 다음의 주석에서는 볼 수 있다. "조란 불에 거북을 사르면 나타나는데, 그 형상으로 점을 칠 수 있는 것이다. 그 형상이 옥과 비슷하거나 실패와 비슷하거나 밭 모양과 비슷하게 틈이 난 것으로 이를 이용해 이름을 삼았다."[2]라고 하고 있다. 정현과 달리 두자춘杜子春[3]은 황제·전욱 시대의 무늬를 옥조라고 하고, 요임금의 무늬를 와조라고 하며, 주나라의 무늬를 원조라고 주석하고 있기도 하다.[4] 그러나

---

2. 『周禮·春官·師』, 兆者, 灼龜發於火, 其形可占者, 其象似玉、瓦原之罍蠩, 是用名之焉.

3. 두자춘(30?~58?)은 서한 말에 유흠劉歆에게 『주례周禮』를 배우고 동한 시기에는 정중鄭衆, 가규賈逵에게서 유학儒學을 배웠다. 『주례周禮』는 두자춘으로부터 전수되기 시작했다고 평가된다. 그가 주석한 『주례』는 이후 정현의 『삼례주해周禮注解』에서 채택되기도 했다.

4. 『周禮·春官·卜師』, 玉兆, 帝顓頊之兆 ; 瓦兆, 帝堯之兆 ; 原兆, 周之兆.

전설의 인물인 전욱 시대까지 소급하는 것은 무리라고 판단된다. 따라서 정현의 주석처럼 거북의 배나 짐승의 뼈를 불사르고, 그 열기에 의해 거북의 배나 짐승의 뼈에 갈라진 틈의 모양[兆]을 세 가지 기준으로 분류했다는 말로 보는 것이 타당해 보인다.

경조經兆의 체와 송頌

다음으로 ⓛ '경조經兆의 체'와 '송頌'에 대한 내용들을 살펴보자. 거북과 짐승 뼈를 불에 살라 나타난 무늬를 분류한 체계가 '경조의 체'이다. 이에 해당하는 자료의 내용은 크게 두 가지로 살펴볼 수 있다.

하나는, 2장에서 다루었던 「홍범」편의 내용이다. 「홍범」편에서는 거북점을 치고 나서 그 문양을 두고 "거북점을 치는 사람들은 거북 문양이 '비 오는 듯하다[日雨]'고 하고, '개인 듯하다[日霽]'고 하며, '흐릿한 듯하다[日濛]'고도 하고, '맴도는 듯하다[日圛]'고도 하며, '이기는 듯하다[日克]'고도 한다."라고 기록하고 있다. 이 기록은 거북점에서 나타난 문양을 기상 상황에 비대어 다섯 가지로 분류한 것이다.

다른 하나는, 한대의 인물인 정현의 주석이다. 정현은 경조의 체가 거북점에서 나타난 문양의 분류 체계라고 밝힌다. 다만, 이 분류 체계를 오행론으로 설명하는 점이 다르다. 정현은 이 내용의 주석에서 "경조라는 것은 거북의 (분류)기준을 말한다. 체라는 것은 거북의 금·목·수·화·토의 다섯 무늬를 체를 말한다."[5]라고 한다. 이 주석의 내용에 따르면, 경조의 체는 거북의 무늬를 분류하는 기준이고, 이 분류 기준을 오행으로 구분하여 문양을 분류한 것임을 알 수

---

5. 『周禮·春官·師』, 云經兆者, 謂龜之正經. 云體者, 謂龜之金木水火土五兆之體.

있다. 오행론이 일반화된 시기인 한대의 인물인 정현은 당연히 오행론으로 거북점의 문양과 거북의 분류에 적용한 것으로도 볼 수 있다. 오행이 널리 퍼진 시기가 전국시대 말기이기에, 시기적으로 더 근접한 「홍범」편의 분류 체계가 더 사실에 부합하는 것이라고 볼 수 있다.

'경조經兆의 체는 모두 일백 이십 개이고, 그 송頌은 모두 일천 이백 개에 해당한다'는 문장의 의미를 해명해보자. 앞서 언급한 거북 문양은 다섯 가지로 분류되었다. 이 분류는 거북점에서 나타난 무늬들을 나눈 묶음이 다섯 가지라는 말이다. 이 다섯 가지로 분류된 묶음이 '경조의 체'이다. 이 경조의 체가 모두 120개에 달한다는 말이다.

그렇다면 '삼조의 법에는 옥조玉兆와 와조瓦兆 그리고 원조原兆가 있다'라는 문장과 '경조의 체'의 관계는 어떠할까? 이에 관한 주석들을 찾아보면, 다섯 가지 분류는 삼조가 각각 갖춘 것[五兆者, 三兆之各具也]라는 내용이 있으므로, 옥조에 다섯 가지 무늬 분류가 있고, 와조에도 다섯 가지 무늬 분류가 있으며, 원조에서 다섯 가지 무늬 분류가 있다는 말이 된다. 옥조, 와조, 원조에서 다섯 가지 분류에는 각각 경조의 체 40개가 있어서, 이를 합하면 경조의 체가 모두 120개에 달한다는 의미이다.

이 120개의 무늬[兆]에는 각기 10개의 길흉을 판단한 글인 '송頌'이 붙어서, 1200개의 송이 있게 되었다[6]는 것이다. '송'은 일반적인 서술문이 아니라 노래 형태의 글이다. 주석에 따르면 송에 대해 노래

---

6. 『周禮·春官·卜師』, 云皆百有二十者, 三代皆同, 百有二十, … 龜兆有五, 而屬百二十者, 則兆別分爲二十四分. 云其頌千有二百者, 每體十繇, 故千二百也.

라는 의미인 '요縣'라는 글자로 풀이 한다.[7] 그렇다면 거북점을 치고 그 결과 얻어진 무늬를 분류체계에 맞추어보고, 또 그 분류 체계의 무늬에 해당하는 송을 찾아보았다는 말이 된다.

삼역의 법

다음으로 "ⓒ 삼역의 법을 관장한다"는 내용을 살펴보자. 삼역이란 연산역과 귀장역 그리고 주역을 의미한다. 연산역은 간괘를 첫머리로 하는데, 간괘는 산(山)을 상징하므로 간괘는 산과 산이 이어져 있는 것을 상징한다. 그래서 연산으로 삼았다고 한다. 귀장역은 곤괘를 첫머리로 하는데, 곤은 땅[地]이 되기에 만물이 땅에 감추어지지 않음이 없으므로 귀장이라는 이름을 삼았다. 주역은 건괘를 첫머리로 하고, 건괘는 하늘[天]이 되기에 하늘은 사시四時를 베풀어 두루 펼쳐지기에 두루 펼친다는 의미로 주[周]라고 이름을 지었다고 한다.

이 삼역 중에서 연산역은 아직 그 정체를 알 수 없다. 하지만 귀장역은 1993년 3월에 호북성湖北省 강릉현江陵縣 형주진영荊州鎭郢 북촌北村 왕가태王家台의 15호 진秦나라 묘에서 죽간 형태로 출토되었다. 당시 출토된 여러 죽간 중에 「역점易占」 죽간 394가닥에 4,000여 글자가 있었는데, 이를 정리하여 연구한 학자들의 합의된 의견이 전국 말기에 죽간에 베껴 쓴 「귀장역」이라는 것이다. 이들 죽간 중에서 글자를 확인할 수 없는 죽간도 상당하고, 그 순서를 확정하기 어려운 것들도 많았다고 한다. 괘획에서 양효는 ━로 음효는 ∧로 표현되어 있으며, 모두 70개의 괘획이 있는데 중복되는 괘획 16개를 제외하면

---

7. 『周禮·春官·卜師』, 頌謂縣也.

54개의 괘획이 있으며, 실제 괘명은 53개라고 한다. 이들 괘명 중에는 『주역』과 같은 괘명도 상당이 많지만, 괘명이 전혀 다른 것도 있다고 한다. 하지만 괘사의 내용들은 『주역』과 대부분 다르다고 한다. 『춘추』와 『국어』에서 시초점을 치고 그 결과를 말한 내용이 『주역』의 괘사와 효사와 다르듯이, 귀장역의 괘사 내용이 『주역』과 다른 것을 확인하게 한다.

현재까지는 발굴된 귀장역에 대한 연구가 많이 쌓이지 않았고, 그 정체도 완전히 해명된 것이 아니어서, 앞으로 귀장역에 대한 연구가 쌓이고 귀장역과 주역의 관계가 밝혀지면 역학에 대한 새로운 관점이 탄생하리라 예측할 수 있다.

경괘와 별괘

"㉣ 그 경괘經卦는 모두 여덟 개이고, 그 별괘別卦는 육십사괘이다." 라는 문장을 살펴보자. 경괘는 건, 곤, 진, 손, 감, 리, 간, 태괘의 8개 괘를 의미한다. 이 8개의 괘는 세 효로 이루어진 괘이고, 이 세 효로 이루어진 괘를 역학에서는 '소성괘小成卦'라고 부른다. 이 소성괘가 중첩되면 여섯 효로 이루어진 별괘가 되는데, 역학에서는 '대성괘大成卦'라고 부른다.

'그 경괘經卦는 모두 여덟 개이고, 그 별괘別卦는 육십사괘이다'라는 문장은 시초점을 쳐서 경괘를 얻으면, 이 경괘를 '정貞'이라고 불렀다. 경괘를 얻은 다음 다시 시초점을 쳐서 괘를 얻으면, 이 괘를 '회悔'라고 불렀다. 경괘를 얻고 다시 점을 쳐서 별괘를 얻게 되는데, 이 별괘는 여섯 효로 이루어진다. 여섯 효에서 경괘는 아래 부분에 위치하고, 나중에 얻은 괘는 위에 위치하게 된다.

이렇게 괘를 얻는 과정을 정貞에서 회悔로의 과정이고, 이를 '일정 팔회—貞八悔'라고 부르기도 한다. 이렇게 얻어진 여섯 효의 괘상에서 '정'은 '하괘下卦[內卦]'라고 부르고, '회'는 '외괘外卦[上卦]'라고 부른다(이 책에서는 내괘를 하괘, 외괘를 상괘로 통일한다).

삼몽의 법

마지막으로 살펴볼 내용은 "㉥ 삼몽의 법"이다. 삼몽의 법은 기본적으로 꿈을 해몽하여 그 길흉을 점치는 것이다. 꿈은 수면 중에 무의식의 작동으로 발생한다. 수면 중에 뇌의 활동이 시각적으로 보이는 것이 꿈이다. 일반적으로 램수면 상태에서 꿈을 꾼다. 이러한 수면 중의 꿈은 특정한 현상을 통해 미래를 알려주는 예지의 기능을 갖기도 한다.

이 인용문의 주석에서는, '꿈은 사람의 정신이 잠든 것을 점치는 것[夢者, 人精神所寢可占者]'이라고 한다. 이러한 꿈을 크게 '치몽致夢', '기몽觭夢', '함척咸陟'으로 분류한다. 치몽은 꿈에서 이른 장소를 의미하고, 이는 하우씨가 만든 것이라고 한다. 기몽에서의 '기'는 '얻다'는 뜻으로 꿈에 얻은 것을 의미하고, 이는 은나라 사람이 만든 것이라고 한다. 함척의 함은 '모두'를 의미하고 척은 '얻음'을 의미해, 꿈에서 얻은 모든 것을 의미한다. 이는 주나라 사람이 만든 것이라고 한다.

이렇게 보면, 꿈을 분류하는 특정한 방식이 있었으며, 그 꿈에 대한 해석의 방법도 있었던 것으로 이해할 수 있다. 그 분류방법과 해석 방법이 경운經運과 별別에 해당하는 내용일 것이다. 그러나 주석에서는 이에 대한 내용을 잃어버렸다고 하여 구체적인 내용을 알 수 없다.

결국 태복은 거북점과 시초점 및 꿈해몽을 총괄하는 관리라고 이해할 수 있다. 태복이 국가의 점술을 총괄하는 직분이라면, 태복의 아래에 점술의 종류에 따라 전문화된 점술관리들이 존재했다. 점술의 내용을 관장하는 관리에서부터 점칠 거북을 관리하는 관리, 시초점을 관리하는 관리에 이르기까지 전문화된 관리들이 존재했다.

2. 점술의 내용을 관리하는 복사卜師

복사는 점의 길흉판단을 기록한 책을 관장하는 관리이다. 앞서 경조의 체體와 송頌을 설명할 때 점을 친 거북의 무늬를 분류하고, 그에 따른 판단사인 '송'을 결합한 내용을 언급하였다. 이때 거북 무늬가 120개 조목으로 분류되고, 하나의 조목에 길흉을 판단하는 판단사인 '송'이 10개씩 결합되므로, '송'만 1200개에 달하였다. 복사는 이렇게 다양한 거북점에서의 무늬를 분류하고 기록하며, 그 무늬에 다른 길흉과 판단사를 정리하거나 결정하는 일을 맡은 것으로 볼 수 있다. 그러므로 복사卜師는 점의 길흉을 판단한 기록을 관장하게 되는 것이다.

> 복사는 거북점의 네 무늬(兆)를 기록한 책의 출납을 관장하는데[掌開龜之四兆], 첫째는 방조方兆이고, 둘째는 공조功兆이며, 셋째는 의조義兆이고, 넷째는 궁조弓兆이다.[8]

---

8. 『周禮 · 春官 · 卜師』, 卜師, 掌開龜之四兆, 一曰方兆, 二曰功兆, 三曰義兆, 四曰弓兆.

이 구절의 주석에서는 '개開'는 '점서의 출납'을 의미한다. '거북점의 네 조[龜之四兆]'는 거북의 무늬를 분류하고 송頌을 붙인 점서 네 부部를 의미한다[9]고 한다. 여기서 덧붙여 확인할 수 있는 것은 거북점의 길흉판단사를 기록한 책이 존재했고, 그 책은 4부로 구성되어 있는데 '방조부方兆部', '공조부功兆部', '의조부義兆部', '궁조부弓兆部'라는 것이다.

복사의 업무는 거북점을 칠 때, 그 점을 치는 목적에 따라 거북을 선택하여 주는 일[10]도 한다. 거북의 상하와 좌우, 겉과 속을 판별해서 점치는 목적에 맞는 해당 거북을 내어 주는 것이다. 이 내용의 주석에 따르면, 점치는 일과 목적에 따라 정해진 거북이 있고,[11] 그 거북이 적당한지를 판별하여 내어준다[12]고 한다.

복사는 태복의 아래에 위치하는 관리이다. 태복이 점복술의 총관리자라면, 복사는 거북점을 총관리하는 관직이라고 할 수 있다. 복사의 관직 아래 거북을 관리하는 관직도 따로 있다. 이들을 귀인龜人이라고 불렀다.

점술에 사용할 거북을 관리하는 귀인

귀인龜人은 거북점에 사용하는 거북을 관리하는 사람을 말한다. 이들은 점칠 거북을 분류하고 관리하는 관리였다. 이들은 여섯 종류의

---

9. 『周禮 · 春官 · 卜師』, 開, 開出其占書也者, 鄭意兆出於龜, 其體一百二十, 今云用龜之四兆, 謂開出其占書之書, 分爲四部.

10. 『周禮 · 春官 · 卜師』, 凡卜, 辨龜之上下左右陰陽, 以授命龜者而詔相之

11. 『周禮 · 春官 · 卜師』, 所卜者當各用其龜也.

12. 『周禮 · 春官 · 卜師』, 辨龜以授卜師.

거북을 관리하였는데, 천·지와 동·서·남·북의 여섯 종류로 거북을 나누고, 이들 각각의 거북에 이름을 붙였다.

동양의 전통적인 사유에서 하늘을 검은색이고, 땅은 누른색이며, 동쪽 방위는 청색이며, 남쪽 방위는 적색이고, 서쪽 방위는 흰색이며, 북쪽 방위는 검은색으로 분류했다. 이러한 구분은 천지와 오행의 방위에 따른 색깔의 전통적인 분류를 따른 것이다. 이와 같이 거북의 경우에도 천귀天龜는 검은색, 지귀地龜는 누른색, 동귀東龜는 청색, 서귀西龜는 백색, 남귀南龜는 적색, 북귀北龜는 흑색이라고 구분했고,[13] 이들을 각기 다른 방에 두었다.[14] 귀인들이 거북이 가진 자연스러운 색을 천지와 오방색에 따라 분류한 것을 알 수 있다.

이러한 분류는 점치는 시기와 대상, 점치는 내용에 따라 사용하는 거북이 달랐음을 추론하게 한다. 가령 하늘에 제사하거나 천신天神의 뜻을 구할 경우는 당연하게 천귀天龜를 선택할 것이고, 봄에 선조에게 제사하고 점칠 경우에는 동귀東龜를 선택할 것이다. 이러한 구분에 기초해 점을 치는 시기별로, 점칠 내용의 중요도에 따라 사용하는 거북이 달랐다. 그러면서 제사를 지내는 주체와 제사의 대상과 계절에 따라 정해진 거북을 사용해 점을 쳤다.[15]

귀인들은 국가의 중대사나 계절에 따른 제사에 맞는 거북을 관리하면서, 점칠 일이 있을 때에는 그 점에 맞는 거북을 선별하는 역할을 한 것이다.

13.『周禮·春官·龜人』, 龜人, 掌六龜之屬, 各有名物. 天龜曰靈屬, 地龜曰繹屬, 東龜曰果屬, 西龜曰雷屬, 南龜曰獵屬, 北龜曰若屬. 各以其方之色與其體辨之.

14.『周禮·春官·龜人』, 六龜各異室也.

15.『周禮·春官·龜人』, 上春釁龜祭祀先卜.

3. 시초점을 관리하는 점인占人

시초점을 관리하는 관원을 점인占人이라고 한다. 다시 『주례』 「춘
관 · 종백」에서 점인에 관한 사항을 가져와 보자.

> ① 점인은 점귀占龜를 관장하여 ② 여덟 가지 중대사로 시초를 운용하여
> 팔송八頌을 점친다. ③ 여덟 가지 중대사로 시초점을 점쳐서, 길흉을 드
> 러낸다.[16]

위의 인용문에서 점인은 시초점을 주관하는 관리인데도 ① '점귀
를 관장한다'라고 기록하였다. 점인은 시초점만을 담당하는 관리인
데도, 거북점을 관장하는 것처럼 서술하고 있다. 그 이유는 당시 사
람들의 사유를 반영한 것으로 볼 수 있다. 당시 사람들은 시초점과
거북점을 동시에 운용하였고, 거북점과 시초점을 병칭해 '점귀占龜'라
고 불렀다. 또 시초점을 치더라도 길흉의 판단사는 거북점의 '송'을
따랐기 때문에, 점인의 역할을 기록한 문장에서도 '점귀를 관장한다'
라고 기록한 것이다. 결국 점귀를 관장한다는 말은 시초점을 주관한
다는 말이다.

다음으로, ② '여덟 가지 중대사로 시초를 운용하여 팔송八頌을 점
친다'는 말은 국가의 중대사인 정벌이 성공할지, 재해가 일어날지 그
칠지, 사람과 물건을 보내줄 것인지, 모의한 일의 성패가 어떠할지,
일의 성사여부가 어떠할지, 어떤 일이 일어날지 말지, 비가 내릴지

---

16. 『周禮 · 春官 · 占人』, 占人, 掌占龜, 以八簭占八頌, 以八卦占簭之八故, 以視吉凶.

말지, 질병이 생겨날지 말지에 대해 시초점을 쳐서 알아보고, 이러한 국가의 중대사에 대해 길흉 판단한 거북점의 판단사에서 송을 찾아본다[17]는 말이다.

③ '여덟 가지 중대사로 시초점을 점쳐서, 길흉을 드러낸다.'라는 문장을 살펴보자. 이 문장은 ② '여덟 가지 중대사로 시초를 운용하여 팔송八頌을 점친다'와 비슷하다. 하지만 주석에 따르면, 국가의 중대사인 여덟 가지 일들에 대해서는 태복이 거북점을 치지 않고 시초점을 쳐서 그 결과를 따른다[18]고 주석하고 있다.

거북점을 치지 않은 이유를 주석에서 말하고 있지 않지만, 국가의 중대사에 대해 시초점을 쳐 그 길흉을 '송'에서 찾아보고, 그 결과를 왕에게 보고하고 그 결과에 따를 것을 권유하였다. 이렇게 점인은 국가의 중대사에 대한 시초점을 관할한 것으로 이해할 수 있다.

시초점을 관할하는 서인筮人

서인은 삼역三易을 관장하여 구서九筮의 이름을 구별하였는데, 첫째는 연산이고, 둘째는 귀장이며, 셋째는 『주역』이다. 구서의 이름은 첫째 무경巫更이고, 둘째 무함巫咸이며, 셋째는 무식巫式이고, 넷째는 무목巫目

---

17. 『周禮·春官·大卜』, 以邦事作龜之八命, 一曰征, 二曰象, 三曰與, 四曰謀, 五曰果, 六曰至, 七曰雨, 八曰瘳." 鄭玄注: "國之大事, 待蓍龜而決者有八, 定作其辭於將卜, 以命龜也. 鄭司農云, '征, 爲征伐人也. 象, 謂災變雲物, 如衆赤鳥之屬, 有所象似……與, 謂予人物也. 謀, 謂謀議也. 果, 謂事成與不也. 至, 謂至不也 ; 雨, 謂雨不也. 瘳, 謂疾瘳不也.'"

18. 『周禮·春官·占人』, 謂八事不卜而從筮之也.

이고, 다섯째는 무역巫易이며, 여섯째는 무비巫比이고, 일곱째는 무사巫祠이고, 여덟째는 무삼巫参이며, 아홉째는 무환巫環인데, 이로써 길흉을 구별하였다. 나라의 큰일이 있을 때에 먼저 시초점을 치고 나서 거북점을 쳤다.[19]

서인들은 시초점을 주관하던 사람이므로 당연히 삼역을 관장하게 된다. 이 글의 주석에서 무경, 무함 등 아홉 개의 '무巫' 자는 서筮 자의 오기誤記라고 본다. 그래서 첫째 무경巫更은 서경筮更이 되고, 이는 도읍을 옮길 경우에 치는 시초점이라고 풀이한다. 둘째 무함巫咸은 서함筮咸이 되고, 그 내용은 어떤 일에 대한 결정이 민중들이 마음에서 기뻐할지 그렇지 않은지를 점치는 것이라고 풀이한다. 셋째 무식巫式은 서식筮式이 되고, 시초를 제작하는 법이라고 풀이한다. 넷째 무목巫目은 서목筮目이 되고, 중요한 일을 점치는 것이라고 풀이한다. 다섯째 무역巫易은 서역筮易이 되고, 민중들이 기뻐하지 않으면 역을 바꿀 것인지를 점치는 것이라고 풀이한다. 여섯째 무비巫比는 서비筮比가 되고, 점친 것과 백성들의 생각이 비슷한지를 견주는 것이라고 풀이한다. 일곱째 무사巫祠는 서사筮祠가 되고, 희생으로 쓸 동물과 제사 날짜를 점치는 것이라고 풀이한다. 여덟째 무삼巫参은 서삼筮参이 되고, 수레에서 말을 몰지 오른쪽에 설지, 임금이 어떤 군사와 어느 수레를 탈지를 점친 것이라 설명한다. 아홉째 무환巫環은 서환筮環이 되고, 용맹한 자가 먼저 적에게 도전하는 것을 점친 것이라고 설

19.『周禮·春官·大卜』, 簭人, 掌三易, 以辨九簭之名, 一曰連山, 二曰歸藏, 三曰周易. 九簭之名, 一曰巫更, 二曰巫咸, 三曰巫式, 四曰巫目, 五曰巫易, 六曰巫比, 七曰巫祠, 八曰巫参, 九曰巫環, 以辨吉凶. 凡國之大事, 先簭而後卜.

명한다.

『주례』에는 점술을 관장하는 관직과 그들이 담당하는 일들까지 규정해 놓았다. 태복太卜은 하대부 2인이 관직을 담당하고, 복사卜師는 상사上士 4인이 담당하며, 귀인龜人의 경우에는 중사中士 2인이 담당하고, 점인占人은 하사下士 8인이 담당하는 관직체계를 갖추었다. 물론 배속된 하급 관원들의 숫자도 규정되어 있다.[20]

주의를 끄는 것은 태복, 복사, 귀인, 점인, 서인筮人의 계급적 지위이다. 하대부에서부터 상사, 중사, 하사로 계급적 위계질서를 갖추어 놓았다는 점이다. 태복에서 귀인까지가 거북점과 관련된 관리이고 점인과 서인은 시초점에 관련된 관리인데, 거북점에 관련된 관리들은 하대부에서 중사까지의 계급이고 시초점과 관련된 관리들은 하사에 속한다. 이러한 관직의 배치는 여전히 거북점을 중시하는 사유를 반영한 것으로 보인다. 다시 말해 거북점이 시초점보다 더욱 신령하다는 사고가 반영된 것이다.

20.『周禮·春官·大卜』, 大卜下大夫二人, 卜師上士四人, 卜人中士八人, 下士十有六人. 府二人, 史二人, 胥四人, 徒四十人. 龜人中士二人, 府二人, 史二人, 工四人, 胥四人, 徒四十人. 菙氏下士二人, 史一人, 徒八人. 占人下士八人, 府一人, 史二人, 徒八人. 簭人中士二人, 府一人, 史二人, 徒四人. 占夢中士二人, 史二人, 徒四人.

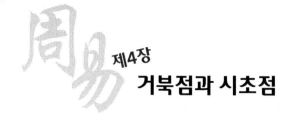

제4장

거북점과 시초점

　점술을 담당하는 점인들은 태복과 복사, 서인들이었다. 이들이 모두 연산역, 귀장역, 주역의 세 가지의 역을 관장한다는 것을 앞의 장에서 살펴보았다. 그리고 거북점이나 수골점을 치고, 그 점문의 내용과 길흉에 대한 판단사를 분류해 기록한 자료집이 있었고, 이를 태복과 복사들이 관장을 했었다.

　이와 같이 태복과 복사 등이 점을 치고, 분류하고, 판단사를 정리했던 전통을 『주역』이 계승한 것이 아닐까. 다시 말하면 『주역』의 괘사는 이전의 점술의 판단사를 계승한 것으로 보인다는 것이다. 왜냐하면 이들 관직의 점인들은 거북점과 수골점, 역을 모두 관장하고 있었고, 시초점을 쳤을 때에 그 길흉 판단을 거북점의 '송頌'에서 찾았기 때문이다. 게다가 이들은 모두 연산역이나 귀장역, 주역을 모두 관장하였기에, 시초점을 친 결과를 거북점의 결과와 비교했을 것이다. 때때로 거북점과 시초점의 점친 결과는 길흉판단에서 일치를 보이거나 반대의 결과를 보이기도 했을 것이다. 이런 결과들을 처리하는 방식에서 어떤 기준을 가졌을 것이고, 그 기준은 거북점을 더 신성한 것으로 여겼기에 거북점의 판단사인 송頌의 형식으로『주역』의 길흉 판단도 정리되었으리라 추측해 볼 수 있다.

거북점의 판단사 자료집인 송頌이 연산역과 귀장역의 내용과 형식을 결정했을 것이고, 연산역과 귀장역의 판단사 형식과 내용은 다시 『주역』의 판단사 형식과 내용으로 이어졌을 것이다.『역경』은 거북과 수골점인 복卜의 점문占問과 판단사가 시초점의 점문과 판단사로 발전하였을 가능성이 높다. 따라서 복의 점문과 판단사가 시초점의 점문과 판단사로 어떻게 발전되었는지를 살펴보고자 한다.

1. 거북점龜卜

앞에서 반고의 말을 언급하면서, "『역경易經』은 복서卜筮의 책"이라고 하였다. 그렇다면 '복卜'은 무엇이고 '서筮'는 무엇일까? 글자 그대로의 의미는 복卜과 서筮 모두 점占을 치는 것이다. 다만 '복'은 거북점을 의미하고 '서'는 시초점을 의미한다. 둘 다 점술占術이지만 점을 치는 도구가 다르다. '복'은 거북과 동물의 뼈를 이용해 점을 치는 것이고, '서'는 시초라는 풀을 사용해 점을 쳤다. 둘 다 점을 쳐서 신의 뜻을 묻고 길흉을 예측한다는 점에서 점술占術이라고 할 수 있다.

하지만 '점을 치는 도구가 다르다'라는 말의 의미는 몇 가지로 나누어 볼 수 있다. 복卜과 서筮로 점을 친다는 것은 ① 점술에 사용하던 도구가 같지 않고, ② 점문占問, 점칠 내용을 묻는 방식과 그 해석방법이 같지 않으며, ③ 시대에 따라 복과 서의 중요도도 달라졌다는 말이다.

시대의 변화에 따라 점술의 이해가 달라지는 것은 당연한 이치이다. 점치는 도구가 달라지고 점문占問의 방식이 달라진 것은 시대와 문화의 발전, 인간의 인지 발달에 따라 신의 뜻을 파악하고 해석하는 방식의 변화를 의미한다.

은殷나라로부터 주나라 중기까지 거북점[龜卜占]이 매우 성행했다. 거의 매사를 거북점[卜占]으로 결정했다. 『설문해자』에는 '복卜'을 다음과 같이 풀이하고 있다. "거북껍질을 굽는 것이다. 구워진 거북껍질의 형태를 형상화한 것이다. 한편으로는 종횡으로 난 거북의 무늬를 상징한다."[1]라고 기록하고 있다. 결국 거북을 벗겨 불에 굽는 것, 거북의 껍질에 종횡으로 난 무늬를 '복'이라고 설명한 것이다.

귀복[龜卜, 거북점]은 거북의 배 부분을 주로 사용하였고 등껍질은 거의 사용하지 않았다. 거북의 등껍질은 두터우면서도 울퉁불퉁하여 고르지 않고, 불에 구웠을 때 문양文樣이 잘 나타나지 않았기 때문이다. 반면에 배 껍질 부분은 고르면서도 문양이 깨끗했다.

거북점을 치는 방법은 대체로 두 가지이다. 하나는 거북의 배 껍질 부분에 구멍을 뚫고, 점을 칠 내용을 기록하고, 거북 배 껍질의 뚫린 구멍에 불타는 장작을 넣는다. 장작불의 열기에 의해 뚫린 구멍 주위에 파열된 무늬가 나타나고, 그 갈라진 모양(무늬)을 얻는다. 아래의 그림에서 왼쪽 거북 그림이다.

다른 하나는 점칠 내용을 배 껍질에 기록하고, 모닥불 위에 거북을 매달아 놓는다. 이때 종횡으로 나타난 무늬를 보고 '조兆'라고 불렀다. 다양한 모양으로 갈라져 나타난 조兆의 형태에 특정한 신의 뜻

---

1. 『說文·卜部』: 卜, 灼剝龜也. 象灸龜之形. 一曰象龜兆之從橫也.

이 깃들어 있다고 보았다. 이를 보고 길흉吉凶을 판단하였는데, 아래의 오른쪽 거북 그림에 해당한다.

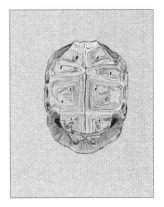

거북점 치는 그림

거북점을 치는 방식은 약간의 차이가 있지만, 열기에 의해 배 껍질에 나타난 무늬를 얻고 이 무늬의 문양을 보고 길흉을 판단한다는 점에서 동일하다. 이처럼 거북을 불에 굽는 일과 그 일을 통해 얻어진 무늬를 통칭해서 복卜이라고 한 것이다.

거북점을 친 흔적

귀복龜卜의 풍습은 대략 BC 3000~BC 2500년 이전에 행해졌다고 본다. 귀복龜卜의 유물은 산동성山東城 태안현泰安縣 대문구大汶口 유적에서 대량으로 발굴되었다. 물론 다른 동물의 뼈를 이용해 점을 친 수골점의 유물도 발견되었는데, 이때 사용된 동물들의 뼈는 양, 소, 돼지 등의 어깨뼈와 정강이뼈이고, 심지어 사람의 두개골도 있었다.

그런데 왜 점치는 도구에 거북을 사용했을까. 『논어』「공야장」에는 노나라 대부인 장문중臧文仲이 거북점을 칠 큰 거북[蔡]을 보관하면서, 그 집의 기둥머리에 산을 새기고 동자기둥에는 물풀 무늬를 화려하게 새겼다[2]는 내용이 나온다. 이 부분에 대한 주석들은 큰 거북은 천자가 거북점을 칠 때 사용하는 것인데 일개 대부가 자신의 일을 점치기 위해 큰 거북을 보관한다는 점에서 비난하고 있다.

이는 3장에서 귀인龜人을 설명할 때, 여섯 종류의 거북을 각기 다른 방에 두었다든지, 제사를 주관하는 사람과 제사의 대상과 계절에 따라 정해진 거북을 사용해 점을 쳤다는 내용과 연관된다. 국가가 거북을 통제하고 관리했는데 대부가 자신의 점술을 위해 직분에 맞지 않은 큰 거북을 자신의 집에 보관하고, 그 거북을 위해 화려한 집을 짓고 점치는데 사용했다면 당연히 비난받을 만한 것이다.

위의 내용에서 거북점 칠 거북을 보관하기 위해 따로 집을 짓고, 그 집을 화려하게 꾸민 것에서 거북을 신령하게 생각하는 상고시대 사람들의 태도를 볼 수 있다. 거북을 점문占問의 도구로 삼은 것은 두 가지로 생각해 볼 수 있다. 하나는, 거북에 대한 상고시대 사람들의 생각 때문이다. 거북은 수명이 매우 길다. 어떤 동물의 수명이 길다

---

2. 『論語』「公冶長」, 子曰 臧文仲, 居蔡, 山節藻梲, 何如其知也.

는 점은 그 동물이 어떠한 영적인 능력이 있다는 믿음으로 이어졌다. 또한 '龜(거북 구)'의 음이 '久(오랠 구)', '舊(오래 구)'와 통한다. 결국 시간의 누적 경험과 그 경험이 신령함과 통한다고 본 것이다. 그래서 '신령한 거북에게 점을 쳐서 묻다[靈龜占卜]'라는 생각을 형성했다.

다른 하나는, 고고학적 탐구의 결과로 알 수 있는 내용이다. 고고학적 연구에 따르면, 거북은 신석기 시대 중기에 이미 무덤에 부장된 특수한 물품이었다. 중국의 하남 지역과 그 아래의 지역에서 발굴된 신석기 중기 시대의 무덤에는 시체의 허리 부분에 거북을 같이 매장한 유물들이 발굴되었고, 신석기 후기의 무덤에서도 이러한 유물은 지속적으로 발굴된다고 한다.[3] 고고학자들은 거북을 시신과 같이 무덤에 부장하는 풍습은 의학적인 치료와 무巫와 같은 종교적 의미로, 생전에 그가 패용했던 거북을 같이 묻은 것으로 판단한다. 그리고 거북을 평상시 패용하고 다닌 것은 의학적 목적과 종교적 주술로서 거북을 신령스러운 동물이라는 인식을 형성했기 때문이라고 한다. 거북을 패용하는 문화는 중국의 황하강 중류 이남지역과 남방 일대에 일반적으로 보이는 현상이고, 신령스러운 거북이라는 관념이 널리 유포되었다고 한다. 이러한 신령스러운 거북이라는 관념은 거북점으로 이어진 것으로 본다.[4]

거북점의 결과인 '조兆'라는 말이 갖는 함의를 생각해 보자. 거북을 신령스러운 동물로 생각한 상고시대 사람들은 불에 꾸어진 거북의

---

3. 徐良高,『中國民族文化源新探』. 북경;사회과학문헌출판사, 1999, 233쪽.

4. 徐良高, 앞의 책, 233쪽.

배 부분에 각기 다르게 파열되어 드러난 무늬[兆]를 신의 뜻[神意]으로 생각했다. 이 문양을 '조兆'라고 불렀다. '조兆'라는 글자가 '조짐'이라는 뜻도 있고, '점을 치다'라는 뜻도 있다. 아마도 신의 뜻이 '조짐으로 드러난다'는 의미에서 점차 '점을 치다'라는 의미로 확장되었을 것이다.

이미 앞에서 언급하였지만, 조에는 크게 옥조玉兆와 와조瓦兆, 원조原兆라는 삼조三兆로 분류되고, 다시 오행에 따라 분류되었다. 그 분류된 항목의 숫자가 120개에 달했다. 그리고 이들 조에는 길흉을 판단하는 판단사들이 붙어 있다. 그래서 '거북점을 친다'라는 것은 거북의 무늬를 취해서 무늬에 따라 분류하고 해당 판단사를 찾아보는 과정을 거친다. 이처럼 복조[卜兆, 거북점을 쳐서 나타난 문양]의 형상에 근거하여 인사人事의 길흉吉凶을 판정한 것을 '귀복龜卜' 혹은 '복卜'이라고 불렀다.

2. 수골점獸骨占

'갑골문甲骨文'에서 '갑甲'은 거북을 의미하고, '골骨'은 동물의 뼈를 의미한다. 갑과 골에 쓰인 문자는 당연히 점을 치면서 신에게 물었던 점문占問의 내용이다. 이를 합쳐 갑골문이라고 한다. 이 갑골문은 귀복龜卜의 유물과 수골점獸骨占의 유물을 합쳐서 부르는 말이자, 거북점과 수골점의 점문占問 내용을 의미한다. 다시 말해 거북점만이 있는 것이 아니고 동물의 뼈를 사용해 점을 친 수골점도 있었다는 말이다.

수골점獸骨占도 귀복점龜卜占과 비슷한 방법으로 진행되었다. 이때 사용되는 동물은 소·양·돼지 등이고, 이들 동물의 넓적한 어깨뼈나 정강이뼈를 주로 사용하였다. 이들 동물의 어깨뼈나 정강이뼈를 불 속에 던져 넣고, 구워져 갈라진 문양으로 길흉을 점쳤다. 거북점과 그 점치는 방식이 동일하다.

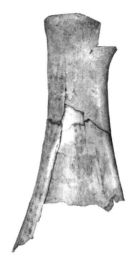

수골점의 흔적

수골점에서 한 가지 더 추가되는 것은 소, 돼지 등의 발굽을 사용한 점이다. 소와 돼지 같은 발굽이 짝수인 우제류偶蹄類의 발굽을 불속에 던져 넣어 그 발굽이 붙어 있는 상태를 길한 것으로, 벌어져 있는 상태를 흉한 것으로 판단한다.

결국 복卜이라는 점술은 주로 하나라와 은나라 때, 거북과 동물의 뼈를 사용해 점칠 내용을 기록하고 불 속에 넣어 불의 열기로 나타난 문양을 얻고, 그 무늬에 따라 분류된 판단사인 '송頌'에서 해당 내용을 찾아 길흉을 점친 것을 말한다. 이러한 과정에서 얻어진 문양을 '조兆'라고 불렀고, 이러한 점치는 과정을 통칭해서 '복卜'이라고 한 것이다.

이렇게 설명하면 갑골문의 의미를 다시 생각하게 한다. 갑골문은 중국 최초의 문자인데, 이때의 문자는 그 기원이 신과의 소통의 수단으로 만들어진 것이다. 따라서 중국 최초의 문자인 갑골문은 신과의 소통과 신의 뜻을 묻는 행위 때문에 창조된 '영적인 문자'로 이해할 수 있다. 이러한 입장을 취한 중국 고대 문자와 사상의 전문가인 시라카와 시즈카[5]는 중국에서 사람과 사람의 소통을 위한 문자는 전국시대의 죽간과 목간에서야 생겨난다고 본다.[6] 결국 중국 문자의 기원은 복卜의 과정에서 점문[점쳐서 묻는 내용]이 갑골문이라는 문자로 창조되었던 것이다. 이 갑골문자가 죽간과 목간에 쓰인 문자와 합쳐져서 중국 고대 문자를 형성하였다고 볼 수 있다.

3. 시초점筮

학자들의 연구에 따르면, 점서占筮, 시초점는 주나라 중기 이후에 유행한 것으로 본다. 이러한 관점은 고대 책들에서 시초점을 언급한 사례로부터 얻어진 결과이다. 『춘추』와 『국어』 등에 시초점이 언급되고 있지만, 이 책 이전 시기의 책들에는 시초점에 대한 언급이 없다. 이를 근거로 학자들은 시초점이 주나라 중기에서야 본격적으로 시행되면서 유행했다고 판단한다.

일반적으로 주나라 초기까지 거북을 이용한 귀복龜卜이 성행하다가 거북의 품귀현상이 발생했고, 이를 대신할 점술占術의 도구가 필요해졌다고 본다. 이때 등장한 도구가 시초蓍草라는 것이다. '시초'는 무더기로 난 풀로, 그 줄기는 100여 개에 달한다. 그런데 왜 시초라

---

5. 시라카와 시즈카(1910~2006)는 리쓰메이칸 대학 교수를 지냈고, 갑골 금문학과 중국문학사에서 세계적인 학자이다. 갑골 금문학을 연구할 때, 주술성의 관점에서 해석하면서 갑골문과 금문학을 집대성했다. 주요저서로는 『금문의 세계金文の世界』, 『자통字通』, 『자훈字訓』, 『설문신의說文新義』, 『시경詩經』 등이 있다.
6. 시라카와 시즈카, 『주술의 사상』, 사계절, 2008, 26쪽 참조.

는 풀을 사용한 것일까.

시초는 식물 중에서 가장 오래 사는 식물로 여겼으며, 오래 사는 식물이기에 신령한 풀[神草]로 생각했다. 『설문해자』에서는 시초를 천년을 사는 식물로 삼백 줄기[生千歲三百莖]라고 말한다. 『논형論衡』에는 시초는 70년에 한 줄기가 생기고, 700년이 되어야 10개의 줄기가 생긴다[7]고 한다. 그 수명이 오래 사는 신령한 식물이라는 관념에서 시초가 점술의 도구로 사용된 것이다.

거북을 구하기 힘들어지면서 점술의 도구가 시초라는 풀로 바뀐 것이지만, 이것은 매우 중요한 의미가 있다. 시초로 점을 친다는 것은 단순히 점술의 도구가 바뀌었다는 것만을 의미하지 않는다. 인류의 인지발달과 상당한 연관이 있다.

시초점을 치는 것을 '섭시揲蓍'라고 하는데, 여기서 '섭揲'의 의미가 '손을 사용해 시초를 뽑아내고 수數를 계산한다'는 뜻이다. 따라서 점서법占筮法은 시초蓍草를 뽑는 과정에서 수의 변화를 계산해 뽑아낸 수목數目과 이를 통해 얻어낸 괘상卦象에 근거해 길흉을 추측하는 일련의 과정이 포함된다. 이 과정을 다음과 같이 기록한다.

시초를 셈하는 것은 변화하고 바뀌는 수이니 점칠 수 있다.[8]

이 말의 의미를 시초점을 치는 과정에서 생각해 보면, 시초를 분류하고 특정한 수[그 수는 4이다]를 기준으로 덜어내는 과정에서 다양한

---

7. 『論衡』第十四,「狀留篇」, 蓍生七十歲生一莖, 七百歲生十莖.
8. 『周禮·春官·大卜』, 掌三易之灋. 一曰連山, 二曰歸藏, 三曰周易에 대한 주석.

수적 변화가 일어난다. 이 수적 변화는 종국적으로 6과 9라는 수목数目을 얻게 되고, 이것이 하나의 효爻가 된다. 이 과정을 18번 진행해야만 괘卦 하나를 얻는다. 이 과정은 매우 복잡하고, 수목의 변화는 서수序数로 진행하고, 특정한 수인 4를 기준으로 나눗셈을 하는 과정도 필요하다. 시초점을 치는 과정을 경험해 보면, 위의 내용을 이해할 수 있다. 이를 통해서 알 수 있는 것은 서수 개념과 나눗셈 개념은 인지의 발달과 매우 밀접하다는 점이다. 수학에서 차례를 매기거나 순서를 붙여 계산하는 방식이 서수이다. 서수 개념은 인지가 꽤 발달한 높은 수준에서나 가능하다. 또한 나눗셈의 경우도 초등학교 3, 4학년이 되어서야 배운다.

마지막으로, 앞에서 반고가 말한 "『역경』은 복서卜筮의 책"이라는 말로 다시 돌아가 의미를 검토해 보자. 앞의 논의에 따르면 복은 거북점을 치는 과정이고, 서는 시초점을 치는 전체 과정을 의미했다. 그런데 "역경은 복서의 책"이라고 말하고 있는 것이다. 복과 서가 전혀 다른 점술임에도 불구하고 같은 것으로 말하고 있는 것이다. 이것이 의미하는 것은 무엇일까?

이 두 가지가 같은 점술이라는 점에서 『역경』은 복서라고 말한 것일까? 복과 서가 전혀 다른 도구를 사용하여 점을 치고, 또한 점치는 과정도 전혀 다름에도, 『역경』을 복서라고 표현한 것은 의심해 볼 문제이다. 만약 복卜의 점문 형식을 서筮가 차용하거나, 복卜의 길흉 판단사를 서筮가 차용한다면, 『역경』은 복서의 책이라고 말한 반고의 의미를 이해할 수 있다.

4. 시초점과 거북점의 공통점과 차이점

'복'과 '서'의 차이점과 공통점을 확인해 보자. 주나라 중기 이후가 되면, 시초점 치기[蓍筮]가 점차로 일반화된다. 하지만 여전히 복법[卜法; 龜卜]이 사용되었다. 『주례』「춘관」에서 "나라에 큰일에 대해서는 시초점을 치고 나서 거북점을 친다."[9]고 기록되어 있다. 또한 『춘추좌씨전春秋左氏傳』의 희공僖公 4년의 기사에는 "시초점은 오래되지 않았고, 거북점은 오래되었다. 그러니 오래된 것을 따르는 것만 못하다."[10]고 전한다. 이 두 기록이 의미하는 바는, 춘추시대에도 여전히 귀복龜卜이 더 중시되고 있었다는 점이다. 그래서 나라의 큰일에는 시초점을 치고 나서 다시 거북점을 쳤다는 것이다. 이것은 거북점의 신통함이 더 높다고 본 것이다. 이러한 내용으로 보자면, 『주역』의 형성은 춘추시대로도 볼 수 있다.

하지만 시초점을 치는 법[筮法]이 일반화되면서 거북점 법[龜法]은 날로 쇠퇴해 간다. 복卜과 서筮는 서로 다른 점술의 도구를 사용해 점을 치는 것이지만, 신의 뜻[神意]을 읽어내려 한다는 점에서 동일한 점술占術에 속한다. 따라서 거북점과 시초점에는 공통점과 차이점이 있을 수밖에 없다.

---

9. 『周礼 · 筮人』, 凡國之大事, 生蓍而後卜.

10. 『春秋左氏傳』僖公4年, 蓍短龜長, 不如從長.

거북점과 시초점의 공통점

갑골문에 보이는 길흉판단사 [卜辭]	시초점에 보이는 길흉판단사 [筮辭]
吉 · 大吉 (대길)	吉 · 元吉 (원길)
无尤 (무우)	无咎 (무구)
利 (이)	利涉大川 (이섭대천)
不利 (불리)	不利有攸往 (불리유유왕)

표에서 보는 것처럼 갑골문에 보이는 길흉 판단사와 시초점에서 보이는 길흉 판단사는 동일하다. 갑골문에 보이는 '대길大吉'이라는 판단사와 시초점에 보이는 '원길元吉'이라는 판단사는 같은 뜻으로, '최고로 좋다'는 의미를 갖는 형용사이다. 갑골문의 '우尤'와 시초점의 '구咎' 역시 같은 의미로, 둘 다 '허물'이라는 뜻을 갖는 말이다. 그러므로 '허물이 없다'는 의미에서 '무우无尤'와 '무구无咎'는 동일한 판단사이다.

문제가 되는 부분은 '이利'와 '불리不利'이다. 갑골문에 보이는 길흉 판단사는 '이利'와 '불리不利'로 단순한데, 시초점에서는 '이섭대천利涉大川', '불리유유왕不利有攸往'으로 판단사가 길어졌다. 특히 '이利'와 '불리不利'에 관련된 시초점의 길흉판단사는 '이용제사利用祭祀', '이용향사利用享祀', '이건후利建侯', '이용위의천국利用爲依遷國', '이용침벌利用侵伐', '이어구利禦寇' 등으로 다양해졌다. 이들 길흉 판단사의 내용은 '큰 강을 건너다', '갈 곳을 정하다', '제사를 지내다', '제후국에 왕을 세우다', '나라의 수도를 옮기다', '침벌하다', '침략하다' 등이다. 이들 판단사에 '이'와 '불리'가 결합되어 '이섭대천', '불리섭대천不利涉大川'와 같은 판단사가 되었다. 나머지의 예들에도 거의 동일하다. 그런데 거북점의 길흉 판단사는 단순한데 시초점의 판단사는 왜 길어졌을까?

예측할 수 있는 이유 중 하나는, 거북점에서도 이와 같은 특정한 일들에 대해 점을 치긴 했겠지만, 특정한 상황들과 길흉 판단사를 결합하지 않았을 수도 있다는 것이다. 다른 하나는, 주나라가 되면서 문화적으로나 시대적으로나 다양한 일들이 발생하고 복잡해지면서, 이러한 일들을 분류하는 새로운 방식이 생긴 것일 수도 있다. 주나라는 하·은나라와는 달리 분봉제를 실시하였기에 제후국의 왕들을 세우는 것이나 제후국들 간의 전쟁에서 양상도 복잡해졌다. 또한 사회적으로나 문명적으로 크게 발전하면서 여행과 사냥, 수로의 이용, 수도의 천도 등의 일에 대해 점을 치고 그 결과를 분류하여 표준화한 것으로도 볼 수 있다.

이와 관련한 주희의 말은 시사점을 준다. 주희는 '이利', '불리不利'와 관련된 판단사들이 점치는 사람을 위해 서술된 것이라고 보았다. 다시 말해 점을 치는 사람의 관점에서 배의 운행이나 여행을 떠남, 제사를 지내거나 군주를 세움, 국도國都의 이전이나 침벌侵伐 등에 대한 점의 내용이 담겨있다는 것이다.[11]

주희의 말을 근거해 살펴보면, '이利'와 '불리不利'에 관련된 시초점이 천자나 귀족들뿐만 아니라 일반인들도 이러한 상황들에서 개인적으로 점쳤고, 그 결과가 이와 같이 묶음으로 되었다는 말이다.

현대 학자인 고형高亨의 말에 따르면, 시초점을 치는 사람은 그 점

---

11. 『周易本義』, 易中利字, 多爲占者設. 如利涉大川, 是利於行舟也. 利有攸往, 是利於啓行也. 利用祭祀, 利用享祀, 是卜祭吉. 田獲三狐, 田獲三品, 是卜田吉. 公用享于天子, 是卜朝觀吉. 利建侯, 是卜立君吉, 利用爲依遷國, 是卜遷國吉. 利用侵伐, 是卜侵伐吉之類.

친 일을 기록한 것 가운데 기이하게 적중한 것과 가끔 적중한 것을 분류하여 64괘사와 효사 아래 나누어 옮겨 적고 다음에 점을 칠 때 참고하였다[12]고 하는데, 이러한 과정에서 길흉 판단사들이 분류되고 확정된 것으로도 볼 수 있다. 몇 가지 판단사를 제외하고는 복과 서의 길흉 판단사는 거의 차이가 없고, 단지 글자가 바뀌었거나 몇 글자가 보태졌다. 이것은 복과 서가 행해졌던 시기의 차이도 영향을 미쳤을 것이고, 시대적 변화와 사회와 문화에서 발달에 의해 특정한 형태의 유형들이 판단사에 영향을 끼쳤을 것이다.

복서점과 시초점의 차이점

갑골문에	복서점	시초점
길흉의 판단방법	거북의 파열된 무늬[兆]에 근거	괘[卦]의 형상에 근거
길흉의 표현방식	노래[頌, 송]의 형태로 표현	괘사卦辭와 효사爻辭로 표현

위의 표에서 나타나듯이 복서점과 시초점의 차이는 길흉판단사의 표현방식[송頌과 사辭]과 무늬와 부호[조兆와 괘효卦爻]가 근본적으로 다르다. 복卜은 '송頌'의 방식으로 문장이 표현되었다면, 서筮는 일반적인 문장과 운문이 섞여있다. 이처럼 길흉 판단사의 표현방식 변화가 일어난 근본적인 이유는 알 수 없지만, 송이 노래의 형식의 운문인 점을 생각해 보면 점인들이 판단사와 그 점사를 외웠음은 틀림없다. 전문적인 관직군으로서 점인들은 자신들의 점술에서 전통적인 점사

---

12. 고형, 「주역쇄어(周易琐語)」, 『주역고경금주(周易古经今注)』, 청화대학출판사, 2010.

와 판단사를 노래의 형식으로 외우고 있었으며, 이를 후대의 점인들에게 암송 방식으로 전수했을 가능성이 높다.

시초점이 일반화되면서 한편으로는 시초점의 판단사에 운문 형식의 거북점 판단사가 첨가되었고, 다른 한편으로는 주나라의 정치와 문화의 변화에 따른 내용들이 시초점 판단사에 첨가되면서 이를 분류하고 정리한 것으로 볼 수 있다.

다음으로, 길흉을 판단하는 재료에서도 차이가 있다. 거북점은 열기에 의해 파열된 무늬에 기초해 길흉을 판단한다면, 시초점은 괘의 형상이나 효의 형상에 근거하여 길흉을 판단한다. 거북점은 점인이 거북의 갈라진 무늬를 보고 판단하는데, 이러한 길흉 판단은 점인의 직관에 의지할 수밖에 없다. 이에 반해 시초점은 시초를 운용해 얻어진 괘상이나 효상에 따라 길흉을 판단하였다. 시초점을 치는 과정에서 수적 변화를 거치는 과정을 겪고 그 수의 변화에 따라 괘와 효를 얻기에 셈도 필요하고, 셈에 따른 괘상과 효상을 구성해야 하기에 합리적인 사유가 필요하다.

이러한 공통점과 차이점은 일반적인 구분에 해당한다. 거북점과 시초점의 근본적인 차이점은 '상象'과 '수數'이다. 『춘추좌씨전』 희공 15년의 기사에는 이 두 점법占法의 차이를 분명히 밝히고 있다.

귀복은 모양을 나타내고, 서는 수를 나타낸다. 만물은 생겨날 때부터 모양이 있고, 모양이 있은 후에 불어난. 불어난 뒤에 수가 있게 된다.[13]

---

13. 『春秋左傳』僖公 15년, 韓簡侍曰 龜象也, 筮數也, 物生而後有象, 象而後有滋, 滋而後有數.

이 인용문에서 핵심적인 내용은 "귀복은 모양을 나타내고, 서는 수를 나타낸다[龜象也 筮數也]"는 문장이다. 다시 말해 거북점은 모양[象]을 얻어 길흉을 판단하고, 시초점은 수數를 셈해 괘상과 효를 얻고, 괘사와 효사에 따라 길흉을 판단한다는 점이다. 구체적으로 말하면, 거북점은 직관적이고 시초점은 이성적 추론이라는 점이다. 귀복龜卜은 거북의 배 껍질에 열기로 형성된 무늬[兆]를 보고 길흉을 판단한다는 점에서 직접적이고 직관적이다. 이에 반해 점서占筮는 점을 치는 순서와 규칙이 있고, 이를 따라 시초를 세고 계산[著變易]하여 괘의 형상을 얻는다.

수의 변화에 따라 효爻와 괘卦를 얻고, 괘와 효에 기초하여 길흉을 예측한다. 따라서 이성적이고 추론적이다. 여기서 이성적이라 함은 세 가지 이유 때문이다. 첫째는 시초점을 치는 순서와 과정을 따른다는 점이고, 둘째는 시초점을 치는 과정에서 수적 변화를 계산하여 점괘에 반영한다는 것이며, 셋째는 효와 괘를 얻은 다음 괘상과 효상을 통해 상징체계나 효들의 관계 등을 검토하는 점 때문이다.

마지막으로 귀복과 점서를 다음과 같이 구분해볼 수 있다.

- 귀복龜卜: 상象이 중심이다. 상이 형성된 이후에는 바꿀 수 없다.
  점치는 자[卜者]의 직관에 의한 길흉판단이 이루어진다.
- 점서占筮: 수數가 중심이다. 수적 변화에 따라 효爻와 괘卦가 형성된다.
  괘상卦象이 형성된 이후에도 바뀔 수 있다(之卦: 지괘)
  특수한 분석(互卦: 호괘)을 거치거나 논리적 추론에 따라
  길흉판단이 도출된다.

결국 귀복龜卜에서 점서占筮로의 변화는 인간의 지적 능력·사유 능력의 발달과 사회·문화적 환경의 변화와 밀접한 관계를 갖는다.

또 하나 지적할 것은 상象 중심의 귀복龜卜은 끝내 무巫의 영역에 머물고 말았다는 점이다. 제3강에서 언급했듯이, 귀복龜卜은 거북의 무늬[兆]를 크게 옥玉·와瓦·원原으로 구분하고 세부적으로는 120개 조목으로 분류했지만, 점인의 직관에 기초해 길흉을 판단하였기 때문에 무巫의 영역에 머물고 말았다. 이에 반해 점서占筮의 경우는 수의 변화를 거치면서 기수 효와 우수 효와 같은 개념을 만들어 내기도 하고, 효들을 중첩해 괘들을 만들어내는 과정을 거치면서 이성적 활동을 작동시켜 무巫의 단계를 벗어나게 했다는 점이다. 이것이 『역경』을 철학적으로 해석할 수 있게 한 요소이다.

5. 시초점과 괘의 형성

『역경』의 구성을 보면, 먼저 '괘상卦象'이 나오고 이어 '괘사卦辭'가 나온다. 그리고 '효사爻辭'가 이어진다. 이러한 구성은 『역경』이 괘를 가장 중시한다는 의미를 함축한다. 그렇다면 괘란 무엇일까? 괘는 효가 쌓여서 형성된 것이다. 효는 시초점[筮]을 통해 얻어진다. 따라서 시초점을 통해 효를 얻고, 효를 쌓아서 괘를 얻는 과정 전체가 시초점 치기[占筮]이다. 결국 어떤 괘가 있다는 것은 시초점 치기를 통한 점占이 있었다는 의미이다. 시초점을 치는 법[筮法]은 역사적 발전을 거치면서 부단히 변해왔지만, 시초점 치기로부터 효와 괘를 얻는다는 사실은 변하지 않았다.

그렇다면 시초점이 중요할까, 괘나 효, 혹은 괘사나 효사가 중요할까? 현재 『역경』이라는 책의 역사를 생각하거나, 다양하게 이해되고 해석된 그 역사를 고려해 보면 『역경』을 구성하는 괘나 괘상, 괘사나 효사 등을 중요하게 생각하는 경향이 있다. 하지만 시초점 치는 행위가 있어야 괘나 효를 얻게 되고, 괘나 효에 붙어있는 괘사나 효사를 찾게 되는 것이 아닐까. 다시 말해 시초점이 더 중요하지 않을까.

이러한 사실을 보여주는 것이 공영달孔穎達의 말이다. 공영달은 『주역정의周易正義』에서 왕필의 주석을 인용하여 다음과 같이 자신의 생각을 밝힌다.

① 먼저 시초점을 사용하여 수를 구한다. 수를 얻어 효를 정하고 효를 누적하여 괘를 이룬다(先用著以求數, 得數以定爻, 累爻而成卦).
② 얻어진 괘에 따라서 괘사와 효사를 생성한다(因卦以生辭).
③ 그러니 시초는 효와 괘의 근본이 되고, 효와 괘는 시초의 말단이 된다(則著爲爻卦之本, 爻卦爲著之末).

공영달의 말은 크게 두 가지 내용으로 구분할 수 있다. 하나는 시초점을 쳐서 괘를 구하는 것이고, 다른 하나는 괘로부터 그 점문의 내용, 즉 길흉 판단의 말이 생성되는 것이다. ①의 내용이 전자에 해당한다. 구체적으로 살펴보면, 시초점을 쳐서 수數를 얻는다. 수적 결과물로 효爻를 정하고, 그 효들을 누적하여 괘卦를 얻는다. 이 과정은 실제로 시초점을 치는 과정에 대한 설명이다(다음 장에서 이와 관련해 서술하겠다). ②의 내용은 후자에 해당한다. 괘를 얻었으면,

그 괘와 효에 대한 특정한 내용과 길흉판단을 『역경』에서 찾는 것이다. 『역경』에는 괘와 효마다 특정한 내용과 길흉을 판단한 말이 결부되어 있는데, 이것이 괘사卦辭와 효사爻辭이다.

공영달의 말에 해당하는 사례가 『춘추좌씨전』 소공昭公 7년의 기사에 나온다. 위나라 양공襄公이 죽은 후 새롭게 제후를 세울 때 시초점을 치고 그 결과에 해당하는 괘의 괘사를 찾아 본 내용이 나온다. 구체적으로 위나라 양공이 죽은 후, 양공의 정부인에게는 아들이 없고 첩에게는 맹칩孟縶이라는 아들이 있었다. 그런데 가문의 원로인 공성자孔成子와 사관에게 똑 같이 위나라 시조인 강숙康叔이 꿈에 나타나 원元이라는 아들을 왕으로 세우라는 꿈을 꾼다. 그리고 얼마 지나지 않아 맹칩의 동생이 태어나자 이름을 원元이라고 짓는다.

공성자가 시초점을 치자 그 결과가 본괘本卦는 둔괘屯卦이고 지괘之卦는 비괘比卦가 나왔다. 이에 공성자가 '둔괘의 괘사(둔屯은 크게 형통하고 정貞함이 이로우니, 갈 바를 두지 말고 후侯를 세움이 이롭다)'[14]와 '비괘의 괘사(비比는 길흉하니 원래의 점의 결과가 원元, 영永, 정貞이니 허물이 없으리라)'[15]의 내용에 따라, 원元이라는 글자는 장長이라는 뜻도 있으니, 맹칩을 왕으로 세우라는 뜻이 아닌가라고 묻는다. 이에 대해 사관은 "강숙이 꿈에서 이 아들을 원이라고 이름을 짓도록 했으니, 이야말로 맏아들(장자)입니다. 또 그 점사가 '제후가 되는 것이 이롭다'라고 하고 있습니다. 맹칩은 이미 세자의 신분이므로 굳이 세워라[建]라고 말할 필요가 없습

---

14. 屯 元亨 利貞 勿用有攸往 利建侯.

15. 比 吉 原筮 元永貞 无咎.

니다."[16]라고 대답하는 내용이 나온다.

이처럼 시초점을 치고 그 결과에 해당하는 괘의 괘사와 효사의 내용을 『역경』에서 찾아보고 길흉을 판단한 것이다. 그래서 공영달은 ② "얻어진 괘에 따라서 괘사와 효사를 생성한다(因卦以生辭)."라고 말할 수 있었고, 시초점의 중요성을 강조하기 위해 ③ "그러니 시초는 효와 괘의 근본이 되고, 효와 괘는 시초의 말단이 된다(則蓍爲爻卦之本, 爻卦爲蓍之末)."와 같은 주장을 할 수 있었다. 결국 시초점을 쳐야만 특정한 괘와 효가 결정되고, 이 특정한 괘와 효에 관한 말들인 괘사와 효사를 통해 길흉을 판단하기에, 시초점이 괘와 효의 근본이고, 괘와 효는 시초점의 말단이라는 것이다.

이를 뒤집어 생각해 보면 그 의미를 좀 더 분명하게 이해할 수 있다. 특정한 괘와 그 괘의 괘사, 특정한 괘의 특정한 효와 그 효의 효사는 시초점을 치기 전에는 그 사람에게 어떠한 의미도 없다. 점을 치는 사람이 신의 뜻을 묻는 점문占問이 형성되면, 그 점문으로 시초점을 쳐서 특정한 괘와 효를 얻게 되고, 그때야 그 괘의 괘사와 효사의 내용이 의미를 갖게 된다. 결국 공영달의 말에서 시초점을 치

---

16. 『春秋左传』昭公 7, 衞襄公夫人姜氏無子, 嬖人婤姶生孟縶. 孔成子夢康叔謂己, "立元, 余使羈之孫圉與史苟相之." 史朝亦夢康叔謂己, "余將命而子苟與孔烝鉏之曾孫圉相元." 史朝見成子, 告之夢, 夢協. 晉韓宣子爲政聘于諸侯之歲, 婤姶始生子, 名之曰元. 孟縶之足不良能行. 孔成子以周易筮之, 曰, "元尚享衞國, 主其社稷." 遇屯☳☵. 又曰, "余尚立縶, 尚克嘉之." 遇屯☳☵之比☵☷. 以示史朝. 史朝曰, "'元亨', 又何疑焉?" 成子曰, "非長之謂乎?" 對曰, "康叔名之, 可謂長矣. 孟非人也, 將不列於宗, 不可謂長. 且其繇曰, '利建侯.' 嗣吉, 何建? 建非嗣也. 二卦皆云, 子其建之! 康叔命之, 二卦告之, 筮襲於夢, 武王所用也, 弗從何爲? 弱足者居. 侯主社稷, 臨祭祀, 奉民人, 事鬼神, 從會朝, 又焉得居? 各以所利, 不亦可乎?" 故孔成子立靈公. 十二月癸亥, 葬衞襄公.

는 행위와 과정이 중요하다는 말이 된다. 이를 다시 생각해 보면, 괘사와 효사는 이미 오래 전부터 기록되어 전해져 왔고, 이는 변하지 않는 것이었다. 결국 괘사나 효사는 어떤 사람이 점을 치기 전에는 그 사람과 무관한 것이라는 점이다. 점을 치는 사람과 점을 칠 내용을 두고, 점치는 사람의 간절함과 정성스러운 점치는 행위에 따라서 효가 얻어지고, 그 효가 6개가 모여 하나의 괘가 형성되었을 때, 비로소 특정한 괘와 그 괘의 괘사, 특정한 효와 그 효사가 묻고자 하는 내용에 응하는 것이다.

『역경』에는 시초점을 치는 구체적인 방법이 나오지 않지만, 『역경』에 있는 효사와 괘사는 꽤 오랫동안 점을 치면서 물었던 말과 그 길흉 판단의 말인 서사筮辭를 누적적으로 수집 · 분류 · 정리한 것임을 알 수 있다. 시초점을 치기 전에 질문할 내용을 기록하고, 시초점을 쳐서 얻은 괘상과 괘사, 효사를 누적하면서 그 길흉 판단의 말들[筮辭]을 형성한 것이다. 이 길흉 판단의 말들을 복인卜人, 점인占人들이 수집 · 분류 · 정리하여 『역경』에 수록한 것이다. 또한 서점筮占의 방법도 다양했고, 그 방법들이 '사영십팔변四營十八變'[17]으로 정착되는

---

17. 사영십팔변四營十八變은 시초점을 치는 전 과정을 말한다. '사영'은 50개의 시초에서 태극을 상징하는 한 개의 시초를 가로로 놓고 49개의 시초를 오른손과 왼손으로 나누는 것(1영; 음양을 상징)과 왼손 시초 묶음에서 시초 하나를 뽑아 엄지와 검지 사이에 끼우는 것(2영; 삼재를 상징)과 나머지 왼손 시초 시초묶음에서 4개씩 덜어내는 것(3영; 사시를 상징) 덜어내고 남은 시초를 중지와 약지 사이에 끼우는 것(4영의 반; 윤달을 상징)을 말한다. 오른손 시초 묶음을 4개씩 덜어내고 남을 시초를 검지와 중지 사이에 끼우는 것(4영이자 1변)이다. 이후 나머지 시초를 가지고 위의 과정을 반복하여 3변을 하면 효 하나를 얻는다. 효 하나를 얻기 위해 3변을 하므로 여섯 효를 얻기 위해서는 18변을 하게 된다.

과정도 많은 시간이 걸렸음을 추측할 수 있다.

지금까지 공영달의 말을 중심으로 시초점과 괘상, 괘사, 효사의 관계를 정리해 보았다. 그 내용은 시초점 치기[占筮]는 괘와 효를 구하는 것이고, 구한 괘와 효의 사辭들로부터 점문한 내용의 길흉을 판단했다는 점이다. 이를 간단히 도식화하면 다음과 같다.

$$
\begin{array}{llll}
\text{서筮} \rightarrow & \text{수數} \rightarrow & \text{효爻} \rightarrow & \text{괘卦} \\
\text{점문占問} \rightarrow & \text{수변數變} \rightarrow & \text{효사爻辭} \rightarrow & \text{괘사卦辭}
\end{array}
$$

여기에서 조금 더 설명할 내용이 있다. 『역경』의 64개 괘사와 384개의 효사는 그 주요한 연원이 서사筮辭에서 기원한다는 점이다. 이를 『역경』의 형성과 관련해 보면, 서사 역시 한 사람의 창조가 아니라 장기간 동안의 점서占筮가 누적된 결과라는 점이다. 이러한 누적된 서사 중에서 길흉의 판단이 비교적 정확했고, 당시의 국가ㆍ사회적으로 중요한 의미가 있었던 점서占筮의 내용들이 복서卜筮를 관장했던 복인卜人ㆍ서인筮人ㆍ점인占人들에 의해 수집ㆍ정리된 것이라는 점이다.

제5장

시초점 치기

1. 시초점 치는 방법

다산 정약용의 말처럼, 『역경易經』은 점치는 책이지만 시초를 세는 법이나 괘를 구하는 구체적인 방법은 전해지지 않았다.[1] 「계사전」 상 9장에 시초점을 치는 방법이 대략적으로 나오지만, 처음에 50개의 시초를 사용하였다가 1개의 시초를 따로 두고 49개의 시초 묶음을 사용하는 이유, 다음으로 왜 49개의 시초를 둘로 나누는지, 둘로 나눈 묶음에서 왜 4개씩 시초를 제거하는지 등에 대한 이유 등을 알 수 없다.

「계사전」에 실린 시초점 치는 방법이 표준화된 것인지도 또한 알 수 없다. 전통적인 관점으로 보면, 『역경』과 「계사전」의 시차가 800~900년이나 되기에 다양한 시초점을 치는 법이 존재했을 것이다. 오늘날 우리가 '동전 던지기'나 '주사위 던지기', '제비뽑기'를 통

---

1. 정약용, 「蓍卦傳」, 易, 所以筮也, 然其所爲布筮求卦之法, 未遺傳者.

해서도 괘를 구하듯이, 다양한 시초점의 방법이 있었는데 기록으로 남은 것이 「계사전」의 방법일 수도 있다.

주희는 "섭시의 법을 『주례』에서는 태복이 관장했는데, 그 법이 반드시 매우 상세하고 엄밀했을 것이나, 지금은 알 수 없다. 오직 계사전[대전]에 있는 몇몇 구절에 의지해 대략 비슷하게 살펴볼 수 있다. 그런데 지금 「계사전」에 따라 미루어도 또한 통하지 않은 것이 없다."[2]라고 말한다. 주희는 「계사전」에서 서술해 놓은 방법이 불완전하지만, 이 방법으로도 시초점을 칠 수 있다고 말한다. 아래의 글은 「계사전」에서 말하는 시초점 치는 방법이다.

> 대연의 수는 50개이지만 사용하는 것은 49개이다. 이를 나누어 둘로 만들어 하늘과 땅, 양의를 상징한다. 한 손에서 한 개를 떼내어 따로 가짐으로써 하늘·땅·인간의 삼재三才를 상징한다. 나머지 시초를 네 개씩 덜어내니 이는 사계절을 상징한다. 네 개씩 덜어낸 나머지를 손가락 사이에 끼운 다음, 두 손의 나머지를 내려놓음으로써 윤달을 상징한다.[3]

그리고 「계사전」의 내용을 주희가 보강하고 정리한 것이, 『주역본의周易本義』에 수록되어 있는 「명서明筮」와 「서의筮儀」이다. 이 「서의」의 방법에 따라 시초점을 치는 것이 현재 우리가 사용하는 시초점이다.

그런데 「계사전」의 방법을 따르더라도 주희가 정리한 시초점 치는

---

2. 『周易大傳』, 揲蓍之法, 周禮領於太卜, 其法必甚詳密, 今不可見, 獨賴大傳有此數句, 可以略見彷佛. 而今推之, 亦無不可通.

3. 大衍之數五十, 其用四十有九. 分而爲二, 以象兩. 掛一以象三. 揲之以四, 以象四時. 歸奇於扐, 以象閏.

방법과 다를 수 있다. 이러한 사례를 보여주는 것이 다산 정약용의 시초점법이다. 다산은 자신이 이해한 역학의 방법에 따라 전혀 다른 시초점을 치는 방식을 서술하고 있다. 그의 시초점 치는 방법을 대략적으로 설명하면 아래와 같다.

시초점 치는 점대에 천天의 수인 1과 지地의 수인 2를 새겨 넣은 것을 각각 5개 준비하고, 3·4·5·6·7·8·9·10을 새겨 넣은 점대를 각각 5개씩 준비한다. 이렇게 준비한 점대 50개를 가지고 「계사전」에 나오는 방식과 같은 방식으로 4영18변을 시행한다. 그렇게 시행하면, 하나의 점대를 얻게 된다. 그 점대의 숫자를 기록한다. 이러한 방식으로 시초점을 시행하여 얻은 숫자를 가지고 효를 구하는 것이다. 다산의 시초법은 「계사전」에서 말하는 4영18변은 같은데, 점대에 숫자를 새겨 넣고, 4영18변의 결과로 얻은 점대의 숫자로 효를 얻는 것만 다르다.

그렇다면 다산은 왜 「계사전」의 시초점 치는 방법을 준용하면서도 주희와 다른 시초점법을 말하는가? 이 질문은 한나라 시대 이후로 시초점을 치는 방법을 두고 벌인 다양한 논쟁과도 연관이 된다. 시초점을 치는 방법을 두고서 벌인 논쟁들은 시초 50개를 '대연大衍'이라고 부르는데 이때의 '연衍'을 어떻게 해석하는가의 문제로부터, 50개의 시초에서 1개를 따로 떼어 바닥에 두는데 이 '1개'의 명칭과 의미를 무엇으로 볼 것인가, 오른손과 왼손으로 두 묶음으로 나누는데, 이 두 묶음으로 나누는 행위에서 '2'를 어떻게 볼 것인가, 50개의 시초에서 1개를 바닥에 내려놓은 것과 오른손과 왼손의 두 묶음으로 나누면서 만들어진 '3'은 또 어떤 의미인가, 왜 4개씩 제하면서 셈을 하는가? 이때 '4'는 어떤 의미인가 등이다.

2. 시초의 수목數目에 대한 논쟁들

시초점의 과정에서 시초의 수목數目을 어떻게 이해할지를 두고 다양한 논쟁이 있었다. 이러한 논쟁들에서 다산은 자신만의 입장으로 이들 수목에 대한 해석을 하며, 시초 점대에 숫자를 새겨 넣는 방식으로 시초점 치는 방법을 고안한 것으로 보인다. 다산처럼 수목의 의미를 달리 해석하면, 그 의미에 따라 시초점을 치는 방식은 다양하게 변할 수 있다. 다시 말해 수목의 의미를 어떻게 해석하느냐에 따라 시초점을 치는 방법 또한 전혀 다른 방식들이 있을 수 있다는 말이다.

한대 학자들은 이 수목의 의미를 각기 다르게 해석하였고, 북송 시기에 학자들도 각기 다르게 이 수목의 의미를 규정했다. 당연하게 수목의 해석에 따라 시초점 치기 방법도 각기 달랐다. 수목들에 대한 논쟁들을 몇 가지 소개해보자.

우선 앞에서 인용한 글을 다시 한번 보자.

> 대연의 수는 50개이지만 사용하는 것은 49개이다. 이를 나누어 둘로 만들어 하늘과 땅, 양의를 상징한다. 한 손에서 한 개를 떼내어 따로 가짐으로써 하늘·땅·인간의 삼재三才를 상징한다. 나머지 시초를 네 개씩 덜어내니 이는 사계절을 상징한다. 네 개씩 덜어낸 나머지를 손가락 사이에 끼운 다음, 두 손의 나머지를 내려놓음으로써 윤달을 상징한다

여기에서 "대연大衍의 수는 50"이라는 말을 어떻게 볼 것인가에 대한 논의이다. 대연수 50에 대한 논의들은 대연수 50을 이루는 각 수

목數目의 의미에 대한 규정들을 두고 벌인 논쟁들이다. 『한서』 「율역지」에서 유흠劉歆은 원시元始가 1이고, 춘추(春과 秋)가 2이며, 삼통三統이 3이 되며, 사시四時가 4가 된다고 본다. 원시에서 사시까지 더하면 합이 $10(=1+2+3+4)$이 되고, 이 10에 5를 곱하면 $50[=(1+2+3+4)×5]$이 되는데, 이것이 대연수인 50이라고 본다.[4] 그리고 원시의 1을 사용하지 않는 것은 "하늘이 생성하는 기[天之生氣]"이기 때문이라고 한다. 하지만 유흠의 설명에서는 왜 5를 곱하는지는 알 수 없다.

이와 달리, 한나라 시대 학자인 마융馬融은 태극太極은 북극성北極星이고, 북극성이 1을 상징하고, 태극이 음양의 양의兩儀를 생성하는데 이 양의가 2이며, 양의가 일월日月을 생성하는데 이것 또한 2이다. 일월이 사시四時를 생성하는데 이 사시가 4이다. 사시가 오행五行을 생성하는데 이 오행이 5가 된다. 오행이 12개월을 생성하는데 이 12개월이 12가 되며, 12개월이 24절기節氣를 생성하는데 이 24사절기가 24가 된다. 북극성의 수부터 24절기의 수까지 이들의 수목數目을 모두 더하면 $50(=1+2+2+4+5+12+24)$이 된다[5]라고 본다. 마융은 북극성이 천체의 한 가운데 있으면서 움직이지 않기에 북극성을 상징하는 1을 사용하지 않는다고 말한다. 마융의 수목들에 대한 설명과 그 셈법은 나름 체계적이고 합리적이긴 하지만, 「계사전」이 작성된 시기에 이러한 음양과 오행, 사시와 24절기 개념이 확립되었는지는 의문이다. 「계사전」에는 오행과 24절기 개념이 나타나지 않는다. 만약

---

4. 『漢書』 「律曆志」, 是故元始有象一也, 春秋二也, 三統三也, 四時四也. 合而爲十, 成五體. 以五乘十, 大衍之數也.

5. 朱伯崑 주편, 『周易通釋』, 崑崙出版社, 2004, 34쪽 참조.

「계사전」이 한나라 중기 이후에 쓰인 것이라면 이러한 학설은 설득력을 얻을 것이다.

유흠이나 마융의 설을 통해서, 「계사전」에서 시초점의 수목들을 어떻게 이해하는지 각기 다른 입장이 있었음을 확인할 수 있다. 대연수 50에 대해서도 각기 다른 이해를 하며, 1개를 두고 49개를 사용하는 것에서 1을 해석하는 입장도 달랐다. 49개를 두 묶음으로 나눈 것인 2를 두고 해석하는 입장도 다르다. 나머지 수목에 대해서도 각기 다른 입장을 취한다.

시초점의 수목을 두고 벌어진 논란은 북송 시기의 유목劉牧에 의해 새로운 전환을 맞는다. 그는 하도河圖의 수목을 기준으로 대연의 수를 설명한다. 하도의 수목 55는 천지의 표준수[天地之極數]이고, 50은 천지의 쓰임수[天地之用數]로 이것이 바로 대연수라는 것이다. 유목의 주장은 주희를 비롯한 유학자들에게 수용이 되어 하도의 수목이 대연수 50으로 수용된다. 유목은 '천지의 수'인 천1, 지2, 천3, 지4, 천5, 지6, 천7, 지8, 천9, 지10의 합이 55이고, 이 55의 수는 하도의 수목과 같다는 점에서 이렇게 주장한 것이다. 천지의 수 55는 하도의 수목 55와 같고 이는 천지의 표준수라는 것이다. 하도의 수목이 배열된 그림에서 한 가운데(이를 중궁中宮이라고 한다)의 수 5는 '태극'을 상징하고, 이를 제외한 50이 천지의 쓰임수가 되고, 이것이 대연수 50이라는 것이다.

하지만 하도河圖는 후한시기 광무제光武帝 유수劉秀가 중원中元 원년(AD 56)에 왕망王莽의 신新나라를 무너뜨리고 다시 한나라를 회복하면서, 자신이 천명天命을 받았다는 도참圖讖을 천하에 선포할 때 만들어진 도상이다. 이때 '하락오구河洛五九'가 만들어져 천하에 배포된다.

이 하락오구에서 '하'는 '하도위河圖緯'로 하도라는 도상과 그에 대한 설명을, '락'은 '낙서위洛書緯'로 낙서라는 도상과 그에 대한 설명이다. '오구'는 이들 도상과 관련된 책이 45편이라는 의미이다.[6]

주희는 이러한 논의들을 종합하고, 소강절과 주렴계에 의해 정립된 태극·음양·사상 개념을 시초점에 적용하여 수목들을 해설한다. 오늘날 다양한 방식으로 시초점을 칠 수 있지만, 「계사전」의 내용을 기초로 주희의 정리에 따라 치초점을 치는 것이 일반적이다. 주희는 『주역본의周易本義』의 앞머리에 「명서明筮」와 「서의筮儀」를 수록하고 있는데, 이는 「계사전」의 내용을 보완하여 정리한 시초점 치는 법이다.

3. 시초점을 치는 자세와 마음가짐

시초점을 치는 행위는 시초점을 칠 내용과 시기를 정하고, 조용한 장소를 택하여 마음을 단정히 하고, 점을 친 후 괘를 얻어, 그 괘와 효에 근거해 길흉을 판단하는 과정 전체를 포함하는 것이다. 이를 단계를 나누어 말하면, '시초점을 치는 의례(자세와 마음가짐)', '시초를 셈하여 괘를 얻는 과정', '괘와 효에 근거해 길흉을 판단하는 과정'으로 3단계로 구분해 볼 수 있다.

시초점을 치기해서는 시초점을 치는 의례부터 잘 살펴야 한다. 시초점을 치려면, 먼저 점치는 장소를 청소하여야 한다. 다음으로 재

---

6. 朱越利,「『周易參同契』的黃老養性術」,『宗敎學硏究』, 2004년 제4기, 2004, 19쪽.

계齋戒하고 의관을 깨끗이 입고 북향을 향해 향을 피우고 공경한 자세를 유지한다. 50개의 시초 점대를 두 손으로 잡고 향로 위에 올려 향을 씌운다. 이후에 점을 치는 내용과 길흉을 밝혀 달라는 '알림말[命]'을 행한다. 그 내용은 아래와 같다.

> 알려서 말합니다. 떳떳함이 있는 태서泰筮를 빌립니다. 떳떳함이 있는 태서泰筮를 빌립니다. 모관某官 성명姓名 아무개가 이제 아무 일 때문에 가부可否를 알지 못하여 이에 의심나는 바를 신령神靈님께 질정하오니, 길吉·흉凶과 득得·실失, 회悔·인吝과 우憂·우虞를 신神은 부디 밝게 고하소서.[7]

이 인용문에서 "알려서 말하다[命之曰]"라는 '알림말'은 거북점이나 시초점을 칠 때 점문占問에 항상 붙는 말이다. 거북점을 칠 때는 "거북에게 알리다[命龜]"라고 하고, 시초점을 칠 때는 "시초에게 알리다[命蓍]"라고 말한다. 거북점을 치고자 하는 일을 거북에게 알리는 것과 시초점을 치고자 하는 일을 시초에게 알리는 것을 의미하고, 점치는 의례에서 이러한 과정을 거치면서 마음가짐과 태도를 점검하였다. 주희가 정리한 시초점을 치기 전의 의례도 위와 동일하고, 「계사전」에서도 비슷한 마음가짐과 태도를 말하고 있다.

역易은 생각이 없고 함이 없어 적연寂然히 동동動하지 않다가 감동하여 마

---

7. 『周易本義』筮儀, 命之曰 假爾泰筮有常. 假爾泰筮有常. 某官姓名, 今以某事云云, 未知可否, 爰質所疑, 于神于靈, 吉凶得失 悔吝憂虞, 惟爾有神 尙明告之.

침내 천하天下의 원인을 통하니, 천하天下의 지극히 신묘神妙한 자가 아니면 그 누가 이에 참여하겠는가.[8]

나머지 시초점을 치는 의례는 주희의 『주역본의周易本義』「서의筮儀」에 자세하게 기록되어 있다. 이와 관련해서 해당 내용을 찾아보기 바란다.

4. 시초를 셈하여 괘를 얻는 과정揲蓍成卦

시초점을 치는 과정은 효를 얻어서 괘를 이루는 과정이다. 이전 과정을 '설시성괘揲蓍成卦'라고 한다. 초기의 시초점 치는 방법은 기록된 전거가 없어 확인할 수 없다. 아마도 「계사전」 상 9장의 내용에 준하여 시초점을 쳤을 것으로 추측할 수 있다. 주희의 『주역본의』의 앞머리에 실려 있는 '서법筮法'이 시초점 치는 일반적인 방법으로 통용되고 있다. 따라서 「계사전」 상 9장의 내용을 정리하면서, 주희의 「명서明筮」와 「서의筮儀」를 참조하고, 주희가 정리한 '서법'에 따라 시초점을 쳐보자.

① 대연의 수는 50이지만 사용하는 것은 49이다(大衍之數五十, 其用四十有九).
② 이를 나누어 둘로 만들어 하늘과 땅, 양의를 상징한다(分而爲二, 以象兩).

---

8. 「繫辭傳」上10, 無思也, 爲也, 然不動, 感而遂通天下之故. 非天下之至神. 孰能與於此.

③ 한 손에서 한 개를 떼 내어 따로 가짐으로써 하늘·땅·인간의 삼재三才를 상징한다(掛一以象三).

④ 나머지 시초를 네 개씩 덜어내니 이는 사계절을 상징한다(揲之以四, 以象四時).

⑤ 네 개씩 덜어 낸 나머지를 손가락 사이에 끼운 다음, 두 손의 나머지를 내려놓음으로써 윤달을 상징한다(歸奇於扐, 以象閏).

⑥ 이런 까닭에 시초를 네 번 경영하여 역易을 이루니, 18번 변하면 괘를 이룬다(是故, 四營而成易, 十有八變而成卦).

위의 내용에 따라 시초점을 쳐보자.(아래 그림은 주희의 파지법으로 그린 것이다.)

① 50개의 시초줄기를 두 손으로 잡고, 그 중에 하나를 뽑아 책상 위에 가로로 놓는다(大衍之數五十, 其用四十有九).

여기서 '하나'는 태극太極·원시元始를 의미한다.

주희의 주석 ■ 「서의」에서는 "오른손으로 시책著策 하나를 취하여 독[나무 상자] 가운데에 넣는다"[9]고 말한다.

② 남은 49개의 시초 줄기를 임의로 두 묶음으로 나눈다(分而爲二, 以象兩).

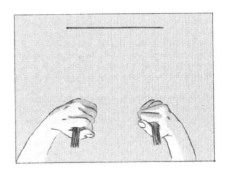

시초 줄기를 왼손과 오른손으로 나누어 쥔 상태인데 왼손은 하늘, 오른손은 땅, 혹은 음과 양을 상징한다.

주희의 주석 ■ 「서의」에서는 "왼손과 오른손으로 49개의 시책著策을 반분半分하여 격格의 좌左, 우右 양대각兩大刻에 놓는다."[10]라고 말한다. 그리고 주희는 여기까지의 과정을 사영四營 중에서 일영一營으로, 양의兩儀를 상징한다고 한다.[11]

---

9. 『周易本義』筮儀, 乃以右手, 取其一策, 反於櫝中.
10. 『周易本義』筮儀, 而以左右手, 中分四十九策, 置格之左右兩大刻.
11. 『周易本義』筮儀, 此第一營, 所謂分而爲二, 以象兩者也.

③ 왼손 묶음에서 시초 줄기 하나를 뽑아 그 손의 엄지와 검지 사이에 끼운다(掛一以象三).

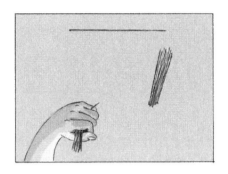

앞의 설시에서 왼손과 오른손으로 둘로 나누어 하늘과 땅을 상징하고, 여기서 왼손의 시초를 엄지와 검지 사이에 끼우면, 세 가지 형태로 나뉜다. 이 셋의 '삼三'은 천天ㆍ지地ㆍ인人, 삼재三才를 상징한다. 오른손 묶음의 시초줄기는 책상의 오른쪽에 가만히 내려놓고, 왼손 묶음의 시초 줄기를 가지고 진행하는 것이다.

주희의 주석 ■ 「서의」에서는 "왼손으로 좌대각左大刻의 시책蓍策을 취하여 잡고, 오른손으로 우대각右大刻의 한 시책을 취하여 왼손의 새끼손가락 사이에 건다."[12]라고 한다. 그리고 이 과정을 사영四營 중에서 이영二營으로, 삼재三才를 상징한다고 한다.

12.『周易本義』筮儀, 次以左手, 取左大刻之策, 執之而以右手, 取右大刻之一策, 掛于左手之小指間.

④ 나머지 시초를 네 개씩 덜어내니 이는 사계절을 상징한다(揲之以 四以象四時).

시초를 네 개씩 계산해 제거하는 것에서 '사四'는 사시四時를 상징한다.

주희의 주석 ■ 「서의」에서는 "다음 오른손으로 왼손의 시책蓍策을 넷씩 센다"[13]고 말한다. 여기까지의 과정을 주희는 삼영三營의 반으로 말한다.

그리고 남은 시초줄기를 중지와 약지 사이에 끼운다(揲之以四, 以象四 時). 이때 네 개씩 계산해 제거하고 남은 시초줄기 수는 1 · 2 · 3 · 4 중에 하나가 된다.

주희의 주석 ■ 「서의」에서는 "다음은 세고 남은 시책蓍策을 돌리되 혹 1 개, 2개, 3개, 4개를 왼손의 무명지無名指 사이에 끼운다."[14]라고 말한

13.『周易本義』筮儀, 次以右手, 四揲左手之策.

14.『周易本義』筮儀, 次歸其所餘之策, 或一, 或二, 或三, 或四, 而扐之左手无名指間.

다. 여기까지의 과정을 주희는 사영四營의 반으로, 윤달을 상징한다고 본다.

⑤ 오른손 묶음의 시초를 손에 쥐고 네 개씩 계산해 제거한다. 그리고 남은 시초 가지를 검지와 중지 사이에 끼운다.

주희의 주석 ▪ 「서의」에서는 "다음은 오른손으로 네 개씩 세어서 떼어낸 시책蓍策을 좌대각左大刻에 되돌려 놓고 마침내 우대각右大刻의 시책을 취하여 잡고서 왼손으로 네 개씩 세어서 다음은 남는 시책蓍策을 돌리되 앞서와 같이 하여 왼손의 가운데 손가락 사이에 끼운다. 다음은 오른손으로 세어서 떼어낸 시책을 우대각右大刻에게 되돌려 놓고 왼손에 한 번 걸고 두 번 끼운 시책을 합하여 격格 위의 첫 번째 소각小刻에 둔다. 이 것이 1변變이다.[15]

15.『周易本義』筮儀, 次以右手, 反過揲之策於左大刻, 遂取右大刻之策, 執之而以左手四揲之, 次歸其所餘之策, 如前而扐之左手中指之間. 次以右手, 反過揲之策於右大刻, 而合左手一掛二扐之策, 置於格上第一小刻, 是爲一變.

앞에서 엄지와 검지 사이에 끼운 가지와 중지와 약지 사이에 끼운 가지, 그리고 지금 검지와 중지 사이에 끼운 가지를 합하여 처음에 가로로 놓은 가지에 세로로 걸쳐놓는다. 이때 시초 가지는 5 또는 9가 된다. 시초 가지가 5이거나 9가 아니면 잘못한 것이다.

여기까지가 '일변—變'이다. ①부터 ⑤까지의 과정을 '사영四營'이라고 한다. ④와 ⑤를 하나의 과정으로 본다.

이어서 앞의 그림처럼 펼쳐진 시초 가지를 제외한 나머지 시초줄기를 갖고 동일한 과정을 진행한다. 그러면 4 아니면 8을 얻게 된다. 이렇게 얻어진 가지를 '일변—變' 옆에 놓는다. 이때 4이거나 8이 나오지 않으면 잘못한 것이다.

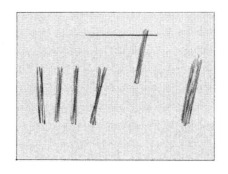

여기까지가 '이변(二變)'이고, ② ~ ⑤의 과정이 동일하다.

⑥ '일변'과 '이변'에서 얻은 가지를 그대로 펼쳐두고, 나머지 가지를 갖고 동일한 과정을 진행한다. 그러면 4 아니면 8을 얻게 된다. 이렇게 얻은 가지를 '이변' 옆에 놓는다. 여기까지가 '삼변三變'이다.

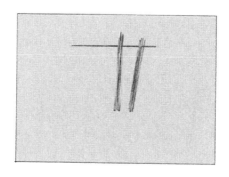

⑦ 이상과 같이 '삼변'을 마치면 하나의 효爻를 얻게 된다.

이상의 내용을 정리하면 다음과 같다.

'일변'에서 5 혹은 9를 얻게 된다.
'이변'에서 4 혹은 8을 얻게 된다.
'삼변'에서 4 혹은 8을 얻게 된다.

따라서 '일변'에서 5를 얻은 경우와 9를 얻은 경우로 나누어지는데, 5를 얻은 경우는 (5, 4, 4), (5, 4, 8), (5, 8, 4), (5, 8, 8)로 네 가지 경우의 수가 발생하고, 9를 얻은 경우는 (9, 4, 4), (9, 4, 8), (9, 8, 4), (9, 8, 8)로 네 가지 경우의 수가 생긴다.

⑧ 주희에 따르면, 얻어진 가짓수를 4로 나누어 사상四象을 판별하고 효爻를 얻는다고 한다.

다시 말해, 얻은 시초가 (5, 4, 4)라면 이를 4로 나누어 몫의 숫자로 사상을 판별하는 것이다. (5, 4, 4)를 4로 나누면 몫이 (1, 1, 1)이 된다.

이 숫자들은 모두 홀수(1)이므로, 효상爻象은 노양老陽인 9가 된다.

- (5, 4, 4) → (1, 1, 1) → 모두 홀수 → 노양老陽 9
- (9, 8, 8) → (2, 2, 2) → 모두 짝수 → 노음老陰 6

- (5, 4, 8) → (1, 1, 2) → 홀수 2, 짝수 1 → 소음少陰 8
- (5, 8, 4)   (1, 2, 1)
- (9, 4, 4)   (2, 1, 1)

- (5, 8, 8) → (1, 2, 2) → 홀수 1, 짝수 2 → 소양少陽 7
- (9, 4, 8)   (2, 1, 2)
- (9, 8, 4)   (2, 2, 1)

※ 여기서 노양수老陽數 9와 노음수老陰數 6은 변화를 상징한다. 다시 말해, 시초점을 쳐서 얻은 효 중에 노양과 노음으로 형성된 효는 소음과 소양으로 변한다.

노양老陽 → 소음少陰

노음老陰 → 소양少陽

만약 시초점의 전 과정을 마쳐서 본괘本卦인 ䷗를 얻었는데, 효의 수적 조합이 다음과 같다면,

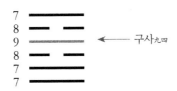

7 ━━━━
8 ━━ ━━
9 ～～～～ ←── 구사九四
8 ━━ ━━
7 ━━━━
7 ━━━━

노양수 9, 즉 구사九四는 변해서 소음으로 바뀌게 된다. 그러면 얻은 지괘之卦는 다음과 같다.

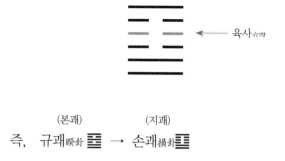

← 육사六四

(본괘)   (지괘)
즉, 규괘睽卦 ䷥ → 손괘損卦 ䷨

⑨ 이렇게 보면, 한 효를 얻기 위해 '삼변'을 진행한 것이다. 한 괘는 여섯 효이므로 3변 × 6효 = 18이 된다. 따라서 열여덟 번의 동일한 과정을 거쳐야만 하나의 괘를 얻는다(十有八變而成卦).

결국 시초점은 각 효를 섞어서 변화를 만들고, 그 효의 수를 섞고 뒤집어 봄으로써 변화에 통달하여 천지의 법칙을 이루며 그 수를 끝까지 추구하여 모든 象상을 정하는 것이다. 이러한 내용을 "삼參으로 세고 오伍로 세어 변變하며 그 수數를 교착交錯하고 종합綜合하여 그 변變을 통하여 마침내 천지天地의 문文을 이루며, 그 수數를 지극히 하여 마침내 천하天下의 상象을 정하니, 천하天下의 지극히 변화하는 자가 아니면 그 누가 이에 참여하겠는가."[16]라고 말한다.

---

16. 「繫辭傳」上10, 參伍以變, 錯綜其數, 通其變, 遂成天地之文, 極其數, 遂定天下之象, 非天下之至變, 其孰能與於此.

5. 길흉을 결정하는 방법

시초점을 쳐서 효와 괘를 얻은 다음에는 길吉·흉凶과 득得·실失, 회悔·인吝과 우憂·우虞를 살펴야 한다. 괘를 판단하기 위해서는 사상四象 중에서 노양老陽과 노음老陰을 잘 보아야 한다. 노양과 노음은 변하는 것이기에, 이 두 가지가 괘에 미치는 영향은 매우 크고 해석하는 방법은 복잡해진다. 그래서 주희는 길흉을 판단하는 데 여섯 가지 원칙을 제시하였다. 이하의 내용은 주희의 설명에 따라 서술한다.

① 시초점을 쳐서 얻은 괘가 전부 노양老陽인 건괘乾卦이거나, 노음老陰인 곤괘坤卦일 경우, 괘사卦辭로 길흉을 판단한다.

괘명卦名	괘상卦象	괘사卦辭
건乾	☰	乾(건), 元(원), 亨(형), 利(리), 貞(정)
곤坤	☷	坤(곤), 元亨(원형), 利牝馬之貞(리빈마지정), 君子有攸往(군자유유왕)

※ 얻은 괘가 전부 건괘이거나 곤괘일 경우, 괘사로 길흉을 판단한다.

② 얻은 패 가운데 1개 효가 가변可變(노양이거나 노음)이면, 이 효의 효사로 길흉 판단한다.

태괘泰卦의 육오六五가 노음老陰인 '6'이어서 가변이면, 육오六五의 효사로 길흉을 판단한다. 예컨대, 가변을 해서 본괘本卦가 지천태괘地天泰卦이고 지괘之卦가 수천수괘水天需卦이지만 지천태괘의 육오효를 기준으로 길흉을 판단한다.

(본괘)　　　　　　　(지괘)

지천태地天泰 ䷊　→　수천수水天需 ䷄

그래서 태괘 육오효의 효사는 다음과 같다. "제을[17]이 누이를 시집보내니, 복되고 크게 길하다(六五, 帝乙歸妹, 以祉元吉.)" 이 효사에 따라 '크게 길함'이라는 판단을 얻을 수 있다.

③ 얻은 괘 가운데 두 개 효가 가변이면, 두 개 변효 가운데 위의 효의 효사를 위주로 길흉을 판단한다. 예컨대, 동인괘同人卦에서 구삼九三과 구오九五가 가변이면, 구오九五의 효사를 위주로 길흉 판단한다.

(본괘)　　　　　　　(지괘)

천화동인天火同人 ䷌　→　화뢰서합火雷噬嗑 ䷔

그래서 "다른 사람과 하나가 되어야 한다. 먼저 호통을 치고 울부짖고 나중에 웃음으로 달래야 한다. 큰 군대로서 이겨야 서로 만날 수 있다(九五, 同人, 先號咷, 而後笑, 大師克相遇)." 이 효사에 따르면, 어려움 속에서 끝내 길함을 얻게 된다는 판단을 한다.

④ 얻은 괘 가운데 3개 효가 가변이면, 본괘와 지괘의 괘사卦辭를

---

17. 제을은 은나라 30대 군주이다.

결합하여 길흉을 판단한다. 예컨대, 본괘로 산풍고山風蠱를 얻었고, 이 괘에서 가변이 구이九二, 육사六四, 상구上九라면, 지괘는 뇌산소과 雷山小過가 된다. 이때 고괘蠱卦의 괘사卦辭와 소과괘小過卦의 괘사를 결합해 길흉을 판단한다.

(본괘)   (지괘)

산풍고山風蠱 ☷ → 뢰산소과雷山小過 ☷

그래서 "고蠱는 크게 선善하여 형통亨通하니, 대천大川을 건넘이 이로우니, 갑甲으로 먼저 3일을 하며 갑甲으로 뒤에 3일을 하여야 한다 (蠱. 元亨. 利涉大川. 先甲三日. 後甲三日)."

그리고 "소과小過는 亨하니 利貞하니, 작은 일은 가可하고 큰 일은 불가不可하니, 나는 새가 소리를 남김에 올라감은 마땅하지 않고 내려옴이 마땅하듯이 하면 크게 길吉하리라(小過. 亨. 利貞. 可小事. 不可大事. 飛鳥遺之音. 不宜上宜下. 大吉)." 두 괘의 괘사를 비교해 길흉을 판단해야 한다. 두 괘사 모두 길함을 의미하는 내용들이 있으므로 길하다고 판단할 수 있다.

⑤ 얻은 괘 가운데 4개 효가 가변이면, 지괘에서 불변하는 두 효의 효사 중에서 아래 효의 효사를 위주로 길흉을 판단한다. 예컨대, 뇌지예괘☷를 얻었고, 이 괘에서 가변이 초육, 육삼, 육오, 상육이라면, 지괘之卦는 천화동인괘가 된다. 이때 동인괘의 육이효의 효사를 중심으로 길흉을 판단한다. 본괘에서 지괘로의 변화에서 본괘의 효가 변하지 않은 효들이 육이효와 구사효이다. 그래서 지괘의 육이효

의 효사를 중심으로 길흉을 판단하는 것이다.

(본괘)   (지괘)

뇌지예地雷豫 ䷏ → 천화동인天火同人 ䷌

그래서 "육이六二는 남과 함께 하되 종당宗黨과 하니, 부끄럽다(六二,
同人于宗, 吝)."

⑥ 얻은 괘 가운데 5개 효가 가변이면, 지괘 중에서 **불변한 효의
효사로 길흉을 판단한다.**

예컨대, 지수사괘를 얻었고, 이 괘에서 가변이 초효, 이효, 사효,
오효, 상효라면, 지괘는 천뢰무망괘가 된다. 이때 천뢰무망괘의 육
삼효의 효사로 길흉을 판단한다. 사괘의 효에서 변하지 않은 육삼효
가 무망괘에서도 불변하여 육삼효가 되었기 때문이다.

(본괘)   (지괘)

지수사地水師 ䷆ → 천뢰무망天雷无妄 ䷘

그래서 "육삼六三은 무망无妄의 재앙이니, 설혹 소를 매어 놓더라도
행인行人이 얻음은 읍인邑人의 재앙이로다(六三, 无妄之災, 或繫之牛, 行人之
得, 邑人之災)." 육삼효의 효사에 따르면, 길흉의 판단이 좋지 못하다.

이상으로 주희의 설명에 따라, 길흉판단의 방법을 정리해 보았다.
하지만 주희의 설명이 정답은 아니다. 『춘추』와 『국어』 등에 보이는
수많은 시초점 사례에서 길흉의 판단은 효사와 괘사에 전적으로 의

지하지 않는다. 이는 길함이 흉함이 되기도 하고 흉함이 길함이 되기도 하는데, 그러한 길흉은 점을 친 사람의 유덕함에 밀접한 관련을 맺는다. 아마도 이러한 생각을 하게 된 것은, 새옹지마처럼 상황이 늘 바뀌는 것을 상고시대 사람들은 경험적으로 알고 있었고, 나쁜 상황도 그 사람의 유덕한 행위에 따라서 바뀌는 것임을 알고 있었기 때문일 것이다.

무엇보다도 시초점을 치는 과정은 자신의 마음가짐과 태도에서 전반적인 성찰의 계기를 갖게 했을 것이다. 경건한 마음가짐, 자신의 행동에 대한 반성과 성찰이 이 과정에 중요한 요소로 작용하기 때문에, 점을 친다는 것은 삶에서 주요한 성찰의 계기일 것이다. 왜냐하면 괘사나 효사의 내용들을 검토해보면, 괘사나 효사의 많은 문장들이 조건문conditional statement으로 이루어져 있다. 조건문으로 이루어진 문장은 'p이면 q이다(p → q)'의 형식을 띄고 있다. 조건문이 참이 되거나 의미를 가지려면, 전건인 p의 조건을 충족해야 한다. 전건이 충족되어야만 후건인 q를 만족할 수 있기 때문이다. 괘사나 효사가 조건문으로 이루어져 있으면, 조건문의 전건을 충족하고 있는지를 스스로 반성하게 하고, 전건을 충족하기 위한 성찰과 실천이 필요하다. 이러한 과정에서 자신의 삶과 태도에 대한 전반적인 성찰의 계기가 된다.

이를 괘사와 효사 몇 가지 예를 가지고 와서 확인해 보자.

곤괘困卦䷮의 괘사는 "곤困은 형통하고 바르니, 대인大人이라야 길吉하고 허물이 없으니, 말을 하게 되면 믿지 않으리라."[18]라는 것이

---

18. 곤困 괘사, 困, 亨, 貞, 大人 吉, 无咎, 有言不信.

다. 곤괘의 괘사는 기본적으로 형통하고 바른 판단사를 말하고 있지만, 다음의 조건을 갖추어야만 한다. 점을 치는 사람이 대인의 조건을 갖추어야 길하며 허물이 없게 된다는 의미이다. 여기에서 전건은 점을 치는 사람이 대인의 조건을 갖추는 것이다. 이 전건이 갖추어져야만 후건인 길함과 허물없음을 얻게 된다는 말이다.

풍괘豊卦☳☲의 괘사는 "풍豊은 형통亨通하니, 왕王이어야 이를 수 있으니, 근심하지 않으려 할진댄 해가 중천中天에 있어 비추듯이 하여야 한다."[19]이다. 풍괘의 형통함을 이루려면 왕의 지위나 자격을 갖추어야만 형통함을 이룰 수 있다는 의미이다.

이처럼 괘사들의 많은 문장들은 조건문의 형식을 갖추고 있다. 이 조건문에서 길흉판단사가 앞에 나오든 뒤에 나오든 전건을 충족해야만 후건인 길흉판단사가 의미를 갖게 되는 구조이다.

효사도 많은 문장들이 조건문의 형식을 취한다. 가령 중부괘中孚卦 ☴☱ 초효의 효사는 "초구初九는 (믿을 바를) 헤아리면 길吉하니, 다른 마음을 두면 편안하지 못하리라."[20]이다. 길함이라는 판단사가 의미를 가지려면, 믿을 바를 생각하고 다른 마음을 갖지 않아야 한다는 의미이다. 수지비괘☵☷의 육이효 효사는 "육이六二는 친비親比하기를 안으로부터 하니, 정貞하여 길吉하다."[21]이다. 이 효사에서도 비괘는 기본적으로 사람간의 친밀함을 말하는 것이지만, 육이효의 경우에서는 자신으로부터 친밀함을 발휘해서 밖으로 나아가야 길하다는

---

19. 풍豊 괘사, 豊, 亨, 王假之勿憂, 宜日中.

20. 중부괘中孚卦 초구효 효사, 初九, 虞, 吉, 有他, 不燕.

21. 비괘比卦 육이효 효사, 六二, 比之自內, 貞吉.

의미가 된다.

　이처럼 효사의 경우도 조건문의 형식으로 구성되어 있어, 전건의 조건을 충족해야만 길흉판단인 후건이 의미를 갖게 된다. 이는 점을 치는 사람이 괘사나 효사를 얻어도 자신의 행동과 말들, 지위와 상황을 통해서 해당 괘사나 효사의 조건을 충족했는지를 성찰해서 그 조건을 충족하도록 노력해야 길흉 판단사와 부합할 수 있다는 말이다.

제6장
시·괘·효·사

1. 시蓍와 효爻, 괘卦의 관계

　앞장에서 살펴보았듯이, 시초점을 쳐서 괘를 구하는 방법에서 시초와 효, 효와 괘의 관계에 대해 전반적인 이해가 있을 것이다. 시초점을 치는 과정에서 얻은 수목數目들이 변화하고, 이에 따라 효의 성격도 변화한다. 효가 변화하니 괘의 구성도 변화한다. 수목의 변화와 효의 변화, 괘의 변화는 모두 시초점에 달려 있음을 알 수 있다.

　시초점을 쳐서 효를 구하고, 그 효들을 쌓아 괘를 만드는 과정에 대한 논리에는 두 가지 있다. 하나는, 시초의 성격과 괘와 효의 성격을 설명하는 논리가 있고, 다른 하나는 시초점을 치면서 일어난 수목의 변화와 그 변화를 통해 강효剛爻와 유효柔爻를 구성하여 괘를 형성하는 논리이다. 전자는 「계사전」에 의한 것으로 시초와 괘와 효의 성질을 말한 것이라면, 후자는 「설괘전」의 논리로 수가 개입하고 이 수에 따라 강효와 유효의 형성 그리고 괘를 형성하는 과정을 보여준다. 이를 두 가지 상황으로 나누어 설명해 보자.

「계사전」의 시·괘·효의 성질

우선 「계사전」 상 10장에서 시蓍와 괘卦의 관계를 살펴보자. 시蓍와 효爻, 괘卦는 각자 다른 성질을 갖는다. 「계사전」 상 10장은 시초점으로 쳐서 괘를 얻고, 그 괘를 통해 묻고자 하는 내용의 길흉판단을 얻게 되는 과정을 잘 설명하고 있다.

> 이러한 까닭에 시초의 덕은 둥글어서 신묘하고[蓍之德, 圓而神], 괘의 덕은 네모져서 지혜로우며[卦之德, 方以知], 여섯 효의 뜻은 변역하여 길흉을 알려준다[六爻之義, 易以貢]. 성인이 이로써 마음을 깨끗이 씻어 은밀함에 물러가 감추며, 길함과 흉함, 백성과 더불어 근심을 함께 하여 신으로써 미래를 알고 지혜로써 지난 일을 보관하니, 그 누가 이에 참여하겠는가.[1]

이 글에서는 '덕德'은 성질을 의미한다. "시초의 성질이 둥글면서 신령스럽다(蓍之德, 圓而神)"는 말이다. 이 문장의 의미는 시초가 실제로 둥글다는 뜻도 있다. 그런데 '둥글다[圓]'는 의미는, 처음과 끝이 없는, 지속적으로 변화해서 정해지지 않았음을 뜻한다. 이러한 의미를 좀 더 확대해보면, 서법筮法에서 시蓍를 사용해 '사영십팔변四營十八變'을 거친다 하더라도 어떠한 괘卦도 정할 수 없다는 의미이다. 그래서 '신묘함[神]'이라는 표현을 연결한 것이다. '신'이라는 글자는, 그 변화를 예측할 수 없다는 것을 말한다.

---

1. 「繫辭傳」 上11. 是故蓍之德圓而神, 卦之德方以知, 六爻之義易以貢. 聖人, 以此洗心, 退藏於密, 吉凶 與民同患, 神以知來, 知以藏往, 其孰能與於此哉.

시蓍는 수적인 변화를 포괄하고 그 변화에 따라 효와 괘를 형성되지만, 거꾸로 시초가 변하면 효도 변하고 괘도 변하게 된다. 괘가 확정되기 이전에 어떠한 결과도 예측할 수 없다는 점에서 "시초의 덕은 둥글면서 신령한 것이다."라고 한 것이다.

괘의 성질을 두고서는 "괘의 덕은 네모져서 지혜롭다(卦之德, 方以知)"라고 한다. 괘의 모습은 형태적으로 네모나다. 그래서 "네모다[方]"라고 쓴 것이다. 하지만 이 의미를 좀 더 확대해보면, 형태적으로 네모난 것[方]은 둥근 것[圓]과 반대가 된다. 의미로도 네모난 것과 둥근 것은 반대된다. 둥근 것[圓]은 지속적인 변화를 의미하지만, 네모진 것[方]은 '그 변화가 확정되었다'라는 의미로 읽을 수 있다. 다시 말해, 네모진 괘를 얻었다는 것은 "시초점의 전 과정이 끝났다."는 의미이다. 앞서 살펴보았지만, 시초점을 치는 열여덟 번의 과정이 끝나면 괘를 얻게 된다. 시초의 과정은 결과를 예측할 수 없는 둥근 것[圓]이지만, 그 과정이 끝나면 네모진 것[方] 즉, 괘를 확정한 것이다. 네모진 괘를 확정해야만 점을 치는 내용의 결과를 예측할 수 있게 된다.

다시 말해 괘는 시蓍의 기록이다. 이 말은 시초점의 변화 과정의 결과를 기록한 것이 괘이다. 때문에 괘를 얻었다는 것은, 변화가 끝나서 확정적인 상태가 되었다는 의미이다. 그래서 괘가 이루어진 이후는 '지知, 알 수 있고 / 지혜롭게 될 수 있는'의 상태가 된다. 따라서 '방이지 方以知'라고 표현한 것이다. 결국 "괘의 덕은 네모져서 지혜롭다[卦之德, 方以知]"라는 문장이 의미하는 바는, 네모진 괘상卦象으로부터 길吉·흉凶·회悔·린吝을 알 수 있다는 말이다.

앞의 인용문에서 효爻의 성질을 "여섯 효의 뜻은 변역하여 길흉을 알려준다[六爻之義, 易以貢]"고 하였다. '역易'이라는 글자의 기본적인 뜻은 변화이지만, 여기에서는 효로부터 만들어진 괘의 변화를 의미한다. 하나의 괘를 구성하는 여섯 개의 효에서 ▬는 강剛을, ▬▬는 유柔를 의미한다. 그 중에서 한 개의 효 혹은 몇 개의 효가 강剛에서 유柔로, 유柔에서 강剛으로 변하면, 그 괘 역시 이 괘에서 저 괘로 변하게 된다. 앞서 설명한 본괘本卦와 지괘之卦가 이에 해당한다.

그래서 「계사전」 상 2장에서는 "효는 변화를 말하는 것"[2]이라고 말한다. 또 앞에서 설명하였듯이, 시초점에서 얻은 효가 가변可變일 경우, 가변된 효의 효사가 길흉판단에 주요한 근거였다. 그러므로 '길흉을 알려준다[貞]'라고 하였다. '공貢'자에는 '알릴 고[告]'자의 뜻이 있다.

「계사전」에는 시초의 성질, 괘의 성질, 효의 성질을 구분하면서, 이들의 관계를 말하고 있다. 시초점으로부터 괘와 효를 얻는 과정, 얻어진 괘에서 효가 변하여 새로운 괘를 만드는 과정 전체가 시초점으로부터 시작되고, 시초점을 치는 전과정이 끝나서 괘를 얻는다 하더라도, 효변爻變이 일어나 새로운 괘를 형성하게 된다는 것을 말하고 있다. 이는 시초점을 치는 과정에서 시초와 괘, 효의 관계를 시초와 괘, 효의 성질에 따라 설명하고 있다

「설괘전」의 수목의 변화와 시초·효·괘의 관계

「계사전」에서의 성질로서 시蓍와 괘卦, 효爻의 구분과 달리 수목數目의 변화로 시초와 효, 괘의 관계를 설명하는 것이 「설괘전」이다. 아래의 내용에는 시초점의 과정에서 효로 변화하는 수목인 9와 7, 6과 8을 제시하고 있다.

---

2. 「繫辭傳」上3, 爻者, 言乎變者也.

옛날 성인聖人이 역易을 지을 적에 ① 그윽이 신명神明을 도와 시초蓍草를 내었고, ② 하늘에서 셋을 취하고 땅에서 둘을 취하여 수數를 세우고, ③ 음양陰陽에서 변화를 보아 괘卦를 세우고, ④ 강유剛柔에서 발휘하여 효爻를 생성한다.[3]

위의 글을 자세히 살펴보면, ① "그윽이 신명神明을 도와 시초蓍草를 내었다"라는 문장은 시초점을 통해 신명을 알 수 있다는 뜻이다. 다시 말해, 시초가 신명스럽다는 뜻이 아니라, 시초점을 치는 과정에서 신명이 깃든다는 뜻이다. ② "하늘에서 셋을 취하고 땅에서 둘을 취하여 수數를 세운다"라는 문장은 수를 해석하는 내용이다. '기수倚數'란 수를 세우는 것으로, 『역경』에서 홀수는 천天의 수로, 짝수는 지地의 수로 삼아서 괘의 형태와 그 효의 수를 세웠다는 의미이다.

또한 괘의 기본 요소는 강효剛爻와 유효柔爻이다. 강효는 천天을 의미하고 '━'획을 그어서 표현하고, 유효는 지地를 의미하고 '╌'획을 그어서 표현한다. 강효와 유효는 모두 시초점을 통해서 얻는다. 시초점을 쳐서 9와 7이라는 수목을 얻으면 이는 강효이고, 6과 8이라는 수목을 얻으면 이는 유효이다. 이것이 "하늘에서 셋을 취하고 땅에서 둘을 취하여 수數를 세운다."의 의미이다. 그래서 ③ "음양陰陽에서 변화를 본다"고 한 것이고, 뒤를 이어 "그리고 괘卦를 세운다(而立卦)"라고 한 것이다. 즉, "음양에서 변화를 관찰해 괘를 세운다"는 것은 시초의 수를 계산해 음양을 살피고 괘를 얻는다는 의미이다.

---

3. 「說卦傳」 1장, 昔者, 聖人之作易也, 幽贊於神明而生蓍, 參天兩地而倚數, 觀變於陰陽而立卦, 發揮於剛柔而生爻.

시초점 치기를 통해 수[蓍數]의 변화가 음인지 양인지 관찰하여 이에 따라 음·양의 효로 괘를 세운다는 것이다.

④ "강유剛柔에서 발휘하여 효爻를 생성한다."는 효爻를 확정하는 것이다. 양은 강이고 음은 유이다. 만물에는 강유剛柔의 성질이 있고, 만물의 강유의 성질에 따라 음과 양, 두 효로 그것을 형상화한다는 의미이다.

시초점을 치는 법을 설명하면서 「설괘전」에서는 수목을 끌어와 음양의 변화를 말하고, 또 이를 효로 확정하는 과정을 말한다. 「계사전」과 「설괘전」의 내용으로부터 시초와 괘, 효의 관계를 이해할 수 있고, 시초점을 치는 과정에서 구체적으로 얻은 수목에 따라 괘와 효가 확정되는 과정을 이해할 수 있다. 「계사전」과 「설괘전」의 내용에서 가장 중요한 내용은 시초로부터 괘와 효가 생성된다는 것이다.

그렇다면 6장에서 시초점 치기의 과정을 설명하면서 길흉은 그 사람의 덕을 따른다는 말을 설명할 수 있다. 시초점으로부터 괘와 효가 형성되기에, 시초점을 치는 사람의 마음 가짐과 태도에 따라 신령함 혹은 신명의 작용이 가해질 터이고, 그 신명의 작용이 전혀 다른 괘와 효를 만들 수 있기 때문이다.

2. 괘사와 효사의 작자와 내용

『역경』에는 괘사卦辭와 효사爻辭가 있다. 이 괘사와 효사는 점을 치는 질문[占問], 그 질문을 가지고 시초점을 운용하고 얻은 괘와 효에서 길흉을 판단하는 역할을 한다. 다시 말해 시초점을 치고 얻은 괘나 효를 기준으로『역경』에서 해당 괘의 괘사와 효사를 찾아 길흉을 판단하는 근거가 되는 말이다.

괘사와 효사의 다양한 성립설

괘사와 효사에 대한 신화적 설명은 주나라 문왕文王이 괘사를 짓고, 주공周公이 효사를 지었다고 말한다. 하지만 괘사나 효사의 내용에서 점을 친 시대를 유추할 수 있는 일상생활의 내용도 나올 뿐만 아니라, 은나라 시대의 일들도 나오며, 문왕과 주공 이후 시대의 역사적 사실도 나온다. 구체적으로는 괘사나 효사의 내용 중에는 은나라 시대의 내용[4]도 있고, 주나라 초기의 내용[5]도 있으며, 춘추 중기의 인물도 등장한다.[6] 만약 이러한 사례를 강하게 인정하면『역경』의 성립 시기는 새롭게 규정해야 한다. 이 때문에 청대의 고증학자들에 의해, 문왕과 주공이 괘사와 효사를 지었다는 학설에 대한 비판과

---

4. 대장괘大壯卦 육오효 효사文辭의 "六五 喪羊于易, 无悔"와 여괘旅卦 상구효 효사의 "上九 鳥焚其巢, 旅人, 先笑後號咷, 喪牛于易, 凶." 등이다. 이들 효사에서 '易'은 은나라 시기의 읍제 국가의 이름이라고 한다. 이밖에도 기제괘旣濟卦 구삼九三 효사, 미제괘未濟卦 구사九四 효사에 나타나는 '고종高宗'은 은나라 왕인 '무정武丁'이고, '귀방鬼方'은 옛 읍제 국가 중에 하나의 이름이라고 밝혀졌으며, 태괘泰卦 육오六五 효사와 귀매괘歸妹卦 육오六五 효사에 등장하는 '제을帝乙'은 은나라 왕의 이름이고, 주왕紂王의 아버지이다.

5. 진괘 괘사의 "晉, 康侯, 用錫馬蕃庶, 晝日三接."에서 '강후康侯'는 주나라 무왕의 동생이다. 명이괘 육오효 효사 "六五, 箕子之明夷, 利貞."에서 '기자箕子'는 은나라 말기 주나라 초기의 인물이다.

6. 익괘 육삼, 육사, 태괘 구이, 복괘 육사, 쾌괘 구오에서 동일하게 등장하는 인물인 "중행中行"은 "중도를 행하다"라고 번역되지만, 이 뜻이 아니라 춘추 중기의 진나라 인물인 순림보荀林父임이 밝혀졌다.

부정이 나타났다. 현대 역학자들 역시 문왕과 주공이 괘사와 효사를 지었다는 설에 대해 부정한다. 이 문제에 대한 논의는 1960년대 중국학자들에게서 발발하여 다양한 의견들이 제시되며 논쟁되었다. 이 논쟁은 아직도 진행 중이며 학자들의 논쟁에서 일치된 견해는 도출되지 않았다.

이들 논쟁에 참여한 현대 중국학자들의 주장은 크게 세 가지 학설로 정리할 수 있다. 『역경』의 성립 시기를 두고 첫째는 은나라와 주나라 교체기 성립설, 둘째는 춘추시기 이전인 서주시기 성립설, 셋째는 전국시대 초기 성립설이다.[7]

필자의 생각은 현재까지 가장 많은 학자들이 지지하는 은주 교체기 성립설을 취한다. 은주 교체기에 『역경』이 거의 현재의 모습으로 성립되었지만, 괘사나 효사에서 몇몇 내용들은 주나라와 춘추시기, 전국초기에 이르기까지 교체되면서 추가된 것으로 본다. 춘추시기나 전국시기 초기의 내용을 담은 괘사나 효사는 그 숫자가 많지 않고, 은나라의 내용을 담은 괘사나 효사 등도 그 숫자가 많지 않다. 이는 은나라 시기의 거북점의 점문占問과 판단사를 수용하고 춘추시기의 점문을 수용하였지만, 주나라 초기의 점문占問과 판단의 내용이

---

7. 『역경』의 성립 시기를 두고 학자들 간의 논쟁은 크게 세 가지 입장으로 정리된다. 첫째는 은주교체시기 성립설을 지지하는 학자집단, 둘째는 서주말기 성립설을 주장하는 학자집단, 셋째는 전국초기 성립설을 지지하는 학자집단으로 나눌 수 있다. 첫째 입장을 지지하는 학자는 풍우란 등을 비롯해 그 수가 가장 많다. 둘째 입장을 지지하는 학자는 임계유任繼愈, 이경지李鏡池 같은 학자로 이들은 계사와 효사가 일차적으로 완성된 시기가 서주중기에서 말기라고 본다. 셋째 입장을 지지하는 학자는 곽말약郭沫若과 같은 학자로 『역경』의 성립시기는 춘추 중기 이전에는 성립할 수 없으며, 춘추 중기 이후 전국 초에 형성된 것으로 본다.

주를 이루고 있기 때문이다.

필자의 생각과 같은 입장을 견지하는 현대 학자인 고형高亨[8]의 입장을 소개해 보자. 고형은 비괘의 "㉠ 길하다. ㉡ 본래의 점풀이 글은 ㉢ '큰 제사를 거행한다. 오랜 기간의 점은 허물이 없다. 평온하지 않은 나라에서 조정에 오는데 뒤에 오는 사람은 흉하다'고 하였다(比. 吉. 原筮[享]元永貞无咎. 不寧方來. 後夫凶)."라는 괘사를 두고 다음과 같이 분석한다.

'㉠ 길하다'는 문장은 후대에서 점을 치고 나서 한 판단사이다. '㉡ 본래의 점풀이 글[原筮]'이라는 말은 후대에 점을 치면서, 본래의 점풀이 글임을 밝히기 위해 추가한 글이라고 한다. ㉢ '큰 제사를 … 흉하다'는 원래의 점풀이 글을 인용한 내용이라고 본다. 고형은 이처럼 괘사나 효사에는 본래의 점을 기록한 것이 있는가 하면, 다시 점친 것이나 세 번 점친 것 등의 내용도 있다고 본다. 이는『역경』의 괘사와 효사는 원래 점풀이 글(괘사 혹은 효사)도 있고, 전에 점친 내용을 가져다 수정하기도 하고, 보충하기도 하면서 시대와 상황에 따라 점풀이 글들이 새롭게 편집되었다고 본다.

그는 수정과 보충, 편집의 예로, 겸괘의 괘사와 효사에 일률적으로 '겸謙'자가 들어가는 것과 점괘漸卦의 괘사와 효사에 일률적으로 '기러기[鴻]'가 포함되며 기러기의 움직임이 '물가로 날아가다', '반궁으로 날아가다', '높은 평지로 날아가다', '나무로 날아가다', '언덕으

---

8. 고형(1900~1986)은 선진시기 사상 연구에 위대한 업적을 남긴 고대철학 전문가이다. 베이징대학과 칭화대를 졸업했다. 양계초梁啓超, 왕국위王國衛에게 배웠다. 하남대, 도호쿠대, 우한대 교수 등을 역임했다. 선진철학의 주요 자료인『시경詩經』,『주역周易』고대 문자 등에서 탁월한 연구 업적을 남겼다.

로 날아가다', '못 위로 날아가다'와 같이 체계적으로 묘사되고 있는 점들은 후대에 괘사와 효사를 창작해 넣은 것으로 보고 있다.

고형은 『역경』의 괘사와 효사의 체제는 은주 교체기에 형성되었지만, 후대 사람들이 다시 점을 치거나, 시대와 상황에 따라 그 효사와 괘사를 수정하거나 보완하면서 새롭게 편집해 나간 것으로 본다.

괘사와 효사의 작자

괘사와 효사를 누가 지었는가의 문제도 여전히 논쟁이다. 문왕이 괘사를 짓고, 주공이 효사를 지었다는 설에 대해서도 학자들의 다양한 논의가 있었지만, 이 문제는 대체적으로 합의하고 있는 모습이다. 괘사나 효사에는 은나라의 사회상과 서주시기의 생활상을 담은 내용, 춘추시기의 인물까지 등장하고 있기에 시초점을 주관한 관직의 인물인 복서卜筮이거나 사관史官들에 의해 여러 시대를 거쳐서 완성된 것으로 본다.

역易이 탄생하고 나서 수많은 시초점을 쳤을 것이고, 그 시초점을 칠 때마다 점을 쳐서 묻고자 하는 내용[占問]도 달랐을 것이고, 그 결과도 달랐을 것이다. 어떤 점문占問은 괘사나 효사로 채택되고 어떤 점문들은 채택되지 못했을 것이다. 채택된 점문과 그 판단은 어떤 이유로 채택되었고, 반대로 채택되지 못한 점문과 그 판단은 왜 채택되지 못한 것일까? 이와 관련해 『주례』「점인占人」을 찾아보면, 그 과정과 채택의 기준을 확인할 수 있다.

거북점과 시초점을 끝마친 후 점친 일을 기록한 비단을 어느 곳에 매어 두었다가, 거북이나 시초에 알린 글을 그 무늬와 괘효에 따라 계열별로

분류, 한 해가 끝날 때 그 점이 영험했는가 영험하지 않았는가를 자세히 조사하였다.[9]

이 글에 대해 두자춘杜子春은 '계폐繫幣'를 두고, "비단으로 그 점을 기록하여 거북이에게 매어 두는 것이다."[10]라고 주석하고 있고, 정현은 "점이 끝난 후에 점치는 사람은 반드시 거북이에게 명한 일과 조짐을 죽간에 기록하여 귀신에게 예를 올리는 비단에 묶어 함께 보관한 것을 말한다"[11]라고 주석하고 있다.

이『주례』의 경문을 보면, 거북점을 치거나 시초점을 치거나 간에, 점이 끝나면 점문과 그 길흉판단을 기록했다는 점이다. 그리고 그 점문과 길흉 판단의 기록을 거북의 무늬와 시초의 괘와 효에 따라 분류했고, 1년에 한 번씩 그 점이 영험했는지 조사했다는 점이다. 그리고 이 경문의 주석들은 거북점이든 시초점이든 점문을 기록해 보관한 일들을 밝히고 있다.

이러한 과정에서 어떤 점문과 길흉 판단이 괘사나 효사가 되었을까? 이에 대해 고형은 점문과 그 점문의 길흉 판단이 적중된 것과 그렇지 않은 것, 적중률이 높은 것과 낮은 것들을 분류해서, 적중된 것 중에서 적중률이 높은 것을 가려내서 64괘의 괘사와 효사에 나누어 옮겨 적고 다음에 점칠 때 참고하였고, 이러한 일들이 누적되면

---

9. 凡卜筮旣事, 則繫幣以比其命, 歲終則計其占之中否.

10. 『周禮 · 春官 · 占人』, "凡卜筮旣事, 則繫幣以比其命." 鄭玄注에서 대한 杜子春云의 말, 以帛書其占, 繼之於龜也.

11. 『周禮 · 春官 · 占人』, "曰凡卜筮, 旣事, 則系幣以比其命, 歲終則計其占之中否"에 대한 정현의 주석, 謂旣卜筮, 史必書其命龜之事及兆於策, 繼其禮神之幣, 而合藏焉.

서 64괘의 괘사와 효사가 되었다[12]고 본다. 그렇다면 괘사와 효사의 내용은 어떤 것일까? 앞에서도 『역경』의 사辭는 점을 친 시대의 다양한 정치적 사건들과 일상생활, 도덕, 의식을 반영한다고 언급했었다. 이는 특정한 일들을 점占을 쳐서 묻고, 그 일들의 길흉을 판단한 내용으로 구성된다. 이를 고형高亨은 크게 네 가지로 구분했다.

① 역사적 일에 대한 기록: 기사記事
② 어떤 상象으로 인사人事를 상징하는 내용: 취상取象
③ 사람들의 행위를 직접적으로 서술한 내용: 설사說事
④ 점친 결과를 길흉으로 판단한 내용: 단점斷占

고형의 분류에 따르면, 괘사나 효사의 내용은 그 성질상 넷으로 분류되고 이 내용들은 점친 시대의 사회상을 반영한다는 것이다. 고형의 연구를 중심으로 내용을 서술해 보자.

① 기사: 옛날의 일를 가져와 현재의 일들을 빗대어 점침

고사故事는 옛날의 역사적인 사건이나 기록을 채용해 점칠 당시의 상황과 견주어 점치는 일이다. 이는 다시 두 가지로 구분할 수 있는데, 하나는 옛날의 고사로써 사람들의 길흉을 제시하는 것이다. 다른 하나는 서인筮人들이 여러 번 점을 친 경험을 기록했다가 이것으로 사람들의 길흉을 보여주는 것이다. 이 내용들은 쉽게 이해할 수

---

12. 고형, 「주역쇄어周易瑣語」, 『주역고경금주周易古经今注』, 청화대학출판사, 2010.

있는 것들이다. 우리가 역사를 배우는 것이 과거의 사건들을 통해 현재의 일들을 반성하기 위함이라는 점에서, 고사故事를 끌어와 현재의 일을 점치는 것은 충분히 이해할 수 있다.

이에 해당하는 사례는 매우 많다. 대표적인 것 몇 개를 보자면, 기제괘旣濟卦 구삼효九三爻와 미제괘未濟卦 구사효九四爻의 효사가 대표적이다. 이 두 괘의 효사들은 "은나라 고종高宗이 귀방鬼方을 공격해서 3년 만에 이긴 것이다." 은나라 고종이 귀방의 종족을 물리칠 때의 상황과 내용을 끌어와 현재의 상황에 빗대어 점을 친 것이다. 그리고 이어진 효사에서 "소인을 등용 하지 말라"거나 "바르게 하라"거나 한 것은 고종의 고사故事를 가져와 고종처럼 이기려면 자신을 바르게 하고 소인을 등용하지 말아야 한다는 것이다.

고형에 따르면, 서인筮人들은 국가적 행사로 진행되는 제사와 의례를 진행하기 전에 이전의 제사와 의례에서 어떤 괘와 효를 얻었는지를 확인한다. 현재의 제사와 의례를 진행하고 어떤 괘와 효가 길했는지 또는 흉했는지도 기록한다. 이러한 과정을 거친 이후에 과거의 제사와 당시의 제사에서 어떠한 괘·효사가 영험했는지를 정리한다. 이러한 과정이 고사를 인용하여 길흉을 판단한 사례에 해당한다. 고사를 인용한 예들은 대장괘大壯卦 육오효, 여괘旅卦 상구효, 태괘泰卦 육오효, 귀매괘歸妹卦 육오효, 진괘晉卦 괘사卦辭 등이다. 이러한 괘사들은 서인筮人들의 경험과 기록을 통해 현재 상황을 견준 것은 대부분 국가적 제사와 의례의 내용이다.

② 취상: 사물을 취해 인사人事의 길흉을 상징함

이는 대과괘大過卦 구이효의 효사가 대표적이다. 이 효의 내용은 마른 나뭇가지에서 새순이 돋는 경우이다. 사물의 형상을 취해서 길흉을 판단한다. "마른 나무에 새순이 돋으니 늙은 사내가 젊은 아내를 얻는다."고 말하고 있다. 대과괘 구오효의 효사에는 "마른 나뭇가지에 꽃이 피니 늙은 여인이 장부를 얻는다."라고 되어있다. 이는 특정한 사물의 상태를 빗대어 인사人事의 길흉을 판단한 것이다. 마른 나뭇가지에서 새순이 돋는 경우는 죽은 듯한 나무가 다시 소생하는 것이고, 이는 생명력을 얻은 것을 의미한다. 늙은 사내나 늙은 여인이 젊은 짝을 얻어 활기찬 생활을 영위하는 것을 상징한다.

『역경』의 괘사와 효사에는 수많은 구체적 사물들로 추상적인 사물들을 표현한 내용들이 많다. 가령 건괘乾卦의 용龍, 점괘漸卦의 큰기러기[鴻], 곤괘坤卦의 암말[牝馬] 등이 이에 해당한다.

③ 설사: 구체적인 행동·일로써 길흉을 표현한 내용

어떤 사람의 일과 행동의 내용, 시비, 성패를 취해서 길흉의 원인과 현상을 설명한 괘사와 효사이다. 가령 수괘需卦의 괘사 "유부有孚, 광光, 형亨"과 같은 예이다. 이 내용은 "전쟁에서 포로를 잡아서 영광스러우니 제사를 거행한다"는 뜻이다. 이는 저절로 정길貞吉한 결과가 된다. 이처럼 구체적인 행동이나 일을 통해 길흉을 설명하는 괘사와 효사가 이에 해당한다.

④ 단점: 길흉을 판단하는 내용

괘사나 효사에서 길흉을 단정 지은 내용이다. 괘사나 효사에서 원길元吉, 무구无咎, 정흉貞凶, 리利·불리利 등으로 표현된 괘사나 효사가 이에 해당한다.

이상의 내용을 정리하면 다음과 같다. 『역경』을 구성하는 네 가지 요소는 시著·괘卦·효爻·사辭이다. 시초점을 쳐서 효와 괘를 구하는 전 과정에서 시의 성질, 효의 성질, 괘의 성질은 앞에서처럼 정리된다. 그리고 사辭의 경우는 『역경』이 성립될 즈음에 역사적 고사, 사물, 사태로 현실을 상징하거나 구체적 사물로 사태를 상징하는 방식으로 정리·수용되었다. 또한 구체적인 사람의 행동과 일을 통해 길흉을 설명하기도 한다.

효와 괘와 음양오행설의 관계

여기에서 효爻와 괘卦에 대해서 좀 더 설명할 내용이 있다. 『역경』을 구성하는 기본적인 요소가 시著, 괘卦, 효爻, 사辭이지만, 괘는 효가 중첩되어 형성된 것이고, 괘와 효에 사辭가 결부되어 있는 것이므로 효와 괘가 『역경』의 중심이다. 따라서 효와 괘라는 특수부호는 왜 이러한 기호로 형성되었는지를 파악할 필요가 있다.

우리는 음효陰爻와 양효陽爻라는 용어에 익숙하다. 또한 어떤 괘는 양괘陽卦이고 어떤 괘는 음괘陰卦라고 부르기도 한다. 예를 들면 건괘 ☰는 모든 효가 양효로 이루어져 있어 양괘라고 부르고, 곤괘 ☷는 모든 효가 음효로 이루어져 있어 음괘라고 부른다.

그런데 앞에서도 언급하였듯이 『역경』이 은주 교체기에 형성되었고, 음양과 오행 개념은 전국 말기에 형성된 개념이다. 따라서 『역경』 자체에 음양론이 있어서 효와 괘에 음양론을 적용하였다라고 판단하는 것은 문제일 수 있다. 음양론과 오행론은 적어도 전국시기 말기로부터 형성되기 시작한 개념이기 때문이다. 또한 이들 개념들은 방사方士 집단[13]에서 사용하던 개념이다. 방사들은 음양과 오행론을 괘와 효에 결합하여 길흉을 나타내는 징조로 사용하거나, 신의 뜻이 깃든 예언을 형식으로 말하기도 하였다. 이러한 방사들은 학설을 참위설[14]이라고 한다.

그런데 방사들이 유학자화되거나, 유학자들이 방사화되어, 방사들이 사용하던 개념들이 유학의 경전에 흡수되었다. 이는 다시 말해 전국 말기 이후로 음양론과 오행론이 일반화되고 이러한 일반화에 방사들의 역할이 작용했다는 점이다. 여기에 덧붙여 말하면, 전국 말기의 인물인 추연이 노자에 등장하는 음양개념을 가져와 발전

---

13. 방사들은 전국시대 몇몇 나라에서 복식服食, 행기行氣, 방중술房中術, 채약採藥, 연금鍊金 등의 술수로 장생불사長生不死를 추구하던 종교집단의 인물이다. 특히 제齊, 진秦, 초楚 등의 나라에서 이들의 활동이 두드러졌다. 이들은 이후 음양가, 술수가, 방기가들과 결합해 각종의 신선술神仙術을 학습하는 방사집단을 형성하였다. 그래서 이들을 방선도方仙道라고 부르기도 한다. 방사들은 유학자화 되기도 하고 유학자가 방사화 되기도 하였다. 이들은 자신의 학설을 이용해 관직을 얻기도 하였다. 유학자인 정현은 방사들의 학설에 주석을 내기도 하였다. 방사들의 유학자화, 유학자의 방사화의 결과로 참위讖緯의 학설이 유학의 경전에 삽입되기도 하였다. 예를 들어『서경』「홍범」편의 경우에서 보이는 음양, 오행의 사유가 이들의 흔적이다. 「홍범」편 전체를 방사들의 작품으로 보기도 한다. 여기에는 추연鄒衍의 오덕종시설五德終始說과 같은 사상이 반영되기도 한다.

14. 참위설에서 '참讖'과 '위緯'는 구분된다. '참'은 무사 혹은 방사가 만든 예언, 은어로 길흉을 나타내는 징조, 징험을 그 내용으로 한다. '위'는 방사화된 유학자들이 편찬해 낸 유가 경전에 삽입한 내용의 글들을 말한다. 이 둘을 구분하는 핵심은 '참'은 신의 뜻에 가탁하여 만들어 낸 예언이고, '위'는 은어로 만들어진 길흉을 미리 판단하는 말이라는 점이다. 참과 위는 형식적으로는 구분되지만, 종교 신비주의의 관점에서 보면, 동일한 것이다. 그 내용은 천인감응설天人感應說, 성상예시설星象豫示說, 선악보응설善惡報應說, 신선설神仙說, 신인설神人說 등으로 다양하다. 우리가 다루는『주역』과 관련해서『역위易緯』라고 불리는 한대의 역학서적들은 대부분 '위'에 해당한다.

시키고, 오덕종시설五德終始說을 오행론으로 해석하면서 음양가라는 학파를 형성했다는 점이다. 이 음양가의 학설은 한나라 초기까지 다양한 학문분야에 영향을 미쳤다.『여씨춘추』,『회남자』,『춘추번로』,『역전』,『관자』 등에 음양론과 오행론이 등장하는 것은 음양가의 이론이 상당한 영향력이 있었음을 보여준다.

그렇다면 효나 괘를 음양으로 구분하거나 오행을 적용해 설명하는 것은『역경』에 기인한 것이 아니라, 음양가의 영향을 받은『역전』에 기인한 것으로 보아야 한다.『역전』의 각 편들은 전국시기부터 한나라까지 긴 시간 동안 여러 사람의 손에 의해 형성되었기 때문에 전국시대의 사상을 흡수한『역전』의 영향으로 음양과 오행을 결합한 괘, 효, 기타의 설명이 시작된 것이다. 물론 음효, 양효, 음괘, 양괘라는 표현을 사용하더라도 큰 문제는 없다. 하지만 이러한 정황은 기억해 두어야 한다.

3. 효와 괘의 기호 형성

효와 괘에 대해서 여전히 풀리지 않는 의문이 있다. 그것은 '왜 효를 ―와 ‥로 표현했는가'이다. 또한 '왜 효를 여섯 개 중첩하여 하나의 괘를 만들었는가'이다. 효와 괘는 특수 기호이기는 하지만, 그것이 기호이기에 전혀 다른 기호를 사용해도 된다는 점이다. 목욕탕 기호를 ♨가 아니라 ⁂로 표현해도 전혀 문제가 될 것이 없듯이, 기표와 기의 사이에는 필연성이 없다. 마찬가지로 ―을 ◆으로, ‥을 ▲으로 표현해도 문제될 것이 없다. 또한 괘의 경우는 6개의 효가 아니라 10개의 효가 쌓여도 상관없다. 그런데 왜 6개가 중첩되어 하나의 괘를 만드는가?

이러한 질문에 대해 여러 학자들이 다양한 의견을 내놓았다. 효와 관련해 살펴보면, 첫째, 곽말약郭末若[15]은 생식기설을 주장한다. ━은 남성의 생식기를, ╍은 여성의 생식기를 상징한다는 것이다. 이들은 상고시대에 생식기 숭배관념이 있었고, 이러한 관념이 ━와 ╍라는 기호로 귀결되었다는 것이다. 둘째는 서법설筮法說이다. 주자청朱自淸[16]에 의해 제기된 설로, 8괘는 서법이 끝난 이후에 있게 되는데, 시초점을 치는 과정에서 1은 ━로, 2는 ╍로 3은 '☰'으로 중첩하는 과정에서 ━와 ╍라는 부호가 탄생했다고 본다. 그는 『경전상담經典常談』이라는 책에서 거북점과 시초점을 비교하면서, 거북점에는 8괘의 흔적이 없고 음양의 관념도 없다고 전제하고, 결국 ━와 ╍는 시초점을 치는 과정에서 형성된 것이라고 본다.

그런데 이들 학설은 발굴된 유물들에 의해서 부정되고, 새로운 학설이 등장했다. 그것이 셋째 숫자 도형설이다. 고고학적 유물의 발굴 결과, 전국 중기의 죽간竹簡, 복골卜骨 등에서 괘의 육위六位를 표현한 숫자 조합의 유물이 발굴되었다. 협서성陝西城 장가파張家坡 지역에서 출토된 복골卜骨에는 ① '∧ ∧ ━ ━ ∧ ⊃c'이라는 부호가 수직으로

---

15. 곽말약(1892~1978)은 중국 현대 학자로, 역사, 고고학 등에서 뛰어난 업적을 남겼다.

16. 주자청(1898~1948)은 본명은 주자화朱自華이다. 중국 현대의 문학가이자 학자, 혁명가이다. 북경대학 철학과를 졸업하고, 문학연구를 하였으며, 청화대학 교수를 역임했다. 『설조雪朝』, 『훼멸毀滅』와 같은 시집을 남기기도 하였으며, 『경전상담經典常談』, 『국문교학國文教學』과 같은 저술을 남겼다.

기록되어 있다. 다른 부호에는 ② ‘∧ ⊃c − − ⋈ −’, ③ ‘∧ − ∧ ∧ ∧ −’과 같은 기록이 있다. 이들 부호는 괘의 자리와 그 자리의 효를 표현한 것을 ①은 “6, 6, 1, 1, 6, 8”에, ②는 “6, 8, 1, 1, 5, 1”에, ③ 은 “6, 1, 6, 6, 6, 1”에 해당한다. 이를 괘상으로 표현하면, 다음과 같다.

①		②		③	
☷	8	☰	1	☷	1
	6		5		6
	1		1		6
	1		1		6
☷	6	☷	8	☷	1
	6		6		6

결국 이러한 기호들은 6개의 숫자를 사용해 괘상을 표현한 것으로 비교적 초기의 형태이다. 괘상의 숫자들을 기록한 것은 1, 5, 6, 7, 8, 9의 6개의 수이고, 2, 3, 4는 나타나지 않았다. 장정랑張政烺[17]이라 는 학자는 ‘왜 2, 3, 4를 사용하지 않았는가’라는 물음에 ⚏, ☰, ☷ 를 새길 때 ⚏, ☰, ☷는 쉽게 혼란을 일으키기 때문에 ☷은 ▬로, ⚏ · ☷는 六으로 귀속시키고 사용하지 않았다고 본다.

1978년 호북성湖北省 강릉江陵 천성관天星觀 저양군邸陽君 번칙묘番敕墓 에서 출토된 전국시기 죽간에는 숫자 괘형의 유물이 발견되었다. 이

---

17. 장정랑(1912~2005)은 산동성 사람으로, 고문자, 역사학, 고고학, 문헌학에 정 통했다. “중국에서 장정랑 선생의 고문헌 강의를 들으면 남의 문헌 수업은 듣지 않 아도 된다”라는 말이 있을 정도로 고문헌에 정통했다.

유물에서는 숫자가 1, 6, 8, 9로 네 개만 보인다. 5와 7이 사라진 것이다. 그리고 안휘성安徽省 쌍고퇴雙古堆 서한西漢시대의 묘에서 출토된 죽간에는 괘의 부호가 —와 六, 두 개로 완성된 모습으로 나타났다. 이 유물에서는 六을 ∧로 표기하고 있다. 장사長沙 마왕퇴馬王堆 한묘漢墓에서 출토된 백서본『역경』에서는 —와 ∧의 두 기호로 표기하고 있다. ∧이 八으로 바뀌고, 八은 다시 --으로 바뀐 것이다. 이는 한나라 초기에도 강효와 유효를 표기하는 기호 모습이 확정되지 않았고, ∧이 八으로 바뀌고, 八은 다시 --으로 바뀌어 가는 과정임을 알 수 있게 한다.

결국 효의 기호가 —와 --으로 된 것은 시초점을 쳐서 얻은 수목數目을 숫자로 표기하는 과정에서 단순화와 간략화의 필요 때문이었다. 하지만 여기에서 주목할 것은 —와 --으로 표기하는 전 과정이 인지의 비약적인 발전으로 보인다는 점이다.

이제 괘가 왜 이러한 모습으로 형성되었는지 생각해보자. 괘의 형성 과정은 8괘로부터 시작했다는 것이 일반적인 이론이다. 전설상의 인물인 복희씨에 의해 8괘가 그려졌다는 기록이 「계사전」 하편에 기록되어 있다. 그 내용은 "옛날 포희씨包犧氏가 천하天下에 왕노릇할 때에 우러러 하늘의 상象을 관찰하고 굽어 땅의 법法을 관찰하며, 새와 짐승의 문文과 천지天地의 마땅함을 관찰하며, 가까이는 자신에게서 취하고 멀리는 물건에게서 취하여, 이에 비로소 팔괘八卦를 만들어 신명神明의 덕德을 통通하고 만물萬物의 실정을 분류하였다."[18] 이

18. 「繫辭傳」 下2, 古者包犧氏之王天下也, 仰則觀象於天, 俯則觀法於地, 觀鳥獸之文, 與

다. 그 내용은 하늘과 땅, 동물들을 살펴서 8괘를 만들고 신명의 덕과 통하며, 만물의 실정을 분류했다는 것이다. 이 내용은 신화적 인물인 복희씨를 거론해 8괘를 그가 그린 것으로 설명한 내용이다. 이에 대한 진위는 판별할 수 없다. 또한 문왕이 8괘를 중첩해 64괘를 만들었다는 내용도 믿을 수 없다. 『역경』의 성립시기를 확정할 수 없기 때문이다.

다른 하나의 학설은 고문자설古文字說이다. 8괘가 바로 고대의 문자라는 것이다. 이 학설이 최초로 제기된 것은 『역위건곤착도』라는 책이다. 이 책에서는 ☰이 고대의 天자이고, ☷이 고대의 地자이며, ☴이 고대의 風자이고, ☶이 고대의 山자이며, ☵이 고대의 水자이고, ☲이 고대의 火자라는 설이다. 이 학설은 水와 火, 風과 山 등에서 고대 문자와 밀접한 관련성이 있어 보인다. 그래서인지 이 입장을 지지하는 학자들이 적지 않다. 하지만 분명한 전거가 없다. 이 문제에 대한 해답은 찾을 수 없는 것으로 보인다.

그렇다면 왜 삼효가 중첩된 괘(3효로 구성된 괘를 소성괘小成卦라고 하고, 6효가 중첩된 괘를 대성괘大成卦라고 한다)가 그려졌을까? 이에 대해서는 앞에서 서법을 설명할 때, 사용했던 천·지·인 삼재三才 개념으로 설명된다. 삼재인 천·지·인을 기준으로 삼효의 소성괘를 이루었다는데, 인간의 일들이란 공간적으로 천지 속에서 일어나기 때문이라는 것이다. 물론 이러한 설명도 그 근거를 확인할 수 없다.

다른 문제로 소성괘를 중첩해 6효의 대성괘는 언제 누가 만들었나는 것이다. 왕필과 같은 학자는 복희가 중첩한 괘, 즉 대성괘를 복

(天)地之宜, 近取諸身, 遠取諸物, 於時, 始作八卦, 以通神明之德, 以類萬物之情.

희가 만들었다고 본다. 정현은 신농씨가 만들었다고 하며, 사마천은
문왕이 만들었다고 말한다. 하지만 이들의 설도 믿을 수는 없다. 오
히려 「계사전」의 설명이 합리적이다.

> ① 팔괘八卦에 조금 이루어 ② 이끌어 펴며 유類에 따라 확장하면 천하天
> 下의 능사能事가 다할 것이니 도道를 드러내고 덕행德行을 신묘神妙하게
> 한다.[19]

이 문장을 통해 파악할 수 있는 것은 8괘에서 64괘에 이르는 과정
이다. ① 8괘가 소성괘로 있고, 소성괘를 중첩하였다는 점이다. ② 다
양한 사물, 현상을 포괄하기 위해 괘의 수를 늘여 천하의 일을 포괄
했다는 점이다. 결국 8괘에서 64괘로 연역되는 과정은 자연스러웠고,
그 연역은 다양한 현상, 사실들을 포괄하기 위한 것이라는 점이다.

4. 괘의 배열순서와 명칭

배열순서

『역경』은 건괘로부터 시작해서 미제괘로 끝이 나는 괘 배열을 이
루고 있다. 이들 괘의 배열에 어떠한 기준이 있는지 알려지지 않았
다. 1장에서도 언급했지만, 한나라 시기의 죽간본과 백서본, 현행

19.「繫辭傳」上8, 八卦而小成, 引而伸之, 觸類而長之, 天下之能事畢矣. 顯道, 神德行,
是故, 可與酬酢, 可與祐神矣.

『역경』의 괘 배열을 각기 다르다. 이처럼 괘의 배열이 다른 판본이 한나라 시기에도 각기 유통되었다는 말은 64괘의 괘 배열에 어떠한 원리나 원칙이 없음을 알 수 있게 한다.

그럼에도 현행본의 64괘 괘 배열을 설명하려는 시도가 『역전』「서 괘전」에 보인다. 「서괘전」은 앞에 배열된 괘와 뒤에 배열된 괘들의 순서를 괘명이 갖는 의미에 따라 연쇄적으로 설명하려 한다. 이 설명은 내용적 연관, 논리적 인과와는 큰 관계가 없다. 『역경』의 첫머리에 건괘가 나오고, 이어서 곤괘가 나오는데, 「서괘전」의 설명에 따르면 건괘는 천天을 상징하고 곤괘는 지地를 상징해서 이들 괘가 첫 번째와 두 번째 순서로 배치된 것은 천과 지의 사귐으로부터 만물이 생성된다고 말한다. 이러한 천지의 사귐이 있어야 천지 사이를 만물이 가득 채울 수 있다는 점에서 둔괘로 이었다고 말한다. 둔의 의미가 '가득참[盈]'이고, '사물이 처음 생겨남[物之始生]'이라는 의미이기 때문이라고 한다. 그리고 둔괘를 이러 몽괘가 순서를 이어받는데, 몽괘의 의미는 만물의 싹이 돋아난 어린 상태를 의미한다고 풀이한다.[20]

여기까지의 내용에서도 논리적이거나 인과적인 기준은 없다. 문제는 몽괘로부터 수괘로 이어지고, 수괘로부터 송괘로 이어지는 설명의 논리이다. 어린 사물을 기르기 위해 음식의 의미인 수괘로 받았고, 음식이 있으면 분쟁이 생기므로 송괘로 받았다는 논리를 펼친다. 음식이 있다고 반드시 싸움이 일어나는 일은 성립하지 않는다.

---

20. 「序卦傳」, 有天地然後, 萬物生焉, 盈天地之間者唯萬物. 故受之以屯, 屯者, 盈也. 屯者, 物之始生也. 物生必蒙. 故受之以蒙, 蒙者, 蒙也, 物之稺也, 物稺不可不養也. 故受之以需, 需者, 飲食之道也.

이처럼 64괘의 배열은 어떠한 기준이나 논리가 없다.

　이러한 문제 때문에 공영달은『주역정의』에서 두 가지 기준으로 64괘의 배열을 설명하고 있다. '두 괘 사이에서 서로 반대의 형태를 갖는 것[覆]'과 '두 괘 사이에서 여섯 효가 서로 상반된 모습인 것[變]'으로 구분해서 설명하는 것이다. 그는 '복'과 '변'을 "두 괘를 짝을 지으면, 뒤집어진 모양[覆]이 아니면 바뀐 모양[變]이다"[21]라고 한다.

　'두 괘 사이에서 서로 반대의 형태를 갖는 것[覆]'은 괘상이 뒤집어진 형태이다. 둔괘의 형상이 ䷂인 것과 반대로 몽괘의 형상은 ䷃이다. 수괘의 형상 ䷄과 송괘의 형상 ䷅은 서로 반대된다. 이처럼 두 괘의 형상이 정확하게 반대의 형상으로 구성된 괘들은 다음과 같이 구성되어 있다. 사괘䷆와 비괘䷇, 소축괘䷈와 이괘䷉, 태괘䷊와 비괘䷋, 동인괘䷌와 대유괘䷍, 겸괘䷎와 예괘䷏, 수괘䷐와 고괘䷑, 임괘䷒와 관괘䷓, 서합괘䷔와 비괘䷕, 박괘䷖와 복괘䷗, 무망괘䷘와 대축괘䷙ 등이다.

　'두 괘 사이에서 여섯 효가 서로 상반된 모습인 것[變]'은 건괘의 형상 ䷀과 곤괘의 형상 ䷁은 여섯 효가 서로 반대 모습이다. 감괘䷜와 이괘䷝, 대과괘䷛와 이괘䷚, 중부괘䷼와 소과괘䷽ᆞ 등이다.

　공영달은 이렇게 분류를 하고, '두 괘 사이에서 서로 반대의 형태를 갖는 것[覆]'을 '종괘綜卦'라고 부르고, '두 괘 사이에서 여섯 효가 서로 상반된 모습인 것[變]'을 '착괘錯卦'라고 불렀다. 공영달의 설명은 64괘의 배열을 순서 짓거나 그것을 설명하는 데 매우 합리적인 설명이다. 시초점을 관장하는 복사卜師의 입장이나,『역경』의 편찬자 입장

21.『周易正義 · 序卦傳 · 序』, 二二相耦, 非覆則變.

에서 64괘를 분류하고 편집하는 편집자의 관점으로 보면, 이러한 배열과 그에 대한 공영달의 설명은 타당해 보인다. 64괘의 배열은 정확하게 복復의 관계가 아니면 변變의 관계이기 때문이다. 이는 편집자의 관점에서 보자면, 시초점을 치고 『역경』에서 해당 괘와 효를 찾는 과정에서의 해당 괘를 찾아내기에 편리함을 추구한 것으로 볼 수 있다. 이렇게 보면, 64괘의 배열순서는 한나라 시기의 다른 판본의 역경보다 현행 『역경』의 편집본이 나름의 의미를 갖는 것으로 볼 수 있다.

명칭

이제 괘명에 대해 설명해보자. 괘명이 왜 이렇게 지어졌는지, 괘명은 괘의 모양(괘상)과 관련된 것인지, 괘사 혹은 효사와 관련된 것인지에 대한 질문은 던져보면, 어떠한 답도 얻을 수 없다. 이러한 이유로 다양한 학설이 존재하지만 합의된 결론은 없다.

괘명에 관한 학설은 크게 두 가지 설이 존재해 왔다. 하나는 취상설取象說이다. 복희씨가 8괘를 만들 때, 사물의 물상物象을 관찰하여 8괘를 그렸다는 설에 기초한다. 가령 서합괘의 괘상은 위아래의 턱[頤] 속에 음식물이 있음을 서합[22]이라고 하고, 이괘의 괘상☲은 입속의 치아의 모습을 본뜬 것이라고 풀이하는 것이다. 이는 괘상의 모습을 통해 해당 글자를 대입하여 괘명을 삼았다는 것이다.

다른 하나는 취의설取義說이다. 괘상이 사물의 이치를 나타낸다는 입장으로, 이는 그 의미를 취하여 이름을 삼았다는 설이다. 예를 들

---

22. 서합괘噬嗑卦의 「象傳」, 頤中有物曰噬嗑.

면 곤괘는 유효柔爻로 이루어진 괘이고, 유柔는 유순한 성질을 가지고 있기에 곤이라는 이름으로 괘명을 삼았으며, 그 의미는 '따른다[順]'는 의미로 풀이한 것이다. 건괘의 경우는 건괘가 천을 상징하고 천의 속성이 강건하기에 강건하다는 의미의 '건乾'자를 괘의 이름으로 삼았다는 것이다.

하지만 이러한 설들이 모든 괘에 해당되지도 않을 뿐더러, 이 학설들이 타당한 근거를 갖는 것도 아니다. 이러한 설에 대해 근대 학자들은 만족하지 못하여, 다양한 접근법을 제시하고 있다. 그러나 이들의 설도 합리적인 근거를 대지 못하고 있다. 대표적으로 고형高亨과 문일다聞一多[23]의 설을 소개해보자.

고형은 괘명은 시초점을 치는 말에서 취하여 만들어졌다고 본다. 이는 시초점을 치는 말이 효사에 남아 있고, 이 효사에서 하나 혹은 두 글자를 취해 괘명으로 삼았다는 것이다. 그는 건괘는 구삼의 효사 중에서 '건乾'자를 취해 괘명으로 삼았으며, 둔괘는 육이효와 구오효의 효사 중에서 '둔屯'자를 취했다고 본다. 고형은 이밖에 다른 괘들에 대해서는 분명한 설명을 하지 못한다.

이와 달리 문일다聞一多는 괘명과 괘사 효사의 내용이 바로 점을 쳐서 묻는 일들의 사정과 관련이 있다고 본다. 그는 건괘의 용龍은 바로 용성龍星이고 이는 용성이 출몰하는 것이 사시와 절기의 변화를

---

23. 문일다(1899~1946)는 본명이 문가화聞家驊이다. 그는 혁명가이기도 하며, 시인이기도 하며, 무한대학武漢大學, 청화대학淸華學 교수를 역임했다. 청화대학에 입하고서 무창봉기武昌起義에 참여하고, 중국공산당中國共産黨에서도 활약했다. 혁명가로서의 삶을 살면서도 『서안西岸』, 『홍촉紅燭』 등의 시집을 출간하고, 『장자내편교주莊子內篇校釋』, 『시경통의詩經通義』와 같은 논문도 저술하였다.

나타내는 것이기에, 절기의 변화를 묻는 점에서 ☰의 형상을 얻었고 이후 건괘라는 이름을 붙였다는 것이다. 건자의 본래 뜻은 '간斡'이고 이는 북두성의 다른 이름이라고 본다. 문일다는 '건乾'과 '간斡'이 통용되는 글자이고, '간斡'이 천간天干을 통칭할 때 쓰이는 예를 가져와 천간의 운행 기준이 북두성이므로 이러한 주장을 한 것이다. 하지만 이 역시 확실한 설명이 되지 못한다. 그는 괘명을 설명하는 것에서 건괘, 곤괘. 이괘에 한정해서 말하고 있고, 그 근거도 확신할 수 없다. 또한 그는 64괘의 괘명에 대해서는 언급하지 않는다.

이처럼 여러 학설이 존재하지만, 64괘 전체에 적용이 되는 일반적인 학설은 없다. 또한 백서본 주역이나 한대의 역에서 괘명은 현대 통행본 괘명과 대부분 다르다. 이러한 점 때문에 근대 학자들은 괘명의 유래와 관련해 괘명에는 어떠한 심오한 의미도 없으며, 괘상과도 전혀 관련이 없다는 의견들을 제시하고 있다.

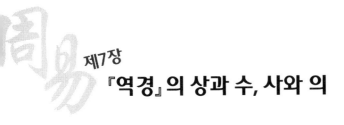

제7장
『역경』의 상과 수, 사와 의

지금까지 『역경』은 점문占問과 그 결과들에 대한 기록으로 형성되었다는 주제로, 다양한 점술과 그 방법 및 내용을 정리했다. 서법을 시험 삼아 행해 보았고, 그에 따른 길흉 판단을 확인해 보았다. 마지막으로 『역경』의 핵심적인 개념들을 정리하기로 한다.

『역경』에는 몇 가지 특정한 개념들이 있다. 이 개념들이 『역경』을 구성하는 기본적인 요소이자 범주이다. 이 개념들은 상象, 수數, 사辭, 의義이다. 이 개념들은 괘상卦象, 효상爻象 및 괘사卦辭와 효사爻辭에 깃들어 있으며, 『역경』 자체에는 범주화되어 있지 않다. 이 개념들의 범주화categorization는 역학의 발전 과정에서 형성된 것이다. 이들 개념을 자세히 살펴보면, 『역경』의 체계를 이해하는 데 도움이 된다.

1. 상象 개념

『역경』에서 '상'은 어떤 의미일까? 「계사전」 하에 따르면, 상에 대한 개념적 정의는 어떤 것을 형상화함이다. "상은 이것을 형상한 것이다(象也者, 像此者也)."라는 문장이 상에 대한 개념적 정의이다. 이 문장의 뜻은 상이란 '본뜬 것'이라는 의미이다. 여기서 주목할 것은 '상象'과 '상像'이라는 글자의 차이에서 발생하는 의미들이다. 문자의 구성으로 보면, 두 글자의 차이란 '人'이 있느냐 없느냐로 구분된다.

상象이란 일반적으로 어떤 사물의 모양이나 형태를 의미하지만, 상像은 인간의 인식에 의해 구성되고 정의된 '기호'의 의미가 있다. 다시 말하면, 어떤 사물의 모양이나 형태에 인간의 의식이 투영되어 재구성된 기호적 요소가 있다는 것이다. 이렇게 보면, 상이 갖는 의미는 두 가지로 이해된다. 어떤 사물이 본래 가지고 있는 모양이나 형태뿐만 아니라, 인간의 의식에 의해 기호화된 것도 상에 포함된다는 점이다. 이 기호화된 상은 다시 두 가지로 나뉜다. 하나는 기호 혹은 부호 그 자체이고, 다른 하나는 그 기호가 상징하는 것이다. 결국 상에는 ① 어떤 형상의 의미가 있고, ② 기호화된 부호화된 것이 있으며, ③ 그 기호·부호가 상징하는 상징으로 구분해볼 수 있다.

이러한 분류를 『역경』에 적용해 보면, 괘형과 효형은 기호화된 상에 해당한다. 『역경』에는 8괘로부터 64괘에 이르는 괘가 있고, 이 괘들은 각기 다른 모습을 보여준다. 이것이 괘형, 즉 기호로서의 상이다. 다시 말하면, 소성괘 ☷, ☶, ☲, ☳, ☵, ☴, ☰의 형이 소성괘의 괘형이고, 대성괘는 ䷀, ䷁, ䷂, ䷃, ䷄ 등과 같은 괘형이 있다. 이를 괘상卦象이라고 말한다. 효의 경우는 기수효 '—'와 우수효 '- -'가 효의 형태로, 이를 효형爻形이라고 한다. 다른 말로는 효상爻象이라고도 다.

여기서 주목할 점은 괘형과 효형이 어떤 사물의 모양이나 형태를 그대로 본뜨고 있지 않다는 점이다. 이 때문에 괘상과 효상은 기호이거나 부호라고 말할 수 있다. 기호나 부호가 어떤 형태를 이루고 있다는 점에서 괘형, 효형이라고 하기도 하고 괘상, 효상이라고도 한다. 하지만 이 괘상과 효상은 어떤 사물, 그 사물의 성질, 어떤 사태가 가지고 있는 성질들을 범주화하여 표현한다는 점이다. 이는 괘상과 효상이 갖는 상징성이다. 이 상징성에는 구체적인 사물들, 사물들의 속성, 성질을 표현한다. 예를 들면 다음과 같다.

　☰은 하늘, 남자, 왕 등을 상징한다.
　☲은 밝음, 불, 태양 등을 상징한다.
　☵은 달, 물, 강 등을 상징한다.

이 세 가지 예를 통해, 괘상이 어떤 사물을 상징한다는 것을 알 수 있다. 뿐만 아니라 이 상징의 체계에서 어떤 공통점을 발견할 수 있다는 점이다. ☰는 하늘, 남자, 왕을 상징한다고 할 때, 이들 사이의 공통적 성질을 알 수 있다는 점이다. 위치가 높음으로 물리적 지위나 권력이 높고, 지위와 권력에 의해 힘이 세다는 등과 같은 것이다. ☲의 경우는 밝음과 열기, 갑옷과 병장기 등의 강하고 딱딱한 성질의 것을 상징한다. 이처럼 괘상은 어떤 사물들을 상징한다. 그리고 그 상징하는 사물들이 범주화된 기준이 있어 보인다.

　효상도 어떤 사물, 그 사물의 성질 등을 표현한다. 기수효 '━'는 강건함, 적극성, 낮, 남자, 지아비, 군주, 대大, 나아감을 상징하고, 우수효 '┅'는 유순함, 소극성, 밤, 여자, 지어미, 신하, 소小, 물러남 등 상징한다. 이렇게 보면, 괘상과 효상은 특수한 기호이지만, 어떤 상징을 갖는 것으로 볼 수 있다. 이 상징은 어떤 기준[taxonomy]에 따라 분류, 체계화된 상징체계임을 보여준다.

다음으로 괘사와 효사에서 말하고 있는 구체적인 사물의 의미이다. 가령 건괘☰에는 괘사와 효사를 관통하는 사물이 있는데, 그것은 용龍이다. 건괘에는 모든 효사에 용이 등장한다. 곤괘☷에는 괘사와 효사에서 암말牝馬이 등장한다. 이들 용과 암말은 구체적인 사물이긴 하지만 괘상과 효상이 상징하는 상징물로 볼 수 있다.

왜 이러한 괘상과 효상에 용과 암말이 상징적인 사물로 결합되었을까? 이 질문은 무의미할 수 있다. 알 수 없기 때문이다. 기호와 그 기호의 의미는 필연적인 관계가 없다는 소쉬르의 논리를 따르자면, 이 질문은 무의미하다. 하지만 소쉬르는 기표와 기의 구조는 관념적이며, 한 공동체의 문법이라고 한다. 그렇다면 『역경』이 형성되는 과정, 그 시대에서 상징체계가 이러한 방식으로 작동되었음을 유추할 수 있다. 즉 당시 사람들의 생활상과 의식을 반영한 기호체계와 상징체계라는 점이다.

정리하자면, 상象은 사람[人]이 자신의 인식체계를 기준[像]으로, 그가 살았던 시대의 시공의 세계와 대상을 분류하고 체계화하여 형성한 기호체계라는 점이다. 자신의 주위에서 느껴서 알 수 있고, 볼 수 있는 것들을 괘와 효라는 특수 기호로 표현하고 한 걸음 더 나아가 일체의 사물에 대한 상징으로 확대한 상징체계를 이루었다는 점이다. 이는 길흉에 대한 상징에서 멈춘 것이 아니라, 이 세계에 대한 기초적인 인식체계를 형성했다는 점이다. 이것이 『역경』을 기호학으로 해석하게 만드는 이유이다.

2. 수數 개념

『역경』에서 수數도 중요한 개념으로 작용한다. '역易'에 있는 수를 '역수易數'라고 부른다. '역수'라는 말의 의미는 『역경』의 수, '서법筮 法의 수'라는 뜻이다.

『역경』에서 수數는 매우 중요하다. 점서의 과정에서 수는 결정적인 역할을 한다. 시초점 치기의 과정을 거치면서 수의 변화는 효를 형성하고, 이 효들이 쌓여서 하나의 괘를 이룬다. 이 말은 수적 변화는 효와 상의 형상을 변화시킨다는 말이다. 결국 수와 상은 밀접한 관계를 맺고 있어서 불가분의 관계라는 말이다. 그래서『역경』을 상수象數의 책이라고 규정하기도 한다.

『역경』의 수에는 네 가지 의미가 있다. 첫째, 설서揲筮의 과정에서 셈의 기준이 되는 수, 둘째, 시초점[筮法]을 진행하는 동안의 수적인 변화, 셋째, 수적인 변화를 거치고 나서 최후에 얻어지는 수, 넷째, 한 효를 확정하는 수이다. 이 네 종류의 수를 서수筮數라고 한다.

우리는 앞에서 시초점 치기를 해보았다. 이 과정에서 한 가닥의 시초가 원시元始 혹은 태극太極을 상징하고, 오른 손 왼손으로 나누어 쥐는 것을 하늘[天], 땅[地]을 상징하며, 4개씩 셈하여 제거하는 것을 사시四時를 상징한다. 이것이 설서의 과정에서 셈하는 기준이 되는 수이다. 이 기준이 되는 수가 왜 이러한 상징성을 갖게 되었는지는 지금으로서는 알 수 없다.

다음으로 시초점을 치는 과정에서 얻어진 수목數目의 변화이다. 일변, 이변, 삼변의 과정을 거치면서 5, 9, 8, 4 등의 수목을 얻게 되는데, 이것이 시초점을 치는 과정에서 수적인 변화이다.

이 수적 변화를 거쳐 최후에 얻어진 수는 삼변을 거치고 나서 얻어진 수 (5, 4, 4), (5, 4, 8), (9, 4, 8), (9, 8, 4) 등이다. 이 수목들을 4로 나누면, (1, 1, 1), (1, 1, 2), (1, 2, 1), (2, 2, 2), (2, 2, 1) 등과 같은 수목을 얻는다. 이것이 최후에 얻어진 수이다.

이 최후에 얻어진 수목으로 효를 정하는 수를 얻게 된다.

(1, 1, 1)은 모두 홀수이므로 → 노양수 9

(2, 2, 2)는 모두 짝수이므로 → 노음수 6

(1, 1, 2), (1, 2, 1), (2, 1, 1)은 홀수 2개, 짝수 1개이므로 → 소음수 8

(1, 2, 2), (2, 1, 2), (2, 2, 1)는 홀수 1개, 짝수 2개이므로 → 소양수 7

이를 소양(7), 소음(8), 노양(9), 노음(6)으로 구분하고, 이로부터 하나의 효를 결정하게 된다.

효를 결정한 수가 소양(7), 소음(8), 노양(9), 노음(6)일 때, 이를 홀수와 짝수로 구분하여 홀수를 '九(9)'로 짝수를 '六(6)'으로 칭하고 기호로는 'ー'와 '--'로 표기한다. 이렇게 홀수와 짝수를 구와 육으로 칭한 것은 서수筮數에서 기원한다.

홀수 : 九 : ー ⎤
⎥ 이를 후대에서는 강효(ー)와 유효(--)로 부른다.
짝수 : 六 : -- ⎦

『역경』에서 수는 매우 중요하다. 수로부터 효가 결정되고 이 효들이 쌓여 괘를 형성하기 때문이다. 이 과정은 다음과 같다.

시초점 치기 → 수목 얻기 → 효 결정하기 → 괘 형성하기
　　　筮　　　　　　　數　　　　　　　爻　　　　　　　卦

　결국 수에 따라서 효상과 괘상이 결정된다. 이는 『역경』에서 수적
변화와 계산이 얼마나 중요한 역할을 하는지 보여주는 내용이다. 수
가 상을 결정하고 수와 상이 길흉에 직접 영향을 미친다. 이것이 『역
경』이 '상수象數'라는 주장을 형성하게 한 이유이다.

3. 사辭 개념

　『역경』에는 기호 체계인 상과 수 이외에 문자 체계가 있다. 이 문
자 체계에는 사辭와 의義가 포함된다. 사는 서법筮法의 과정에서 점문
占問한 말로, 서사筮辭이다. 서사는 문자로 표현해낸 점사의 길흉이
다. 의義는 조금 뒤에 다룰 것이지만 상·수·사에 포함된 의미나 도
리를 말한다.

　사辭에는 괘사와 효사가 있다. 괘사와 효사는 괘상과 효상을 해석
하거나 설명한 내용이다. 다시 말해, 괘상과 효상의 상징을 사람들
에게 깨닫게 하고 괘효를 해석하는 범위와 방향을 한정해 준다.

　예를 들면, 송괘訟卦䷅ 괘사는 "有孚, 窒惕, 中吉終凶, 利見大人,
不利涉大川"이다. 이 문장을 해석하면, "송은 믿음을 두지만 막혀서
두려우니 중간은 길하고 끝까지 함은 흉하니, 대인을 봄은 이롭고
큰 시냇물을 건너는 것은 이롭지 않다."이다. 이 괘사에서 '질窒'은 막
힘을, '척惕'은 경계하여 두려워함을 의미한다. 점을 쳐서 이 괘사를
얻으면 어떤 일이 막혀서 잘 풀리지 못하니 경계하고 두려워하라는

의미로 이해한다. 또한 중간의 단계는 길하지만, 마지막 단계에서는 흉하다는 판단사가 있다. 대인을 만나면 이롭지만, 일을 지속하거나 모험을 하면 이롭지 않다고 최종적으로 결정한다. 이처럼 괘사에는 어떤 일이나 상황이 제시되고, 그 일이나 상황이 어떻게 바뀔 것인지를 제시하면서 길흉을 판단하는 판단사가 결합된 형태로 구성된다.

또한 효사도 비슷한 구조를 갖는다. 송괘의 초효의 효사는 "不永所事, 小有言, 終吉"이라고 되어 있다. 이 문장을 해석하면, "초육은 하는 일(송사)을 길게 하지 않으면 조금 질책의 말은 듣지만 끝내 길하다."이다. 이 효사에서 '영永'은 '길다'는 의미이고, '소사所事'는 '송사와 재판과 같은 분쟁'을 의미한다. '언言'은 '질책'의 의미이다. 점을 쳐서 이 효를 얻었다면, 하던 일을 중도에 그치게 되고 다른 사람으로부터 질책을 받지만 끝내는 길하고 이롭다는 의미이다.

이처럼 괘사이든 효사이든 사에는 어떤 상황과 그 상황으로부터 길흉과 이불리利不利를 판단하는 판단사가 결합되어 구성된다. 그래서 『역전』에서는 다음과 같이 말한다.

"길吉·흉凶을 분변함은 사辭[괘사卦辭, 효사爻辭]에 있고, …… 그러므로 괘卦에는 소小·대大가 있으며, 말에는 험하고 평탄함이 있으니, 말은 각기 그 향하는 바를 가리킨 것이다."[1]라고 한다. 길흉을 판별하는 것이 사에 달렸다는 의미이다. 인간사의 길흉을 판별하는 것은 괘와 효의 사에서, 그 말들이 의미하는 바를 파악할 때 가능하다는 의미이다.

---

1. 「繫辭傳」, 辨吉凶者, 有孚辭, …… 是故卦有小大, 辭有險易, 辭也者, 各指其所之.

4. 의義 개념

앞에서 잠깐 언급했듯이, 『역경』에서 의란 괘상, 효상, 수(여기서는 효위의 수), 사 속에 포함된 의미나 이치를 말한다. 결국 의義를 세 가지 방식으로 읽어낼 수 있다.

첫째, 괘상과 효상에서 그 의미를 찾아내는 것이다. 가령 건괘의 이름인 '건'의 뜻은 강건함이다. 이것은 하늘을 상징하는 상이므로, 천의 운행이 강건하게 운행하는 것과 천체의 운행이 강건하여 쉬지 않고 운행함의 의미를 갖는다. 그래서 괘상이 상징하는 천의 속성과 괘의 이름 즉 괘명이 강건함을 갖는다. 곤괘는 그 뜻이 유순함을 의미한다. 이 괘의 괘상이 땅을 의미함으로 대지가 하늘을 따라 순종하는 의미를 갖는다. 대지 자체가 유순하다는 의미도 있다.

둘째, 효의 성질과 효의 자리에서 의미를 찾는다는 것은 그 효의 성질이 강剛과 유柔한 것을 구별하고 그 효가 위치한 자리를 파악해 종합적으로 판단해야 한다. 예컨대 건괘 구이효의 경우는 홀수효로서 강한 성질을 갖는다. 그런데도 유柔한 짝수의 자리효위에 위치한다. 또한 괘의 아래 부분, 즉 하괘의 가운데 자리에 위치하였다. 이를 종합해 보면, 강한 성질의 효가 부드러운 성질의 자리에 위치하면서 하괘 전체를 조율하는 자리이다. 그래서 강하면서도 부드럽게 조화를 이루고 있다. 이러한 효와 효의 자리 관계에서 구이는 '중정中正'을 얻었다고 한다. 그래서 건괘 구이는 바르고 좋다는 의미를 갖는다.

셋째, 괘사와 효사에서의 의미이다. 괘·효사에서 말하는 사태나 물상은 어떤 내재된 원리가 있다. 가령 건괘 초구의 '잠룡물용潛龍勿用'

은 그 의미가 '감추고서 움직이지 말라'는 의미이다. 문자 그대로의 해석은 '잠겨있는 용은 쓰지 말라'이지만, 이것이 의미하는 것은 자신의 능력이나 재능을 드러내어 사용하지 말고 감추라는 의미이다.

전체적으로 종합하면, 상, 괘, 사에는 형形과 상象이 있지만, 의義에는 형상이 없다. 그러나 상象, 수數, 사辭를 거쳐 의가 표현된다. 구체적으로 말하면, 의義는 괘와 효의 부호가 암시하는 것에 의존하며, 괘사와 효사의 경우는 문자적 서술에 의존한다. 이들은 서로 조응하면서 여러 괘와 효의 의미를 암시한다. 따라서 이러한 관계 속에서 그 의미를 읽어내는 일은 읽는 사람에 따라 그 범위와 방법, 의의가 열려있다.

결국 상·수·사·의에서 의를 기준으로 보면 상은 상대로 열린 텍스트이고, 수는 수대로 열린 텍스트이며, 사는 사대로 열린 텍스트가 된다. 또한 이들의 관계도 열린 텍스트가 된다.

제2부

『역전』
점술에서
철학으로

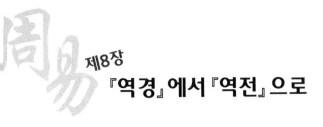

제8장
『역경』에서 『역전』으로

1. 『역경』과 『역전』의 시차와 긴장 관계

이 책의 첫머리에 『주역』을 『역경』과 『역전』을 구분하고, 『역경』은 대략 은·주교체기에 형성되었고, 『역전』은 대부분 전국 말기와 한대 초기에 쓰인 것이라고 하였다. 그래서 이 두 텍스트는 약 800~900년에서 1,000년의 시차가 있다고 언급했다. 10년이면 강산이 변한다는 말이 있듯이 10년도 긴 세월인데, 1,000년을 전후한 시간적인 차이는 상상할 수 없는 긴 시간이다. 100년, 즉 1세기만에 세계의 역사와 문화가 전혀 다르게 발전하고 변화하는 것과 견주어보면 1,000년을 전후한 시차는 사상과 문화가 상상할 수 없을 정도의 변화가 일어났을 것으로 생각할 수 있다.

『역경』과 『역전』은 그 시차만큼이나 전혀 다른 텍스트일 수 있다. 다시 말해 『역경』에 반영된 사상과 문화는 『역전』에 반영된 사상과 문화는 전혀 다른 것일 수 있다. 그래서 『역경』과 『역전』은 전혀 다른 책일 수도 있겠다는 의문이 생긴다. 하지만 이 의문을 해결하는 것은 쉽지 않다. 두 텍스트는 '역'이라는 점치는 행위와 그에 대한 길흉판단, 그것의 의미를 포함하는 전체 내용과 관련되어 있다. 또한 『역경』과 『역전』의 관계는 대등한 관계가 아니다. 『역전』은 『역경』을 이해하기 위해 만들어진 텍스트로, 『역경』이 없다면 존재할 수 없었다. 『역전』이 단독적으로 해석될 수는 있지만, 『역전』을 구성하는 각각의 전傳들이 『역경』에서 완전히 독립한 텍스트일 수는 없다. 다시 말해 『역경』과 『역전』은 종속관계를 맺고 있는 것이다.

다른 한편으로 『역경』과 『역전』은 밀접한 관계성을 가졌으면서도 독립된 텍스트이다. 그래서 『역전』의 「계사전」처럼 한편을 따로 떼어 내어 독립적으로 번역하기도 하고 연구하기도 한다. 하지만 『역경』을 전제하지 않은 『역전』은 무의미하다. 『역경』과 『역전』은 1,000년을 전후로 하는 시차를 두고 전혀 다른 문화와 사상적 배경에서 탄생한 텍스트이지만 종속과 독립의 관계를 유지하고 있다는 점에서, 두 텍스트 사이에는 묘한 긴장 관계를 형성하고 있다. 이 긴장 관계는 『역전』이 『역경』을 전면적이고 혁명적인 재해석을 하였지만, 여전히 『역경』에 종속적일 수밖에 없기에 생긴 현상이다.

무축문화에서 인문문화로 전환

『역전』의 전면적이고 혁명적인 해석은 무엇인가라고 물을 수 있다. 이 물음을 포괄하는 핵심 개념과 명제를 찾아낼 수 있다면, 『역전』의 독립적인 측면을 명백히 할 수 있다. 아울러 점서로서 『역경』을 어떻게 재해석하는지를 해명할 수 있으면, 『역전』의 성격을 이해할 수 있다.

『역전』의 전면적이고 혁명적인 해석이라고 할 수 있는 것은 『역경』을 '신의 뜻'이 아닌 '인간의 눈'으로 본다는 점이다. 인간의 눈이란 이성에 의한 설명체계를 형성하고, 그 체계로『역경』을 해석한다는 의미이다. 이것을 인문주의라고 할 수 있다.

『역전』에서 이성에 의한 설명체계를 대표하는 개념이 '도道'와 '음양陰陽'이라는 개념이다. 음양이라는 개념을 천지의 변화[天道, 地道], 인간사의 변화[人道]에 적용한다는 점이다. 천도도 변화하고, 지도도 변화하며, 인도도 변화한다는 사유가 형성된 것이다. 이를 명제화한 것이「계사전」의 "한 번은 음이고 한 번은 양인 것을 도라고 한다(一陰一陽之謂道)."라는 문장이다.

『역경』에서는 자연계의 변화와 인간사의 일들, 상황의 변화를 신의 뜻에 따른 것으로 보았다. 그래서 각종의 변화를 읽어 내는 일을 점술에 의지했다. 이를『역경』의 관점에서 보자면 시초점을 통해 효를 얻고 괘를 이루어, 효상과 괘상에 따라 그 뜻을 해석하는 것이었다. 이러한 전 과정이 신의 뜻을 찾는 것이었다.

그런데『역전』에서는 인간의 눈, 즉 이성에 의해 이러한 변화를 설명한다. 이성에 의한 설명의 체계에서 핵심인 개념이 '음양陰陽'이다. 신의 뜻이 아니라 음양이라는 설명체계가 신의 뜻을 대신하고, 이 음양의 변화와 음양과 관련된 설명의 체계는 '도道' 개념으로 수렴된다. 자연의 변화가 일정한 규칙과 패턴을 지닌다는 음양론이 형성되고, 이러한 패턴을 체계를 체계화하고 이 체계를 도라고 설명하는 사유가 탄생했다. 결론적으로 신의 뜻에 의지한『역경』의 사유를『역전』에서는 도와 음양론으로 전환하였다는 것이다. 이것이 무축문화巫祝文化를 인문문화人文文化로 전환이라고 말하는 것이다. 이를 구체적으로 살펴보자.

사상적인 측면에서 보자면, 『역경』에서는 시초점을 치고 이 과정에서 얻은 괘와 효에는 음양개념을 적용하지 않았다. 음양의 개념으로 구九와 육六을 해석한 적도 없거니와 효와 괘 역시 음양으로 해석하지 않았다. 또한 괘와 효라는 부호에 상징성을 부여하지 않았다. 그런데 『역전』에서는 부호에 상징성을 부여한다. 건괘乾卦가 하늘[天]을 상징하고 곤괘坤卦가 땅[地]를 상징한다고 이해하는 것은 『역전』때문이다. 물론 이괘離卦는 화火를, 감괘坎卦는 수水를 상징한다는 것도 『역전』때문이다.

또한 『역경』에서는 효의 자리를 음과 양으로 구분한 것인 효위爻位나, 양효의 자리에 양효가 오고 음효의 자리에 음효가 오는 것을 제자리를 얻음이라는 득위得位라는 개념과 구이九二자리에 양효가 오고, 구오九五자리에 양효가 오는 것을 '효가 중中을 얻었다'라는 득중得中이라는 개념도 없었다. 그러나 『역전』에서는 이러한 효위를 음양으로 구분하거나 득위나 득중의 개념이 나타난다.

상象과 수數의 측면에서도 『역경』의 괘·효에 상징 부호를 부여해 재해석한다. 『역전』에서는 수를 기수와 우수로 구분하고 이를 음양으로 파악하는데, 기수는 양으로 우수는 음이라고 해석한다. 또 괘를 음양으로 나누고 효를 강유剛柔로 구분한다. 괘와 효를 기수와 우수, 음과 양으로 구분하는 것은 괘와 괘, 효와 효들의 관계와 변화를 음양으로 설명하는 체계를 갖추었다는 의미이다. 이러한 체계가 드러난 것이 하나의 괘에서는 여섯 효가 위치하고 있는 상태[爻位]를 '중中'과 '정正'으로 구분하고, 효들이 결합하고 있는 상태를 '응應'으로 설명한 내용에 해당한다.

음양과 강유는 한 괘에서 전체 괘상과 효의 관계를 설명하는 논리도 제공한다. 하나의 괘에서 음양으로 각 효의 자리, 다시 말해 초효는 양의 자리, 이효는 음의 자리라는 식으로 설명하거나, 양효의 자리에 양효가 위치한 것이 '강'이 되고 음효의 자리에 음효가 위치한 것이 '유'가 된다는 식의 설명이 이에 해당한다. 이러한 음양과 강유의 구조로 괘와 효를 설명하면, 복잡한 대립관계, 교체의 관념, 조화의 관념이 탄생한다. 다시 말해 음양이 투쟁과 대립, 화합과 조화를 이루면서 성장과 변화와 소멸이라는 설명을 체계적으로 해낼 수 있다는 말이다.

다음으로 내용적 측면에서 살펴보면,『역경』은 원시의 무술적인 신인교감神人交感의 관념으로 신의 의지를 밝혀 통치자의 천명신학天命神學을 정당화하거나 펼치기 위한 것이었다. 천신天神이 세계를 지배하고 있는 것으로 보고, 천신의 의지에 따라 이 세계가 질서 지워지고 변화한다고 보았다. 천신의 의지를 대리하는 것이 천자天子였고, 천자의 권위와 통치에서 신의 뜻이 개입하거나 드러나는 것을 보여주기 위한 매개체가 점술로서『역경』이었다. 그런데『역전』에는 천신의 기능(능력) 혹은 섭리가 매우 약하게 나타난다. 천신의 섭리가 이 세계와 인간의 일들을 주관하는 것이 아니라, 천신의 섭리는 '천도天道'라는 개념으로 전환된다. 천도는 음양과 강유라는 새로운 개념 짝이 등장해 천도가 하나의 자연적 변화의 패턴으로 설명되기 시작한다는 점이다. 그리고 인간사 역시 천신의 의지가 반영된 것이 아닌, 도덕적 개념들이 주도적인 역할을 하면서 사회 운영의 핵심 개념으로 등장한다. 이는 천도天道에는 음양陰陽이 있고, 지도地道에는 강유剛柔가 있으며, 인도人道에는 인의仁義가 있다는 명제로 확립된다. 이 개념들의 틀에서 천 · 지 · 인 삼재三才에는 각기 음양, 강유, 인의와 같은 두 종류의 요소가 서로 대립하거나 화합함으로써 변화를 이룬다고 본다.

대립과 화합에 의한 변화

대립과 화합으로부터 일어나는 변화를 「서괘전」에서는 "사물이 극에 이르면 반드시 되돌아오고 일이 극에 이르면 변한다."[1]이라는 명제로 드러나고, 「단전」에서는 모순적이거나 대립적인 상황들로부터 상황과 사물들이 변화한다[2]는 논리를 펼친다. 예컨대 규괘의 「단전」에서는 "천지가 상반되지만 그 일은 같다거나, 남녀가 상반되지만 그 뜻이 통한다."[3]고 말한다. 곤괘의 「문언전」에서는 "음이 양과 대등해지면 반드시 싸우게 된다."[4]고 한다. 그리고 「설괘전」에서는 이러한 대립과 변화 그리고 화합을 괘와 효로 다음과 같이 정리한다. "음양에서 변화를 살펴보아 괘를 세우고, 강유에서 드러내어 효를 생성한다."[5]고 한다. 「계사전」에서는 음양을 상징하는 괘인 건괘와 곤괘를 도와 연결해 변화를 다음과 같이 말한다.

건乾과 곤坤은 그 역易에 쌓여 있는 진리일 것이다. 건乾과 곤坤이 배열을 이루니, 역易이 그 가운데 서 있다. 건乾과 곤坤이 무너지면 역易을 볼

---

1. 「序卦傳」, 物極則反, 事極則變.

2. 박괘剝卦 단전, 彖曰 剝, 剝也, 柔變剛也, 不利有攸往, 小人長也.

3. 규괘睽卦 괘사, 天地睽而其事同也, 男女睽而其志通也, 萬物睽而其事類也, 睽之時用, 大矣哉.

4. 곤괘坤卦, 「文言傳」, 陰疑於陽, 必戰.

5. 「說卦傳」1장, 觀變於陰陽而立卦, 發揮於剛柔而生爻.

수 없다. 역易을 볼 수 없으면 건乾과 곤坤이 혹 거의 끝나게 될 것이다. 그러므로 형상으로부터 그 이상을 도道라 이르고 형상으로부터 그 이하를 기器라 이르고 화化하여 재제裁制함을 변變이라 이르고 미루어 행함을 통通이라 이르고 들어 천하天下의 백성에게 둠을 사업事業이라 이른다.[6]

이러한 『역전』의 설명은 신의 뜻에 의해 천지와 인사가 변한다는 사유가 아니라, 서로 상반되거나 모순되는 두 요소간의 대립과 화합으로 변화를 설명한다는 점에서 혁신적인 사유라고 할 수 있다. 이러한 대립과 화합이라는 사유는 음양이 상응하고 조화롭게 결합된 상태, 하모니harmony를 이룬 상태라는 관념을 형성하게 한다. 변화를 인식할 수 있으며 심지어 통제한 상태는 모두가 바라는 것이다. 이러한 상태를 '중화中和'라고 보았다. 이 중화의 상태가 최고로 도달할 수 있는 상태는 '태화太和'라고 보았다. 이 태화라는 개념은 우주질서의 근본이자 인간이 추구해야할 최고의 이상으로 제시된다. 이는 마치 모순관계에서 생성이 일어나고 그 생성이 조화를 이룬 상태를 의미하는 것을 이상적 상태로 본 것이다.

중화와 태화 개념을 창안한 것에서, 우주적 실체와 운행을 설명할 준비를 갖춘 것으로 볼 수도 있다. 노자에서 보이는 우주발생론이나 주렴계의 〈태극도설〉에서 보이는 우주발생론, 소강절의 〈선천도〉에 보이는 우주발생론과 같은 이론들은 모두 『역전』의 천도와 음

---

6. 「繫辭傳」上12. 乾坤, 其易之縕耶. 乾坤成列, 而易立乎其中矣. 乾坤毁, 則无以見易. 易不可見, 則乾坤, 或幾乎息矣. 是故, 形而上者, 謂之道, 形而下者, 謂之器, 化而裁之, 謂之變, 推而行之, 謂之通, 擧而措之天下之民, 謂之事業.

양, 태화와 중화 등의 개념을 사용한다. 이들의 우주발생론은 모두 『역전』에 근거를 두고 있다는 점에서 이들 개념은 우주론의 근거가 된다. 이러한 사유는 『역경』에는 없는 것이고, 『역전』이 쓰인 시기의 사상과 문화를 반영한 것이기에 춘추시대와 전국시대를 거치면서 다양한 이론을 제시한 제자백가의 사상이 반영된 것으로 이해할 수도 있다.

『역전』에서는 성인이 천지 만물의 음양 변화를 관찰하고, 이후에 이를 음양陰陽과 강유剛柔, 기우奇偶로 구분했다고 설명한다. 이 말은 성인이 음양론을 도입했다는 의미이다. 물론 이때의 성인이란 신화적 설명에 해당하는 인물인 주공, 문왕 그리고 공자를 의미한다. 하지만 이들 성인이 활동하던 시대에는 음양 개념이 없었다. 정리하면, 『역경』이 천명신학天命神學으로 행한 무술巫術의 사유라면, 『역전』은 음양 관념으로 이러한 변화를 설명했다. 이는 결국 『역경』은 무술의 사유인 반면, 『역전』은 인문의 사유, 특히 철학적 사유라고 할 수 있다.

2. 『역전』의 성립 시기와 구성 요소

『역전』의 구성에 관해서는 1장에 간략하게 언급했었다. 『역전』은 7종 10편으로 「단전」 2편, 「상전」 2편, 「문언전」 1편, 「계사전」 2편, 「설괘전」 1편, 「서괘전」 1편, 「잡괘전」 1편으로 구성되어 있다. 이 10개의 편이라는 점 때문에 "십익+翼"이라고도 부른다고 했다.

"십익"은 공자가 지었다고 말하지만, 현대 학자들의 연구 결과는 공자의 저작이 아닌 것으로 결론이 났다. 현대 학자들은 공자로부터 시작된 유교의 전통에서 점복占卜에 대해 부정적인 입장을 견지한 것, 사상사의 흐름에서『역전』을 구성하는 주요한 개념들이 적어도 춘추 말기와 전국시대에 탄생한 개념이었다는 점 등을 들어,『역전』의 저작자가 공자라는 설을 부정했다. 공자는 십익의 저자가 아니며,『역전』의 각 편들이 한 사람의 손에 의해 쓰인 것도 아니고 특정한 시대에 이루어진 결과물도 아니라는 점 또한 대부분 현대 학자들이 동의하는 내용이다.

성립 시기

『역전』의 각 편의 형성 시기에 대해서는 현대 학자들 사이에서도 입장이 각기 다르다. 이를 구분해 보면, 크게 세 가지 입장으로 나누어 볼 수 있다. 하나는 전국 전기에『역전』이 완성되었다는 입장과 다른 하나는 전국 후기에 형성되었다는 입장, 그리고 마지막으로 한나라 초기에 완성되었다는 설이다. 이들 입장에서 가장 문제가 되는 것은「단전」과「상전」그리고「계사전」의 형성 시기이다.

이러한 논란에서 주백곤朱伯崑의 입장이 설득력을 가진다. 주백곤은 고형高亨과 이경지李鏡池 등의 연구를 충분히 반영하면서도, 자신 나름의 방법으로『역전』의 성립 시기를 확정하기 때문이다. 주백곤은『역경』의 성립을 논하는 것에서 가장 문제가 되는「단전」과「상전」,「계사전」의 형성 시기를『역전』내부의 내용들을 비교하고, 춘추전국시기의 다양한 텍스트들과의 비교를 통해 이들 편의 성립 시기를 추론했다. 이 추론은 나름 타당해 보인다. 하지만 필자는 주백곤의 학설에서「문언전」과「계사전」에 대해서는 입장을 달리한다. 이와 관련해서는 주백곤의 설을 비판하면서 필자의 입장을 피력해 보고자 한다.

주백곤에 따르면 『역전』의 성립 시기에서 「단전」이 가장 먼저 성립되었고, 이어서 「상전」이 성립되었다고 본다. 그리고 「단전」과 「상전」이 성립되고 나서야 「계사전」이 만들어졌다고 보았다. 이러한 판단의 근거로 제시한 논리는 「단전」에 나오는 '음양강유설陰陽剛柔說'과 '효위설爻位說'이 춘추시기의 역을 해석하는 방법에서는 보이지 않는다는 점을 든다. 『춘추좌씨전』에 보이는 여러 시초점과 그 해석을 다루는 기사記事에서 강유설과 효위설은 나타나지 않는다. 이러한 점을 들어 「단전」의 작성 시기의 상한선을 춘추시대 이후로 판단한 것이다.

다음으로, 주백곤은 「단전」에 나타나는 '시중설時中說', '순천응인설順天應人說', '양현설養賢說' 등이 『맹자』의 사유와 비슷함을 거론한다. 하지만 『맹자』에서는 『주역』을 전혀 언급하지도 않을 뿐만 아니라 「단전」이 『맹자』의 설을 인용하면서도 그 용법을 달리하고 있다. 「단전」에서는 『맹자』의 시중설을 가져와 시초점을 치는 과정에 적용하고, 『맹자』의 혁명설을 가져와 '탕무혁명설湯武革命說'로 구체화하면서 혁괘에 적용하고 있기도 하다. 또한 『맹자』에서는 성인과 현인을 구분하여 연접해서 '성현聖賢'이라고 표현하지 않지만, 「단전」에서는 성현이라고 연칭連稱하면서 사용한다. 이러한 점에서 「단전」은 『맹자』의 영향을 받았다고 판단한다. 「단전」이 『맹자』의 영향을 받았다면, 맹자는 전국 중기 이후의 인물이므로 「단전」의 형성 시기의 상한선은 전국 중기 이후로 볼 수 있다.

한편, 「단전」의 작성 시기의 하한선을 전국시기 인물인 『순자荀子』

이전으로 본다.『순자』「대략大略」편에는 함괘咸卦의 단전의 내용을 일부 인용해 말하고 있는 내용[7]이 나오기 때문이다. 이 논리에 따르면 순자는 전국 말기의 인물이므로 「단전」의 성립 시기는 전국 중기 이후에서 전국 말기 이전으로 판단할 수 있다.[8]

주백곤의 설명에서 「단전」의 성립 시기에 대한 설명은 동의한다. 하지만 '음양강유설'에서는 '음양'을 적용할 수 없다고 본다. 「단전」에서 괘나 효에 대해서 음양설을 적용해 말한 경우가 없기 때문이다.[9] 『역전』에서 음양이라는 개념을 사용한 편들은 「계사전」, 「문언전」, 「설괘전」이다. 물론 이들 편들에서 음양은 괘나 효를 설명하기 위해 사용되는 개념도 아니다. 따라서 「단전」의 성립 시기에 대한 설명은 동의하지만, 그 설명에서 '음양'은 제외해야 한다.

주백곤은 「상전」의 내용이 「단전」에 기초하고 있기에, 「상전」의 성립 시기는 「단전」이 성립된 이후에야 쓰인 것으로 판단한다. 「상전」 중에서 '대상大象'은 「단전」의 내용에 기초해 괘상을 설명하였고, '소상小象'은 「단전」의 '효위설爻位說'을 끌어와 효상爻象을 말하고 있기 때문이다.

'대상'은 기본적으로 「단전」의 말을 가져와 해석하거나 「단전」의 말

---

7. 『荀子』「大略」, 易之咸, 見夫婦. 夫婦之道, 不可不正也, 君臣父子之本也. 咸, 感也, 以高下下, 以男下女. 柔上而剛下. 에서 "咸, 感也"와 "以男下女"가 함괘의 단전 내용이다.

8. 카나야 오사무 역시 「단전」의 성립 시기를 전국시대 중기에서 후기 사이인 기원전 4세기말에서 3세기 중반으로 본다. 카나야 오사무 지음, 김상래 옮김, 『주역의 세계』, 한울출판사, 2010, 122쪽.

9. 물론 건괘와 곤괘에 대해서 음양 개념을 적용해 말하고 있다. 음양을 적용한 경우는 이 경우 밖에 없다. 이 문제에 대해서는 13장에서 다룰 생각이다.

에 기초해 괘상卦象을 설명하고 있다. 64괘의 대부분의 '대상'은 이러한 형태와 방식으로 괘상을 설명한다. 구체적으로 건괘와 곤괘만 예를 들어 보자. 건괘의 '대상'에서 '천행건天行健'이라고 한 말은 「단전」의 '만물자시, 내통천萬物資始 乃統天'에 기초한 말이고, 곤괘의 '대상'에서 "지세곤, 군자이후덕재물地勢坤 君子以 厚德載物"이라고 한 말은 「단전」의 '곤후재물 덕합무강坤厚載物 德合无疆'라는 말에 기초한 것이다. 이처럼 '대상'은 「단전」의 말을 끌어와 새롭게 풀이한다.

'소상'도 「단전」의 말들을 가져와 효위를 설명한다. 예를 들면 둔괘의 「단전」 "「단전象傳」에 말하였다. 둔屯은 강剛과 유柔가 처음 사귀어 어려움이 생겼다."[10]라는 말에서 '어려움[難]'을 두고, 둔괘 이효 '소상'에서는 "「상전象傳」에 말하였다. 육이六二의 어려움은 강剛을 타고 있기 때문이다."[11]라고 한다. 이러한 설명은 「단전」의 말을 가져오고, 「단전」에서 시작된 효위설과 강유설을 적용하고 있다. 이러한 방식의 서술은 대부분의 '소상'에 나타난다.

주백곤은 「상전」의 성립 시기의 하한선을 전국 말기에서 진한 교체기로 보았다. 그는 『예기禮記』 「심의深衣」에는 곤괘 육이효의 '소상'을 인용하고 있으며. 또한 『중용中庸』에서도 천덕天德과 지덕地德을 설명할 때 「상전」의 내용을 인용하고 있다[12]는 점을 근거로 든다. 『예기』는 전국 말에서 진한 교체기에 성립된 책이고, 『중용』은 『예기』의 한 편으로 있다가 송대 이학자들에 의해서 분리되어 책이 된 것이

---

10. 둔괘屯卦「단전」, 象曰 屯, 剛柔始交而難生.

11. 둔괘屯卦「상전」, 象曰 六二之難, 乘剛也.

12. 朱伯崑, 『周易哲學史』 上冊, 북경대학출판사, 1986, 44쪽.

므로, 당연히 진한 교체기에 성립되었다. 「단전」의 성립 이후에 「상전」이 성립되었다면, 「상전」의 성립 시기는 전국 말기에서 진한 교체기에 이르는 시기라고 볼 수 있다.

「문언전」에는 특이하게 '자왈子日'이라는 글이 나온다. '자왈'이라는 글은 『논어』에서 보이듯이 공자를 존칭해서 '선생님께서 말씀하셨다'라는 방식으로 사용된 글이다. 주백곤은 「문언전」에 등장하는 '자왈'은 공자를 지칭하지 않는다고 판단한다. 이는 경經을 전문적으로 가르치던 사람들을 지칭한 말이거나, 공자에 가탁한 말이라고 본다. 「문언전」에서 말하고 있는 '원형이정'의 사덕四德은 『춘추좌씨전』의 양공襄公 9년의 수괘隨卦의 괘사를 해석한 것이고, 「문언전」의 내용들은 대부분이 「단전」과 「상전」의 내용을 덧붙여 설명한 것이라고 본다. 이러한 점에서 「문언전」은 「상전」의 성립 시기 이후인 진한 교체기 혹은 한나라 초기로 본다. 필자는 이러한 관점에 기본적으로 동의하지만, 「문언전」의 성립 시기는 한무제 시기로 보는 것이 타당하다고 생각한다. (이에 대한 논의는 15장에서 서술하겠다.)

「계사전」의 성립 시기를 두고는 다소 복잡한 문제가 있다. 우선 판본의 문제이다. 현재 통용되고 있는 「계사전」은 주희가 정리한 것이다. 현재 통용되는 「계사전」 판본과 마왕퇴 한묘에서 출토된 백서본 「계사전」의 판본이 매우 다르다. 한묘漢墓, 한나라 시기의 무덤에서 출토된 백서본 「계사전」은 주희가 정리한 「계사전」의 판본과 부분적으로 동일하지만, 많은 부분은 주희가 정리한 현재의 판본에는 없기도 하고, 「설괘전」의 일부 내용이 백서본 「계사전」의 후반부에 포함되어 있기도 하다. 주희가 정리한 「계사전」도 문장의 뜻이 중복되거나 착간된 부분도 적지 않으며, 몇몇 문장에서는 앞과 뒤의 문장이 연결되지 않는 부분도 있다. 이러한 점들 때문에 「계사전」은 한나라 초기까지도 형성되는 과정에 있었음을 알 수 있다.

주백곤은 「계사전」 판본의 성립 시기의 문제 해결하기 위해, 「계사전」의 내용을 중심으로 살폈다. 그는 「계사전」에서 건괘와 곤괘를 높인 것이 「단전」과 「상전」과 밀접한 관련을 맺고 있음을 해명한다. 이는 「계사전」에서 건·곤괘에 대해 언급한 내용은 「단전」과 「상전」에서 건·곤괘를 언급하는 내용을 가져오고 있음을 보여준다. 「단전」과 「상전」이 시초점과 관련해서 음양강유설을 제시하여 괘상과 효상을 해석하는데, 이 음양설과 강유설을 「계사전」이 그대로 사용하고 있다는 점, 길흉을 판단할 때 「단전」의 시중설時中說을 「계사전」이 가져와 설명하고 있다는 점 등을 들어서 「계사전」이 「단전」과 「상전」 이후에 성립된 것으로 판단한다.

그리고 「계사전」이 역易의 원리를 설명할 때 사용하고 있는 범주와 개념, 명제 등이 전국 말기의 사상에서 등장하는 것과 상응하고 있음을 해명한다. 전국 말기의 『장자』에 등장하는 '태극太極' 개념을 가져와 시초점에 응용하거나, 『관자管子』에서 보이는 '정기精氣' 개념을 가져와 사용한 것에서도 성립 시기를 유추할 수 있다. 또한, 『상군서商君書』에 나오는 복희씨가 거울을 만들고 신농씨가 쟁기를 만들었다는 등의 내용과 「계사전」의 '성인이 사물의 상을 살펴보고 기구를 만들었다聖人觀象制器說'는 것이 전국 말기의 사유와 상응한다고 보았다. 이러한 근거들로부터 주백곤은 「계사전」의 성립 시기를 전국 말기에 작성되기 시작해 최후의 편찬 연대는 한대 초기라고 규정한다.

주백곤과 거의 같은 입장을 견지한 학자로는 일본의 카나야 오사무金谷治가 있다. 그는 「계사전」의 성립 시기를 음양론과 천인상응론의 관점에서 전국 말기에서 전한시기에 성립된 것으로 본다.[13] 이러한 입장에 대해서도 필자는 기본적으로 동의한다. 하지만 「계사전」의 완성 시기는 한무제 시기로 본다. 이와 관련된 논의는 15장에서 서술하겠다.

「설괘전」과 관련해서는 전국 말기의 음양설의 영향으로 형성된 것으로 본다. 「설괘전」에는 팔괘를 여덟 종의 자연현상을 상징하는 내용으로 설명하거나 팔괘를 동서남북의 방위에 배당하는 내용 등이 나온다. 이는 『관자菅子』와 『여씨춘추呂氏春秋』, 『예기』 등에 보이는 팔괘방위八卦方位, 사시설四時說, 음양설陰陽說 등의 영향을 받은 것으로 본다. 『관자』와 『여씨춘추』는 전국 후기에 나타난 책들이며, 『예기』는 한대에 완성된 책이기에 이 책들에서 영향을 받은 「설괘전」의 형성 시기도 전국 말기에서 한대에 형성된 것으로 판단한다.

「서괘전」은 64괘의 배열을 설명하는 내용이다. 「서괘전」은 건괘에서부터 미제괘에 이르기까지 나름의 인과 계열로 설명하려 한다. 인과 계열로 설명하기 위해 대부분 「단전」과 「상전」에서 그 의미를 취한다. 주백곤은 『회남자淮南子』 「무칭繆稱」에서 「서괘전」의 내용을 인용하는 사례를 보고, 적어도 『회남자』 이전에 「서괘전」이 형성된 것으로 본다. 『회남자』가 한나라 초기에 편찬된 것이므로 「서괘전」은 한나라 초기보다는 앞서서 편찬된 것으로 판단할 수 있다. 전국 말기 혹은 진한 교체기에 형성된 것으로 볼 수 있다.

「잡괘전」은 한나라 사람들에 의해 편찬된 것으로 판단한다. 「잡괘

---

13. 카나야 오사무 지음, 김상래 옮김, 『주역의 세계』, 한울출판사, 2010, 126쪽 참조.

전」은 64괘를 32개 괘의 대립 구조로 설명한다. 대립 구조란 괘상이 서로 반대이거나, 괘의 성질이 서로 반대인 경우를 말한다. 32개 괘의 대립을 설명할 때, 주로 괘의 명칭[卦名]이 가진 뜻을 가져와 그 의미를 풀이하면서 상반되는 의미로 32개의 괘를 대립적으로 짝을 지어 설명하는 내용이다.

이상으로『역전』의 형성 시기를 정리해 보았다.『역전』의 형성 시기를 두고서 현대 학자들 사이에는 여전히 논쟁 중이다. 이러한 논쟁에서『역전』의 형성 시기에 대한 학자들의 주장에서 주백곤의 설을 취한 것은 나름의 이유가 있었다. 주백곤은 고형高亨, 이경지李鏡池 등 현대 학자들의 주장을 나름 검토하고, 이들 학자의 주장에 찬성과 반대의 입장을 분명히 한다는 점 때문이었다. 또한『역전』의 각 편들을 형성 시기를 판정할 때 각 편들의 관계를 따져보고, 각 편들이 다른 책들에서 인용한 것과 다른 책들이『역전』을 인용한 것들의 관계를 따져서 각 편의 형성 시기를 판정하기 때문이었다.

이후의 서술은 기존의『역전』편장 체제가 아니라『역전』이 저술된 시기별로 서술하고자 한다. 통행본인『주역』은 경문과 그 경문에 대한「단전」,「상전」,「문언전」이 하나의 편장으로 서술되어 있고,「계사전」상하,「설괘전」,「서괘전」,「잡괘전」의 차례로 구성되어 있다. 하지만 이 글에서는『역전』들이 저술된 시기에 따라서「단전」,「상전」,「서괘전」,「잡괘전」,「문언전」,「설괘전」,「계사전」의 순서로 서술한다.

제9장
「단전」, 길흉판단에 대한 재해석

1. 단전의 길흉판단

「단전」에서의 '단彖'은 '판단한다'라는 뜻이고, '전傳'은 '경經을 풀이한 것'을 의미한다. 다시 말하면 「단전」은 『역경』의 괘의 의미를 자세히 살펴 길흉에 관해 판단한 것이다. 『역경』은 상·하편에 있는 30개와 34개의 괘로 구성되어 있는데, 「단전」은 그 64괘의 괘상卦象과 괘명卦名 그리고 괘사卦辭에 대해 길흉을 판단한다.

오늘날 통용되는 『주역』의 편집 체계는 먼저 괘상과 괘명, 괘사의 순으로 나오며, 이어서 '판단하여 말한다[彖曰]'는 말을 시작으로 「단전」이 시작된다. 이러한 편집 체계는 「단전」의 말이 괘상과 괘명, 괘사에 대한 풀이임을 보여준다.[1]

단왈彖曰을 '단사彖辭'라고도 하는데, 단사彖辭는 괘상과 효를 이용해

---

1. 특이하게도 건괘의 편집 구성만 다르다. 건괘는 괘상과 괘명이 나오고, 괘사가 나온 다음에 효사가 나온다. 상구 효사가 나오고 나서야 '단왈彖曰'이 나온다.

괘사를 해설하는 것이기에, 「단전」에서는 괘사를 직접 인용할 수밖에 없다. 그리고 괘사의 의미를 해석하기 위해 괘상의 구성과 상징, 효상의 자리와 효들의 관계를 다양한 방법으로 해석한다. 따라서 괘상의 구성과 상징, 효의 자리와 관계에 대한 설명 등이 괘사를 풀이하는 다양한 요소가 된다.

길흉을 판단하는 단사의 방식은 무엇을 중심으로 풀이하였는가에 의해 크게 세 가지로 나누어 볼 수 있다. 첫째는 괘를 중심으로 한 것이고, 둘째는 효를 중심으로 한 것이며, 셋째는 괘사를 중심으로 한 것이다.

첫째로 괘를 중심으로 한 것은 괘상卦象의 구성과 상징, 괘의 속성을 강유剛柔로 구분하는 것과 괘명卦名의 의미를 풀이해 길흉을 판정한다. 예컨대, 송괘☰☵의 단전에는 "송은 위는 강하고 아래는 험하다. 험난한데도 강하게 하면 소송이 생긴다."[2]라고 말한다. 이 말에서 '위는 강하고 아래는 험하다'라는 것은 괘상의 구성이 건괘☰와 감괘☵로 구성되었으며, 건괘의 성질이 강한 건을 상징하고, 감괘의 성질이 험난함을 보여 준다. 그래서 '험난한 상태에서도 강하게 행동하게 되면 소송이 생긴다'고 괘의 속성을 풀이한다.

둘째로 효를 중심으로 한 것은 한 괘에서 각 효의 성격을 강유剛柔로 구분하고, 각 효의 자리와 그 자리의 관계를 통해 길흉을 판단한다. 이때 이효와 오효의 자리를 '중中'이라고 하고 강효剛爻가 그 자리에 오는 것이 길한 것으로 본다.

셋째로 괘사卦辭를 중심으로 한 것은 단사에서 괘사를 직접 인용하

---

2. 송괘訟卦 「단전」, 象曰, 訟上剛下險, 險而健訟.

고, 그 의미를 설명하며 길흉을 판단하는 것이다. 따라서 괘사를 인용하고 이에 대해 해석하는 셋째의 내용에 대해서는 굳이 설명할 필요가 없다. 「단전」의 단사에서 괘사를 직접 인용하고 있을 뿐만 아니라 괘상에 대해 설명하고 효에 대해 설명한 것만으로도 괘사의 의미를 이해할 수 있기 때문이다. 따라서 이하의 글에서는 첫째와 둘째인 괘와 효를 중심으로 길흉을 판단한 단사의 내용을 중심으로 서술한다.

단사 중에 위에서 말한 세 가지 요소를 모두 보여주는 사례는 없다. 하지만 최대한 많은 요소를 보여주는 예가 소축괘小畜卦☲의 '단사彖辭'이다. 소축괘의 단사를 중심으로 설명을 해보자.

> 「단전」에 말하였다. ㉠ 소축은 유柔가 지위를 얻고 상하가 응하므로 소축小畜이라고 하였다. ㉡ 굳세고 공손하며 ㉢ 강剛이 중中에 맞고 행함에 뜻을 두어 마침내 형통한 것이다. ㉣ '밀운불우密雲不雨'는 오히려 가기 때문이요. '자아서교自我西郊'는 베풂이 행해지지 못하기 때문이다.[3]

㉠은 소축괘의 괘상을 풀이하고 있다. 육사효만 유柔효이고 나머지 효는 강剛효여서, 육사효가 지위를 얻고 위아래의 강효들이 모두 육사효에 응하고 있다. 이 설명에 따르면 소축괘의 괘상을 그대로 묘사하고 있는 것이다. ㉡은 하괘와 상괘의 구성을 말하면서도 구오효가 강효로서 중中의 자리에 위치함을 말한다. '굳세고'는 건괘의 성

---

3. 彖曰, 小畜, 柔得位而上下應之, 曰小畜. 健而巽, 剛中而志, 行 乃亨. 密雲不雨, 尚往也. 自我西郊, 施未行也.

질을 의미하기에 건괘를 상징한다. '공손하며'는 손괘의 성질을 의미하게에 손괘를 상징한다. 그러므로 "굳세고 공손하며[健而巽]"는 하괘와 상괘로 구성되는 소축괘의 구성을 말하는 것이기도 하다. 물론 건괘의 성질이 굳세고 손괘의 성질이 공손함을 의미하기도 한다. ⓒ은 괘사의 "소축은 형통하니[小畜亨]"라는 길흉판단을 괘를 구성하는 효들의 성질을 통해 풀이한 것이다. '강이 중에 맞고 행함에 뜻을 둔다'는 말에서 강은 강효인 구이효와 구오효가 중의 자리에 위치하고, 강효의 성질이 '행하는 뜻이 있다'는 의미에서 '형통하다'고 풀이한 것이다. ⓔ은 괘사의 문장들을 풀이한 내용이다.

이상의 소축괘 단사를 정리해 보면, 첫째는 괘상에 대한 풀이가 보이는데, ㉠과 ㉡이 이에 해당한다. 둘째는 괘명에 대한 설명이 보이는데, ㉠이 이에 해당한다. 셋째는 괘의 성질을 나타나는데, ㉡이 이에 해당한다. 넷째는 괘를 구성하는 효들의 성질과 관계를 통해 길흉판단을 하는데, ㉢이 이에 해당한다. 다섯째는 괘사를 가져와 그 뜻을 풀이하는데, ⓔ이 이에 해당한다. 이와 같이 단사는 하나의 괘에 대한 다양한 접근으로 괘상과 괘명 그리고 괘사의 의미를 풀이하고 길흉을 판단하고 있다.

소축괘의 단사가 많은 정보를 보여주지만, 괘상의 상징은 분명하게 드러나지 않았다. 또한 효의 자리와 효들의 관계를 설명하는 내용도 부족하다. 이에 관한 내용을 괘상의 상징과 효의 자리, 효들의 관계로 나누어 설명해 보자.

2. 괘상과 괘의 강유

괘상과 상징

「단전」에서는 8괘에 대한 상징을 부여하고 있다. 건괘☰는 하늘[天], 임금[君王], 군자君子, 양이면서 밝음[陽明], 강건함[剛健] 등을 상징한다. 곤괘☷는 땅[地], 서민庶民, 소인小人, 유순함[柔順], 음이면서 어두움[陰暗] 등을 상징한다. 감괘☵는 물[水], 구름과 비[雲雨], 험함[險阻] 등을 상징한다. 이괘☲는 불火, 문명文明, 붙음[附着] 등을 상징한다. 진괘☳는 우레[雷], 기러기[鴻鵠], 운동運動, 굳세어 어긋남[剛庚], 형벌刑罰 등을 상징한다. 손괘☴는 바람[風], 초목草木, 유순함과 겸손함[柔謙], 교화敎化 등을 상징한다. 간괘☶는 산[山], 현인[賢人], 그침 혹은 멈춤[停止] 등을 상징한다. 태괘☱는 연못[澤], 신민臣民, 희열喜悅 등을 상징한다.

8개 괘의 상징들을 확대하면, 64개의 괘에 다양하게 적용되면서 길흉의 판단에 적용될 수 있다. 예컨대 명이괘明夷卦☷☲를 살펴보자. 명이괘의 단사를 확인하지 말고 우선 괘상의 상징으로 이 괘를 판단해 보자. 명이괘는 이괘☲를 하괘로 하고 곤괘☷를 상괘로 하여 구성되었다. 이괘는 불과 태양을 상징하고 곤괘는 땅과 유순함을 상징한다. 괘의 형상을 보면 밝음 혹은 태양을 상징하는 이괘가 아래에 있고, 땅을 상징하는 곤괘가 위에 있다. 이는 괘의 형상으로 태양이 땅의 아래에 잠기어 있음을 상징한다. 이는 밝음이 곤란을 겪거나 밝음을 상징하는 인물이 곤궁에 처한 것을 괘상으로 파악할 수 있다. 명이괘의 단사는 다음과 같다.

「단전」에 말하였다. 밝음이 땅속으로[地中]으로 들어감이 명이明夷이니, 안은 문명文明하고 밖은 유순柔順하여 큰 환난患難을 무릅썼으니, 문왕文王이 이것을 사용하였다. 어려울 때에 정貞함이 이로움은 그 밝음을 감춘 것이다. 안에 있어 어려우나 그 뜻을 바르게 하였으니, 기자箕子가 이것을 사용하였다.[4]

「단전」을 읽지 않아도 8괘의 상징을 알고 있다면, 명이괘가 상징하는 곤경과 환란을 알 수 있는데, 명이괘의 단사에서도 같은 내용을 찾을 수 있다. "밝음이 땅속으로 들어감"이라는 말에서 밝음은 이괘를 상징하고, 땅은 지괘를 상징한다. "안은 문명하고 밖은 유순하다"는 것은 이괘의 속성과 곤괘의 속성을 의미한다. 이들로부터 '환난'의 상황임을 보여준다. 환난의 상황에 처한 인물로 문왕文王과 기자箕子를 거론하고 이들이 환난에서 취한 태도를 말하고 있다.

덧붙여서 중천괘를 살펴보자. 건괘乾卦☰는 소성괘인 건괘☰ 두 개가 중첩되어 대성괘를 이룬다. 건괘가 상징하는 것이 하늘[天]이다. 하늘이 중첩된 것이 대성괘로서 건괘이다. 건괘 「단전」의 말을 풀이하면, "건괘는 하늘을 상징하는 건괘가 중첩한 상태는 하늘의 성질[덕성]이 지극한 상태를 의미하고, 하늘이 비를 내리거나 천하에 빛을 비추어 사방이 밝고 만물은 하늘의 태양빛과 하늘에서 내리는 비에 의해 자라고 성장한다. 이는 하늘의 덕성(성질)에 의해 천지와 사방이라는 공간이 정해지고, 태양빛에 의해 만물이 자라고 성장

---

4. 象曰 明入地中 明夷 內文明而外柔順 以蒙大難 文王 以之 利艱貞 晦其明也 內難而能正其志 箕子以之.

한다."[5]는 의미이다. 이러한 상징과 성질에 의해 이 괘를 얻은 사람은 당연히 길한 것으로 판단하게 된다.

괘의 강유

괘의 강유 성질을 기준으로 길흉을 구분하는 사례를 살펴보자. 이에 해당하는 예로는 둔괘屯卦䷂의 단사를 가져와 보자.

> 「단전」에 말하였다. 둔屯은 강剛과 유柔가 처음 사귀어 어려움이 생겼으며, 험한 가운데 동하니, 크게 형통하고 정貞함은 우레와 비의 동動함이 가득하기 때문이다.[6]

위의 인용문에서 '둔은 강과 유가 처음 사귀어 어려움이 생겼다'는 문장에서 '강'은 양효를 말한다. '유'는 음효를 말한다. 이에 대해 왕필은 "건괘[天]와 곤괘[地]가 처음 사귀니 이 때문에 둔괘䷂이다. 천지가 사귀지 않으면 비괘否卦䷋가 되기에 둔괘는 크게 형통하다."[7]라고 한다. 이처럼 괘들에 대해 강괘와 유괘로 구분하여 적용하는 것은 다른 괘들에도 나타난다. 그런데 괘들을 강괘와 유괘로 구분하는 기준은 무엇인가?

---

5. 건괘, 象曰 大哉. 乾元. 萬物資始, 乃統天. 雲行雨施, 品物流形.

6. 둔괘, 象曰 剛柔始交而難生, 動乎險中, 大亨貞, 雷雨之動, 滿盈.

7. 왕필, 『주역주周易注』, 둔괘屯卦 주석, 剛柔始交, 是以屯也. 不交則否, 故屯乃大亨也. 이에 대해 루우열樓宇烈 교수는 '천지가 처음으로 서로 합하고, 음양이 처음으로 서로 교류하는 것을 강유가 처음 사귀었다'라고 풀이한다. 류우열, 『왕필집교석王弼集校釋』, 중화서국, 1985, 237쪽.

강괘과 유괘를 구분하는 기준은 한 괘를 구성하는 효의 수를 기준으로 한다. '━'는 하나를, '╍'는 둘을 의미한다. 가령 건괘☰는 '━'이 3개이므로, 기수괘이고 강괘가 된다. 곤괘☷는 '╍'가 3개이므로, 숫자로는 6이 된다. 6은 우수괘이고 유괘가 된다. 이렇게 보면, 진괘☳, 감괘☵, 간괘☶는 그 효의 숫자가 5가 되어, 기수괘이고 강괘가 된다. 손괘☴, 이괘☲, 태괘☱는 그 효의 숫자가 4가 되어 우수괘이고 유괘가 된다.

이러한 분류를 적용하고 있는 예를 고괘蠱卦☶☴ 단사를 가지고 살펴보자.

> 「단전」에 말하였다. 고蠱는 강剛은 위에 있고 유柔는 아래에 있으니, 공손하고 멈춤이 고蠱이다.[8]

이 단사에서 '강'은 상괘인 간괘艮卦☶를 말한다. 간괘는 강괘가 된다. '유'는 하괘인 손괘巽卦☴를 말한다. 손괘는 유괘가 된다. 그래서 강은 위에 있고 유는 아래에 있다는 말은 강괘인 간괘가 상괘이고, 유괘인 손괘가 하괘라는 말이 된다.

대부분의 괘들을 강괘와 유괘로 구분하지만, 특이하게 태괘泰卦☷☰와 비괘否卦☰☷의 단사에서만 음과 양이라는 용어를 사용한다. 태괘와 비괘의 단사는 다음과 같다.

> 「단전」에 말하였다. ……양陽이 안에 있고 음陰이 밖에 있으며 굳셈이

---

8. 고괘, 彖曰 蠱, 剛上而柔下, 巽而止 蠱.

안에 있고 순함이 밖에 있으며 군자君子가 안에 있고 소인小人이 밖에 있다.[9]

「단전」에 말하였다. …… 음陰이 안에 있고 양陽이 밖에 있으며, 유柔가 안에 있고 강剛이 밖에 있으며, 소인小人이 안에 있고 군자君子가 밖에 있다.[10]

태괘와 비괘는 괘상이 서로 반대가 되는 괘이다. 태괘는 곤괘가 위에 건괘가 아래로 구성되어 있고, 비괘는 이와 반대로 구성되어 있다. 그래서 단사도 그 내용이 반대로 되어 있다. 다만 태괘는 건순健順이라는 강유의 성질로 표현하였고, 비괘는 유강柔剛이라는 구분을 직접 표현한다. 두 단사에서 '양陽'은 건괘를 의미하고, '음陰'은 곤괘를 의미하고, 건괘는 곤괘는 각각 군자와 소인을 상징한다. 여기에서 이 두 괘의 단사만이 음양이라는 용어를 적용하고 있다.

3. 효의 성질, 자리(위치), 관계

효의 성질(강유)

강유의 성질로 괘를 구분한 것처럼, 효의 성질에도 강유를 적용하여 길흉을 판단한다. 「단전」에서는 '⚊'는 강효, '⚋'는 유효라고 구분

---

9. 태괘, 內陽而外陰, 內健而外順, 內君子而外小人.

10. 비괘, 內陰而外陽, 內柔而外剛, 內小人而外君子.

한다. 그리고 강효의 성질을 '건健'으로 유효의 성질을 '순順'으로 표현한다. 또한 효의 자리와 호응을 적용한다. 이처럼 효를 강유로 구분하고 자리를 강조하며 효들의 관계를 따지는 것은 그 효의 성질과 자리를 통해 길흉吉凶을 판단하려고 한 것이다. 이와 관련한 사례를 동인괘同人卦☲☰의 단사에서 확인할 수 있다.

> 「단전」에 말하였다. 동인同人은 유효가 정위正位를 얻었으며 중中을 얻어 건乾에 응하므로 동인同人이라 한 것이다.[11]

이 문장에서 '유柔효가 제 자리를 얻었고 중을 얻었다'라는 문장에서 유효는 하괘리괘의 육이효를 말한다. 리괘 육이효는 그 자리가 짝수 자리이고, 효가 유효이기에 '중中'을 얻었다는 말이다. 6효로 구성된 괘에서 이효와 오효는 하괘와 상괘에서 중간의 자리, 즉 중中의 자리이다. 하괘에서 유효인 육이효가 위치하고, 상괘에서 강효인 구오효가 위치한 것이 중에 해당한다. '건에 응한다'는 것은 유효인 육이효가 상괘乾괘의 강효인 구오효와 응한다는 말이다. 이를 강유의 성질인 '건순健順'으로 이해하면, 유효인 육이효는 '따르는 성질[順]'이고, 강효인 구오효는 '강건하여 나아가는 성질[健]'이기에 유효인 육이효는 강효인 구오효를 따르는 의미가 된다. 결국 동인괘의 효의 위치와 효들의 관계에서 유효가 자기 자리에 위치하였고, 강효와 호응한 모습이고, 이는 유가 강을 따르는 의미를 지니게 된다.

이와 같이 효의 위치와 효 사이의 관계를 통해 동인괘가 길吉한 괘

---

11. 동인괘, 彖曰 同人 柔得位 得中而應乎乾 曰同人.

임을 짐작할 수 있다. 아니나 다를까, 동인괘는 형통하다(同人于野, 亨,
利涉大川, 利君子貞)라는 괘사가 있다. 효를 강효와 유효로 구분한 사례
는 너무 많고, 따로 설명할 필요가 없을 정도로 분명하므로 생략한
다.[12]

효의 자리

앞의 "제7장『역경』의 상象과 수數, 사辭와 의義"에서 기수奇數를 구九
로, 우수偶數를 육六으로 표현하게 된 경위를 언급했다. 「단전」에서는
효와 관련해 복잡한 용어들이 등장한다. 효를 강효剛爻와 유효柔爻로
구분하고, 여섯 효로 구성된 괘에서 기수 자리의 효를 강위剛位, 우수
자리의 효를 유위柔位로 구분한다. 그리고 강위에 강효가 위치하는
것, 유위에 유효가 위치하는 것, 효 사이의 관계 등을 복잡하게 표현
하는 용어들이 등장한다.

효를 파악할 때, 먼저 효를 강효와 유효를 구분하고, 효의 자리를
강위와 유위로 구분하여 제자리에 제 효가 위치하였는지, 효 사이의
관계가 서로 호응하는지 아닌지를 따지게 된다. 이를 따지는 것은
점을 치고 얻은 괘에서 괘상과 효들의 강유로 길흉을 얻는 자료가
되거나, 길흉을 판단하는 근거가 되기 때문이다.

춘추시대에는 이런 효를 중시한 사유가 나타나지 않았다. 춘추시
대의 시초점은 괘변卦變을 통해서 길흉을 판단하였기에, 효를 중시한
것은 아니었다. 다시 말해 어느 괘가 어느 괘로 변한 것을 얻고, 그
변화에서 변화한 효를 중심으로 길흉을 해석했다. 5장에서 보았듯이

---

12. 괘와 효를 강과 유로 표현한 내용은 「단전」에서만 76회에 달한다.

시초점의 해석에는 본괘를 얻고, 그 본괘本卦에서 어느 효가 변해서 지괘之卦가 되었을 때, 변한 효의 효사爻辭를 통해 길흉을 해석했다.

하지만 전국시대 말기가 되면, 효의 성질, 효의 자리, 효의 관계 등을 중심으로 길흉 판단이 옮겨 간다. 그러한 옮겨가는 과정에 위치한 글이 「단전」과 「상전」이다. 「단전」에서 이러한 사유가 나타나고, 「상전」에서는 거의 완성된 형태가 된다. 우선 「단전」에서 효를 어떻게 말하는지를 살펴보자.

효위爻位를 두고서 「단전」에 나타난 표현은 첫째는 '제 자리를 얻었다[正]', 둘째는 '중을 얻었다[中]', 셋째는 '응한다[應]'이다.

첫째로 '제자리를 얻었다[正]'라는 내용을 살펴보자. 제 자리를 얻었다[正]는 말은 달리 표현하면, '자리가 합당하다[位當]', '합당한 자리이다[當位]', '제자리를 얻었다[得位]', '제자리에 있다[在位]'로 표현될 것이다. 이러한 표현들은 모두 '자리가 바르다[位正]', '제 자리를 얻었다[正]'는 말과 같다.

'제자리를 얻었다'라는 말이 있으면 당연히 '제자리를 얻지 못했다[位不正]'도 있을 수밖에 없다. 제자리를 얻지 못한 경우에 대한 표현들은 생각해보면, '자리가 합당하지 못하다[位不當]', '합당하지 못한 자리[不當位]', '제자리를 얻지 못했다[未得位]', '합당한 자리가 아니다[未當位]', '제자리를 잃었다[失位]', '제자리가 아니다[非位]' 등이 될 것이다. 이처럼 제자리에 제 효가 위치한 것을 '자리가 바르다[位正]'라고 표현한다. 반대로 제자리에 제 효가 오지 못한 것을 '제자리를 얻지 못했다[位不正]'라고 표현한다. 강효가 강의 자리에 위치하고, 유효가 유의 자리에 위치하면 '위정'이 된다. 반대로 강효가 유의 자리에 위치하고, 유효가 강의 자리에 위치하면 '위부정'이 된다. '위정位正'과 '위부정位정正은 위에서 언급한 자리를 두고 자리에 합당하게 위치한 효들과 자리에 합당하지 않게 위치한 효들을 포괄하는 용어로 쓰인다.

앞에서 말했듯이 기수는 '강'이고, 우수는 '유'이므로, 초효·삼효·오효는 '강'의 자리가 되고, 이효·사효·상효는 '유'의 자리가 된다. '강'의 자리인 초효, 삼효, 오효에 강효가 위치하고, '유'의 자리인 이효, 사효, 상효에 유효가 위치하면, 제자리에 제 효가 위치한 것이다. 이 경우는 '자리가 바르다[位正]'라고 말한다. 강의 자리인 초효, 삼효, 오효에 유효가 위치하고, 유의 자리인 이효, 사효, 상효에 강효가 위치하면, 제자리에 제 효가 위치한 것이 아니다. 이 경우는 '제자리를 얻지 못했다[位不正]'라고 말한다.

어떤 회사에서 그 회사에 꼭 맞는 지식과 인품을 갖춘 사람을 얻게 되면, '적임자를 얻었다[得人]'라고 표현한다. 이 표현을 그 사람의 입장에서 보면, 꼭 맞는 자리를 얻은 것이 된다. 효의 자리에서도 이와 비슷하게 '꼭 맞는 자리를 얻었다[得位]'라고 한다. 이럴 경우에는 그 회사에도 좋고, 그 사람에게도 좋은 일이다. 마찬가지로 효에서도 제자리에 제 효가 온 경우는 어떠한 경우에도 '바르다[正]'. '바른 것[正]'은 당연히 좋은 것이고 길한 것이 될 수밖에 없다. 제자리에 제 효가 오지 않은 경우는 어떠한 경우라도 '바르지 않다[不正]'. '바르지 않은 것[不正]'은 당연히 나쁜 것이고 흉한 것이 될 수밖에 없다. 이처럼 하나의 괘에서 위정位正을 이룬 괘는 대부분 '좋다'는 의미의 판단사가 붙어있다. 반대로 하나의 괘에서 위부정位不正을 이룬 괘는 대부분 '나쁘다'는 의미의 판단사가 붙어있다.

둘째로 '중을 얻었다[中]'라는 말의 의미를 확인해 보자. 앞에서 이에 대한 개념적 설명은 다 했으므로, '중'과 관련된 표현들을 중심으로 정리해 보자. '그 자리가 중에 있다[在中]', '중을 얻었다[得中]', '강이 중을 얻었다[剛得中]', '유가 중을 얻었다[柔得中]', '강이 중을 얻었다[剛中]', '유가 중을 얻었다[柔中]', '중을 얻어 바르다[中正]', '바르게 중을 얻었다[正中]' 등의 표현이다. 이들 표현은 모두 여섯 효로 구성된 대성괘의 이효와 오효 자리를 중심으로 진술된 말들이다. 그런데 이효의 자리에 강효가 위치하는 경우, 오효의 자리에 유효가 위치하는 경우에도, '중'이라는 표현을 쓴다는 점이다. 물론 이효의 자리에 유효가 오고, 오효의 자리에 강효가 와도 '중'이라는 표현을 쓴다. 이 경우에도 중을 얻었다[中]'라는 표현을 쓴다.

일반적인 의미에서 '중을 얻었다[中]'는 이효 자리에 유효가 오고, 오효 자리에 강효가 오는 것이었다. 그런데 이효 자리에 강효가 오고, 오효 자리에 유효가 와도 '중을 얻었다[中]'라는 표현을 쓴다. 이효 자리에 강효가 오고, 오효 자리에 유효가 온 경우들에서, '강이 중을 얻었다[剛得中]', '유가 중을 얻었다[柔得中]'라는 표현도 쓴다. 이것을 어떻게 보아야 할까? 이러한 사례는 「단전」과 '소상'에 빈번하게 나오지만, 「단전」에 한정해서 몇 가지 예를 살펴보자. 예를 들어 몽괘蒙卦 ䷃ 단사를 살펴보자.

몽형蒙亨은 형통함으로써 행함이니, 때에 맞고 중中을 얻었기 때문이다.[13]

이 단사에서 '중을 얻었다[中]'라는 말은 이효의 자리에 강효가 위치

---

13. 몽괘, 蒙亨, 以亨行, 時中也.

한 것을 말한다. 이효의 자리에 강효가 왔는데도 '중을 얻었다'고 하는 것에 대해 크게 두 가지 가설을 세울 수 있다. 첫째 가설은 단순히 하괘와 상괘에서 가운데 자리[中]을 의미하는 것이다. 둘째 가설은 하괘와 상괘의 가운데 자리에 해당 강효나 유효가 오지 않아도, 이효와 오효의 관계가 강유로 서로 상응할 경우 '중을 얻었다'고 말하는 것이다. 몽괘를 놓고 보면, 하괘의 이효 자리에 강효가 위치하고, 오효의 자리에 유효가 위치한다. 하괘와 상괘의 강효와 유효가 서로 상응하기에 이효 자리에 강효가 와도 중을 얻었다고 표현하는 것으로 볼 수 있다.

또 다른 예로는 곤괘困卦의 살펴보자. 곤괘困卦☷의 단사는 아래와 같다.

> 정대인길貞大人吉은 강이 중을 얻었기剛中 때문이다.[14]

이 단사에서 '강이 중을 얻은' 경우는 이효 자리의 강효와 오효 자리의 강효이다. 이효와 오효가 모두 강효이기에 이 두 효 사이에는 강유의 상응이 형성되지 않는다. 이처럼 이효와 오효가 서로 상응하지 않음에도 '강이 중을 얻음'이라고 표현하고 있는 것은 둘째 가설이 틀렸음을 보여준다.

첫째 가설을 검토하기 위해 서합괘噬嗑卦를 살펴본다. 서합괘☲의 단사는 다음과 같다.

---

14. 곤괘, 貞大人吉, 以剛中也.

…… 유柔가 중中을 얻어 위로 행하니, 비록 자리에 마땅하지 않으나 옥獄을 씀이 이롭다.[15]

이 단사에서 '유가 중을 얻었다'라는 말은 구오효의 자리에 유효가 위치한 것을 말한다. 그리고 이 괘에서 이효와 오효는 같은 유효라서 서로 상응하지 않는다. 따라서 '중을 얻었다[中]'라는 말은 정말로 하괘의 이효 자리, 상괘의 오효 자리에 위치한다는 말이 된다. 이는 이효 자리에 유효가 오고, 오효 자리에 강효가 온 경우만이, '중을 얻어 바르다[中正]', '바르게 중을 얻었다[正中]'라고 표현하는 것이다. 이 경우가 우리가 이해하는 하괘의 이효, 상괘의 오효가 중을 얻은 상태, 하괘 이효와 상괘 오효가 중심 효가 되어 길흉판단의 근거로 삼는 것이다.

이에 해당하는 수괘需卦와 익괘益卦를 가져와 설명해 보자. 수괘䷄의 단사는 다음과 같다.

수유부광형정길需有孚光亨貞吉은 천위天位에 처하여 정중正中하기 때문이다.[16]

이 단사에서 '천위에 처하여 정중하다'라는 문장은 오효의 자리에 강효가 위치한 것을 의미한다. 오효의 자리는 천위天位의 자리를 의미하고, 이 자리를 천자의 자리, 임금의 자리를 의미한다. 그 자리에

---

15. 서합괘, 柔得中而上行, 雖不當位, 利用獄也.
16. 수괘, 需有孚光亨貞吉, 位乎天位, 以正中也

강효가 위치한 것이므로 '바르게 중을 얻었다[正中]'라고 표현한 것이다. 익괘䷩의 경우 단사는 아래와 같다.

가는 바를 둠이 이로움은 중정中正하여 경사慶事가 있는 것이다.[17]

익괘의 이효와 오효는 유효와 강효가 제 자리에 위치하고 있다. 하괘의 중의 자리와 상괘의 중의 자리에 유효와 강효가 위치하여, 하괘도 '중을 얻어 바르다[中正]'며, 상괘도 '중을 얻어 바른[中正]' 상태이다.

앞에서 언급하였듯이, 제자리에 제 효가 위치한 것을 '자리가 바르다[位正]'라고 표현하는데, 이효와 오효에 합당한 유효와 강효가 위치한 경우는 '바르게 중을 얻었다[正中]', '중을 얻어 바르다[中正]'라고 표현한다. 이 두 경우는 '바르다[正]'라는 표현을 공유한다. '자리가 바르다[位正]'라는 표현에서도 길흉의 판단이 좋은 결과를 보여주는데, 하괘와 상괘의 중심 자리인 이효와 오효에 '바르게 중을 얻었다[正中]', '중을 얻어 바르다[中正]'라는 표현에서는 당연히 길흉의 판단에서 가장 좋은 결과를 보여준다.

이처럼 '중을 얻었다[中]'는 것은 첫 번째 가설인 단순히 하괘와 상괘의 가운데 자리에 거기에 맞는 효가 위치한다는 의미로 볼 수 있다.

효의 관계
셋째로 '응한다[應]'는 것은 효들의 호응관계로, 「단전」에서 이효와

---

17. 익괘, 利有攸往, 中正, 有慶.

오효의 호응을 의미한다. 앞에서 소축괘를 인용하면서 효들의 관계
란 조금 다루었는데, 여기에서는 무망괘无妄卦를 예로 들어 살펴보
자. 무망괘☳의 단사는 다음과 같다.

「단전」에 말하였다. 무망无妄은 강剛이 밖에서 와 안에서 주체가 되었으
니, 동하고 굳세며 강剛이 중中에 있고 응應하여 크게 형통亨通하여 바르
니, 하늘의 명命이다.[18]

'강이 밖에서 와 안에서 주체가 되었다'라는 말은 상괘의 오효 자
리에 강효가 위치한 것이고, '강이 중에 있으면서 응한다'라는 말은
오효 자리의 강효와 이효 자리의 유효가 서로 상응하는 것을 말한
다. 반대로 이효에 강효가 오고, 오효에 유효가 와도 '응한다'라고 표
현한다. 이처럼 이효와 오효가 각기 유효와 강효가 자리하고 서로
응하는 경우는 길흉판단에서 가장 좋은 판단사가 결합한다.
승괘升卦☷의 단사는 다음과 같다.

「단전」에 말하였다. ㉠ 유柔 때에 따라 올라가서 공손恭巽하고 순順하고
㉡ 강이 중剛中에 있고 응應한다. 이 때문에 크게 형통亨通한 것이다.[19]

㉠은 상괘의 오효인 유효를 의미하고, ㉡은 하괘의 이효인 강효를

---

18. 무망괘, 象曰 无妄, 剛, 自外來而爲主於內, 動而健, 剛中而應, 大亨以正, 天之命
也.
19. 승괘, 象曰 柔以時升, 巽而順, 剛中而應. 是以大亨.

의미한다. 오효와 이효가 서로 응하고 있기에 길흉을 형통하다고 판단한 것이다. 이처럼 상괘의 오효와 하괘의 이효, 하괘의 이효와 상괘의 오효가 강과 유로 호응하는 것을 '응'이라고 표현하는 것을 알수 있다. 「단전」에서 이효와 오효가 강효와 유효로서 서로 호응하는 것을 강이 중에 있고 응한다(剛中而應)라고 표현한다.

이와 반대의 경우도 생각해 볼 수 있다. 가령 상괘의 오효와 하괘의 이효가 모두 유효이거나 강효인 경우가 이에 해당하게 될 것이다. 이러한 경우에 대해, 「단전」에서는 간괘艮卦의 단사에서만 언급하고 있다. 간괘☶는 상괘와 하괘의 모든 효가 그 자리에 대응하는 것에서 같은 유효이거나 같은 강효이다. 초효, 이효, 사효, 오효는 유효이고, 삼효와 상효는 강효로 구성되어 있다. 이를 이효와 오효의 경우에서도 같은 유효이다. 이는 무망괘와 승괘와는 달리, 같은 성질인 유효끼리 호응하는 관계이다. 이러한 관계에 대해 「단전」의 단사에서는 "상괘와 하괘가 적敵으로 응應하여 서로 함께하지 않는다."[20]라고 한다. 여기에서 '상괘와 하괘'라는 말은 상괘의 오효와 하괘의 이효를 의미한다. 그리고 '적으로 응한다'라는 말은 강유가 서로 호응하지 않음을 말하는 것이다. 이에 대한 전傳에서의 해석은 "음陰과 양陽이 서로 응應하면 정情이 통하여 서로 함께하지만, 마침내 적敵이기 때문에 서로 함께하지 않는다."[21] 라고 풀이한다. 이 해석에서 이효와 오효가 음과 양으로 서로 다른 성질이어야만 정을 통

---

20. 간괘, 上下敵應, 不相與也.

21. 간괘, "上下敵應, 不相與也."에 대한 「주역전의」 풀이, 陰陽相應, 則情通而相與, 乃以其敵. 故不相與也.

해 함께하지만, 간괘의 경우는 같은 유효여서 음양처럼 서로 반대되면서도 짝을 이루는 대대對待의 관계를 이루지 못해 정을 통할 수 없다는 의미로 풀이했다. 그리고 같은 유효로 응하는 경우를 적敵이라고 이해하고 있는 것을 확인할 수 있다.

「단전」에서 이효와 오효의 호응을 표현하고 있는 경우는 사괘師卦 ䷆, 임괘臨卦 ䷒, 무망괘无妄卦 ䷘, 췌괘萃卦 ䷬, 승괘升卦 ䷭만 거론하고 있고, 적으로 응하는 관계를 언급한 곳은 간괘艮卦 ䷳뿐이다. 이효와 오효가 강효와 유효로서 서로 호응하는 경우가 매우 많고, 이효와 오효가 같은 성질의 효로서 적敵으로 응應하는 경우도 매우 많음에도 이러한 경우를 모두 거론하고 있지 않다. 이를 어떻게 보아야 할까? 아마도 효들의 호응 관계를 설명하는 이론이 완전히 형성되지 않았기에 이효와 오효의 경우로 한정해서 말을 하고 있고, 또한 모든 괘들에서도 이를 적용하고 있지 않다고 보아야 할 것이다.

우리는 효들의 호응 관계를 설명하는 이론은 '응應'과 '비比'가 있고, 응에는 '정응正應'과 '적응敵應'이 있으며, 비에는 '승承'과 '승乘'이 있음을 안다. 정응은 호응하는 효들의 관계가 강효와 유효의 관계를 이루는 것이고, 적응은 호응하는 효들의 관계가 동일한 성질의 효들로 구성된 경우이다. 비에는 바로 이웃한 효들초효와 이효, 이효와 삼효, … , 오효와 상효의 관계를 따지는 것으로 이웃한 효들이 유효가 아래에 위치하고 양효가 위에 위치할 경우를 '승承'이라고 하고, 반대일 경우를 '승乘'이라고 한다.

이러한 효들의 호응 관계가 체계적으로 정립되는 시기는 한나라 시대의 역학이다. 한나라의 경방의 역학과『역위건착도』에 와서야 여섯 효들에 대해 사士이니, 대부大夫이니, 왕王이니 하는 계급에 따른 신분의 지위가 상징으로 부여된다. 효들의 자리에 따라 계급과 역할이 부여되면, 계급과 역할에서 서로 호응관계를 따지게 된다. 이러한 사유가 체계화된 것이 효들의 호응관계인 것이다. 따라서 「단전」에서 나타난 이효와 오효의 호응이론을 단초로 삼아 한대에서 체계화된 호응론을 정립한 것으로 이해할 수 있다.

이제 「단전」의 내용을 정리해보자. 「단전」은 『역경』의 괘상, 효상 등을 이용해 괘사를 해석한다. 괘상과 효상은 시초점을 친 결과이다. 괘사는 시초점을 치면서 질문한 점문占問들과 그에 대한 판단들의 모음이다. 그런데 사실상 괘상과 효상 그리고 괘사의 관계는 필연적이거나 내재적인 관계가 없다. 1부에서 언급하였듯이 시초점을 치고 그 점문과 결과를 기록한 것들의 모임이 괘사가 되었기 때문이다.

「단전」은 괘상과 효상, 점문과 그 판단사의 관계를 어떠한 방식으로든 설명하려고 시도한 것이라고 볼 수 있다. 이러한 설명을 위해 「단전」은 괘와 효의 성질에 '강유'라는 속성을 부여하기도 하고, 대성괘의 구성을 분석하기도 하며, 효의 자리와 관계를 거론하기도 한다. 괘에 상징을 부여하기도 한다.

하지만 「단전」의 설명에는 불합리한 요소들이 있을 수밖에 없다. 시초점의 결과가 괘사나 효사로 연결되는 필연성이 없기에, 여기에 어떤 필연성을 부여하려 한 「단전」의 설명은 견강부회가 있을 수밖에 없다. 효의 경우에도 이효 자리에 강효가 와도, 오효 자리에 유효가 와도 '중을 얻었다[中]'라고 표현하거나, 오효 자리에 유효가 오고, 이효 자리에 강효가 와서 호응을 이루어도 '좋다'라는 판단을 하는 경우들을 이해할 수 없다.

괘의 상징에서도 건괘가 왜 하늘과 임금을 상징하는지, 곤괘가 왜 땅과 소인을 상징하는지에 대한 설명이 없다. 또한 진괘가 왜 기러기를 상징하는지, 손괘가 왜 바람과 초목을 상징하는지도 알 수 없다. 하지만 「단전」은 괘에 대해 강괘와 유괘의 구분을 적용하고, 효에 대해서도 강효와 유효를 구분하여 적용함으로써 괘상과 효상에 대한 다양한 해석을 가능하게 했다는 점, 이러한 구분을 괘와 효에 적용함으로써 효들의 관계, 호응을 설명하고 있다는 점, 8괘에 상징을 적용한 점 등은 긍정적으로 보아야 한다.

「단전」에서 괘와 효에 강유라는 성질을 부여하자, 「상전」에서는 효의 성질과 효의 자리가 결합된 효제爻題가 분명하게 나타나고, 이 효제를 통해서 괘에서 효들의 자리와 관계가 보다 쉽게 파악될 수 있는 단초를 마련했다. 또한 「단전」에서 상징들이 완벽한 체계를 이루지 못했다하더라도, 괘와 효에 강유를 적용한 것이 완벽하지 않더라도 이들 상징과 강유설은 「상전」을 통해 더욱 체계화되고, 『역전』의 다른 편들을 통해 점차로 재해석되면서 이론화되고, 체계화된다. 「설괘전」에서는 「단전」의 상징을 발전시켜, 인간의 신체에 상징을 부여하기도 하고, 가족의 구성원에 상징을 부여하기도 한다. 「계사전」에서는 상징이 방위에도 절기의 변화에도 적용되면서 확대되어 간다.

제10장
「상전」, 상징의 확대와 효의 재해석

「상전」에서 '상象'은 『역경』의 괘와 효의 형상과 상징을 해석한다는 의미이다. 「상전」은 '대상'과 '소상'으로 체제가 나뉜다. '대상'은 64괘의 괘명卦名과 괘의 뜻[卦義]을 해석하는 것이고, '소상'에서는 효사들에 대한 해석을 한다. 하지만 「상전」에서는 괘사卦辭를 해석하지 않는다. '대상'이 괘사를 해석하지 않는 것은 「단전」에서 이미 괘사를 인용해 설명했기 때문이다. 「단전」에서 괘사를 해석하면서도 효사를 언급하지 않았지만, 「상전」의 '소상'에서는 효사를 다양한 방법으로 해석한다.

이러한 내용에 근거해 보면, 「단전」과 「상전」이 상호보완적인 관계임을 알 수 있다. 「상전」의 저자들은 적어도 「단전」의 성격을 파악하고 있었으며, 「단전」에서 부족한 부분들을 파악해 「상전」에서 보완하려한 것을 알 수 있다. 「상전」에서 「단전」의 부족한 부분을 보완하려고 한 것은 크게는 두 가지 내용으로 나눌 수 있다.

하나는 「단전」에 나타난 괘에 대한 상징을 확대하고 체계화한다. 이는 단사의 문장이 모호하거나 자의적인 부분을 '대상'에서 재해석하여 그 의미를 명확하게 하는 측면도 있다. 다른 하나는 「단전」에서 말하고 있는 효의 성질인 강유와 효의 자리[爻位], 효의 호응관계[應], 때에 맞음[時] 등을 '소상'에서 세밀하게 체계화하는 것이다.

1. 「상전」 '대상'

상징을 통해 단사를 해석하다

앞장 「단전」에서 8괘에 대한 상징을 부여하고, 그 상징에 따라 괘의 성질들을 말한 것을 보았다. 이번 장인 「상전」 '대상'에서는 「단전」의 8괘에서 더 나아가 64괘에 대해서도 성질과 상징을 중심으로 파악한다. 이는 괘의 상징뿐만 아니라 상징들의 관계를 통해 괘의 성질과 의미를 확대한 것이다.

'대상'은 「단전」이 부여한 8괘의 상징들 중에서 자연현상과 관련된 상징들을 중심으로 64괘의 괘명과 괘의 뜻을 해석한다. 괘들이 상징하는 자연물과 자연현상들의 관계를 통해 그 이치를 해석해낸다. 자연물과 자연현상을 중심으로 한 상징체계는 '대상'을 관통하는 중심축이 되고, 자연물과 자연현상을 통해 인간이 취해야 할 태도와 자세가 도출된다. 이러한 내용을 혁괘革卦䷰로 살펴보자.

혁괘의 괘상은 상괘는 택괘☱이고, 하괘는 이괘☲이다. 「단전」에서 택괘는 연못[澤], 신민臣民, 희열喜悅 등을 상징하고, 이괘는 불火, 문명文明, 붙음[附着] 등을 상징한다. 이 상징으로 혁괘의 괘상을 해석하면, 연못 속에 불이 난 상황이다. 연못은 물을 담는 기능을 하는 구조물이다. 물이 담긴 연못에서는 불이 날 리가 없다. 그럼에도 이

괘의 괘상은 연못 속에 불이 난 상황이다. 연못에 불이 나는 경우는 연못의 물이 거의 없을 정도로 말랐거나 초목이나 갈대와 같은 식물이 자라난 상태일 것이다. 만약 이러한 상태의 연못에 불이 나면, 그나마 있던 물도 증발되고 연못 속의 초목이 모두 타버리는 결과가 발생한다.

'대상'에서는 이러한 상황을 그대로 풀이한다. 혁괘의 '상왈象曰'의 "연못 속에 불이 있는 것이 혁이다."[1]라는 문장은 택괘의 상징과 이괘의 상징을 그대로 표현해 대성괘의 형상을 표현한다. 그리고 이 상징을 재해석해, '과거를 버리고 다시 새로워진다'는 의미로 풀이한다. 연못이 불에 타버린 상황은 수원이 말라 더 이상 연못으로서의 기능을 상실한 것이다. 이러한 상태에서 연못은 기능을 바꾸어야 한다. 이 상황에 맞닥뜨리면, 군자는 혁괘의 상징을 따라 시대의 흐름에 맞게 역법을 새롭게 해석하고 시령을 밝혀야 한다고 말한다.[2] 이처럼 '대상'은 「단전」의 상징을 가져와 괘에 적용하면서 체계화하는데, 그 체계의 기준은 '천인감응天人感應'[3]의 논리이다.

---

1. 혁괘, 象曰 澤中有火, 革.

2. 혁괘, 君子以, 治歷(曆)明時.

3. 천인감응설은 동중서에 의해 확립된 이론이다. 동중서는 음양오행설을 수용해, 천의天意와 인간의 일이 서로 교감하여 반응한다는 천인감응설을 주장한다. 동중서는 한무제에게 천인감응설을 책문으로 제시하여 유교를 국교화하였다. 천인감응의 논리는 동중서 이전에서 나타난다. 『상서·홍범편』에서는 인체는 소우주여서 천과 인이 동류로 상통하고 감응한다는 논리에서, 하늘이 인간의 일들을 예시해주고, 인간은 하늘에 감응할 수 있다고 말한다. 하늘이 재이현상이나 상서를 보여주고 인간은 이에 감응하는 것이 천인감응설이다. 이러한 설은 『주역』에서는 천·지·인 삼재의 감응으로 구체화된다. 천도와 인도, 지도가 상호작용하며, 인간은 천도와 지도의 원리에 따라야 한다는 논리로 드러난다.

「단전」에서 제기한 상징이 '대상'에서 체계화되는 이유는 「단전」의 단사만으로는 한 괘의 길흉을 해석하기에 모호한 부분이 많고, 단사의 내용 또한 자의적이거나 모호한 부분이 많기 때문이다. '대상'에서는 이러한 부분들을 보완하고, 길흉의 판단이 분명하게 드러나게 하려는 의도를 드러낸다. 단사의 의미가 모호하거나, 길흉을 도출하는 것이 불가능한 경우의 예를 풍괘豐卦☳☲의 단사를 살펴보자.

[단왈]

㉠ 풍豐은 큼이니, 밝음으로써 움직인다. 그러므로 풍성豐盛한 것이다. ㉡ '왕이어야 이 일을 해 낼 수 있다[王假之]'는 숭상함이 큰 것이요, '근심이 없으려면 해가 하늘 한가운데 떠 있듯이 해야 한다(勿憂宜日中)'는 천하天下에 비춤이 마땅하다. ㉢ 해는 중천中天에 있으면 기울고 달은 차면 먹히니, 천지天地의 영허盈虛도 때에 따라 소식消息하는데 하물며 사람에 있어서이며 하물며 귀신에 있어서랴.[4]

이 단사에서 ㉡은 괘사를 인용하여 해석한 것에 해당한다. ㉢은 자연현상으로 괘사를 풀이하면서 인간의 일들에 적용하고 있다. 문제는 ㉠이다. ㉠에서 '풍은 크다'거나 '밝음으로써 움직인다'라는 내용으로부터 '풍성하다'는 것이 도출되지도 않을뿐더러 그 의미가 모호하다. '풍은 크다'라는 것은 괘명卦名을 풀이한 것이라고 치더라도, '밝음으로써 움직인다'는 말은 그 의미가 모호하다.

---

4. 풍괘, 彖曰 豐, 大也, 明以動, 故豐, 王假之, 尙大也, 勿憂宜日中, 宜照天下也. 日中則昃, 月盈則食, 天地盈虛, 與時消息, 而況於人乎, 況於鬼神乎.

이제 '대상' 부분인 상왈象曰을 가져와서 단사와 비교해 보자.

　[상왈]

　㉠ 우레와 번개가 모두 이르는 것이 풍豊이니, ㉡ 군자가 (괘상을) 보고서 옥사獄事를 결단하고 형벌刑罰을 더 한다.[5]

　㉠ 우레와 번개는 괘를 구성하는 상징들을 의미한다. 진괘☳는 우레를 상징하고, 이괘☲는 불의 속성을 가진 번개를 상징한다. 우레와 번개가 동시에 이르는 것을 풍괘라고 규정한 것이다. 또한 ㉡ 진괘에는 형벌이라는 상징도 있다. 이괘에는 밝음이라는 상징도 있다. 이러한 내용을 기초로 '옥사獄事를 결단하고 형벌刑罰을 더 한다'고 말하고 있는 것이다. 군자는 옥사와 형벌을 집행할 때, 밝음(공명함)을 기초로 해야 함을 말한 것이다. 상왈의 내용을 가지고 단왈을 해석하면, 단왈의 ㉠과 ㉡의 내용인 밝음으로써 움직인다던가 왕이어야 이 일을 해낼 수 있다는 말이 이해된다. 이러한 사례는 매우 많다. 사괘師卦☷☵의 사례 하나만 더 들어 보자.

　[단왈]

　㉠ 사師는 무리이고 정貞은 바름이니, 무리로 하여금 바르게 하면 왕노릇 할 수 있으리라. ㉡ 강剛이 중中에 있고 응應하며, 험함을 행하나 순함으로 하니, ㉢이로써 천하에 해독을 끼치나 백성들이 따르니, 길吉하고 또 무슨 허물이 있겠는가.

---

5. 풍괘, 象曰 雷電皆至 豊, 君子以, 折獄致刑.

이 단사에서 ⊙의 '사는 무리'라는 말은 사괘의 괘명을 풀이한 것이고, '정貞은 바름'이라는 말은 괘사를 인용한 것이다. '무리로 하여금 바르게 하면 왕 노릇 할 수 있다'는 말은 괘명과 괘사를 재해석한 단사 자신의 말이 된다. ⓛ에서 '강이 중에 있고 응한다'는 것은 하괘인 감괘의 이효가 강효로서 중의 자리에 있고, 상괘인 곤괘 오효와 호응한다는 말이다. '험함을 행하지만 순함으로 한다'는 말은 감괘의 상징 중에서 '험함'을 가져왔고, 곤괘의 상징 중에서 '유순하게 따름'을 가져와 말한 것이다. 문제는 '왕 노릇을 할 수 있다'는 것과 '천하에 해독을 끼치지만 백성이 따른다'라는 말의 의미가 불분명하다. 이러한 불분명함은 '상왈象曰'을 읽어보면, 해소되는 측면이 있다.

[상왈]
⊙ 땅 가운데 물이 있는 것이 사師이니, ⓛ 군자君子가 보고서 백성을 용납하고 무리를 모은다.

'상왈'의 내용에는 '험함'이라는 말과 '천하에 해독'이라는 말이 없다. 다만 ⊙처럼 땅을 상징하는 곤괘와 물을 상징하는 감괘로 구성된 괘의 형상이 '땅에 물이 고여 있는 것'임을 말한다. 땅에 물이 고이려면, 땅이 물을 받아들이는 낮은 형태이어야 하고, 물길들이 그곳으로 이어져야 한다. 이는 땅이 여러 갈래의 물들을 용납하여 받아들이는 형상이 된다. 그래서 ⓛ 군자가 사괘의 형상을 살펴서 백성들을 받아들이고 무리를 모으는 일을 해야 한다는 의미가 된다. 상왈을 기초로 단왈을 살펴보면, '왕 노릇을 할 수 있다'는 말을 이해할 수 있다. 그래도 여전히 '천하에 해독을 끼치는 것'이 무엇인지는 해결되지 않는다.

'대상'은「단전」의 단사의 말을 보다 분명히 하기 위해 상징을 확대해 64괘에 적용하고, 이 상징으로부터 단사를 재해석한다. 이런 과정에서 '대상'의 문장이 구체적인 형태를 갖춘다. 구체적으로 괘상을 하괘나 상괘의 상징으로 해석하고, 이 상징의 관계를 중심으로 단사를 해석한다. 또한 역으로 자연물과 자연현상의 상징들로 괘상을 해석하고, 이를 인간의 일들에 적용하며 그 의미를 해석하였다.

상징의 역사, 그리고 체계화

'언제 누가 괘에 상징을 부여하기 시작했을까' 라는 질문을 던져보자.「단전」이 8괘에 상징을 부여하기 이전에도 상징으로 괘의 성질을 파악하려고 한 시도가 있었다.『춘추』와『국어』등에는 점을 친 기록들이 다수 나온다. 이 기록들에도 8괘에 상징을 부여하고, 그 상징으로 괘사를 풀이한 사례도 적지 않다.『춘추』와『국어』는 춘추시대의 역사적 일들을 기록한 역사서이다. 그렇다면 춘추시대에 이미 8괘의 상징으로서 계사나 효사를 풀이한 것으로 볼 수 있다.『춘추』와『국어』에서 하나씩 사례를 가져와 보자.

『춘추』'장공 22년'의 기사를 보자. 주나라 사관이 역을 가지고 진나라 제후를 만났다. 진나라 제후가 그에게 시초점을 치게 하였다. 시초점을 쳐서 얻은 괘는 본괘는 관괘이고 지괘는 비괘[觀☷☴之否☷☰]였다. 주나라 사관이 말하였다. 이는 "나라의 빛남을 보는 것이니, 왕을 위해 상객이 되는 것이 이롭다."라는 관괘의 괘사를 말하고, 이 괘사의 의미를 상징들을 통해 설명한다.

㉠ 곤은 땅이고, 손은 바람이며, 건은 하늘입니다. ㉡ 바람이 하늘이 되었고, 땅이 높아져 산이 되었습니다. 산에는 재목이 있고, 하늘의 빛이 그것을 비추어 세상의 위에 거처하기에 ㉢ 나라의 빛남을 보는 것이니, 왕을 위해 상객이 되는 것이 이롭습니다.[6]

㉠에서 관괘의 괘 구성이 상괘는 손괘☴이고, 하괘는 곤괘☷이다. 또한 비괘는 괘의 구성이 상괘는 건괘☰이고 하괘는 곤괘☷이다. 이러한 괘 구성에서 곤은 땅을, 손은 바람을, 건은 하늘을 상징한다고 말한 것이다. ㉡에서 '바람이 하늘이 되었다'는 것은 관괘의 상괘인 손괘[바람]가 지괘인 비괘에서 건괘[하늘]로 변했다는 의미이다.

'땅이 높아져 산이 되었다'는 말은 다소 설명이 복잡하다. 아직 언급하지 않은 호체법互體法을 이해해야 한다. 호체법은 하나의 괘에서 이효에서 사효까지의 효들을 가지고 새롭게 괘를 구성하여 하괘下卦로 삼고, 삼효에서 오효까지의 효들을 가지고 새롭게 괘를 만들어 상괘上卦로 삼아 대성괘를 구성하는 것이다. 이것을 호체互體라고 한다. '땅이 산이 되었다'는 것은 비괘를 호체하였다는 말이다. 비괘의 이효에서 사효까지를 호체하면 간괘(☶; 비괘의 이효, 삼효, 사효로 구성)가 되고, 삼효에서 오효까지 호체하면 손괘(☴; 비괘의 삼효, 사효, 오효로 구성)가 된다. 호체한 새로운 괘에서 간괘는 산을 상징하므로, '땅[☷]이 높아져 산[☶]이 되었다'라고 말한 것이다.

---

6. 『春秋』, 莊公 22년, 周史有以周易見陳侯者, 陳侯使筮之, 遇觀䷓之否䷋, 曰, "是謂 '觀國之光, 利用賓于王.' 此其代陳有國乎? 不在此, 其在異國; 非此其身, 在其子孫. 光, 遠而自他有耀者也. 坤, 土也; 巽, 風也; 乾, 天也; 風爲天; 於土上, 山也. 有山之材, 而 照之以天光, 於是乎居土上, 故曰, '觀國之光, 利用賓于王.'

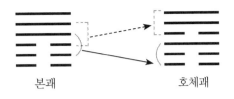

본괘   호체괘

ⓒ은 산에 나무와 풀이 무성하면 짐승들이 모여 건강한 생태계를 이룰 것이고, 하늘에서 햇빛이 그 산을 비추는 것처럼, 나라에 빛남이 있을 것이니 왕을 위해 물러나 상객이 되라고 풀이한 것이다.

괘에 상징을 부여한 사례는 『국어』에도 많이 나타난다. 『춘추』 장공莊公 22년의 기사에서 시초점을 치고 그 결과를 해석할 때 건, 곤, 손, 간괘의 상징들을 사용하고 있음을 확인할 수 있다. 아버지 진 헌공에게 쫓겨 타국을 떠돌던 공자 중이重耳가 직접 시초점을 치면서 '진나라를 되찾을 수 있을까'하고 물었다. 시초점의 결과는 정괘(貞卦; 본괘)는 둔괘屯卦☳☵이고, 회괘(悔卦; 지괘)는 예괘豫卦☳☷였다. 그 결과를 시초점을 관리하던 사관에게 물었다. 사관은 불길하다. '닫혀서 통하지 않으며, 어떻게 할 바가 없다'고 말했다. 반면 공자 중이를 보좌하며 따라다니던 사공계자司空季子는 '길하다. 주역의 괘사에는 이 두 개의 괘가 모두 '제후를 세움이 이롭다'고 되어있다. 그러니 진나라를 소유하여 왕실을 돕는 것이 아니라면 무엇 때문에 제후를 세움이 이롭다고 되어있겠는가'라고 하면서, 자신이 이 시초점의 결과를 서인筮人에게 물어서 들은 내용을 말한다. 이하의 내용은 직접 인용하여 그 내용을 살펴보자.

ㄱ '제후를 세움이 이롭다'는 것은 나라를 되찾기에 힘쓰라는 말이니, 길하기가 이보다 큰 것이 있을까요. ㄴ 진은 수레이고, 감은 물입니다.

곤은 토이고, 둔은 두터운 것입니다. 예는 즐거움입니다. 수레의 안팎이 따르면서 건의하고, 샘물의 근원이 재물이 되고, 흙이 두터워 결실을 즐거워합니다. 진나라를 소유하는 것이 아니라면, 무엇이 이 말에 해당하겠습니까. ⓒ 진은 우뢰이고 수레이며, 감은 힘을 쓰며, 물이며, 무리입니다. 중심이 되는 것이 우레와 수레이고, 상괘는 물과 무리입니다. 수레는 진과 무武이고, 무리와 따르는 것은 문文입니다.[7]

이 인용문에서 ㉠ '제후를 세움이 이롭다(利建侯·利建侯行師)'는 말은 둔괘와 예괘의 괘사이다. 둔괘屯卦䷂는 괘의 조합이 감괘☵와 진괘☳로 구성되어 있는데, ㉡의 '진은 수레', '감은 물'이라는 내용은 둔괘의 괘상에서 하괘인 진괘가 수레를 상징하고 상괘인 감괘가 물을 상징한 것을 의미한다. '곤은 토'라는 말은 예괘豫卦䷏의 하괘를 말하고, '둔은 두터운 것', '예는 즐거움'이라는 말은 괘명을 풀이한 것이다. ㉢에서는 이 괘들을 구성하는 소성괘의 상징들이 다양함을 보여준다. 진괘는 우뢰와 수레, 무武의 상징을, 감괘는 힘씀과 물, 무리, 문文으로 상징을 말하고 있다.

이처럼 춘추시대에도 8괘에 괘상에 따라 상징들을 부여하고, 그 상징을 통해서 괘사의 길흉을 판단했다. 춘추시대에 8괘에 상징을

---

7. 『國語』권10, 〈晉語4〉, 公子親筮之, 日 尚有晉國. 得貞屯.悔豫, 皆八也. 筮史占之, 皆曰 不吉. 閉而不通, 爻無爲也. 司空季子曰 吉. 是在周易, 皆利建侯. 不有晉國, 以輔王室, 安能建侯. 我命筮曰尚有晉國, 筮告我曰利建侯, 得國之務也, 吉孰大焉. 震, 車也. 坎, 水也. 坤, 土也. 屯, 厚也. 豫, 樂也. 車班外內, 順以訓之, 泉原以資之, 土厚而樂其實. 不有晉國, 何以當之? 震, 雷也, 車也. 坎, 勞也, 水也, 衆也. 主雷與車, 而尚水與衆. 車有震, 武也. 衆而順, 文也.

부여한 내용을 이경지李鏡池[8]는『춘추』와『국어』등을 조사해서 정리하였다. 아래의 표는 이경지가 분류해 낸 춘추시대『춘추』와『국어』의 상징인데, 8괘에 부여한 상징들을 자연물, 사회의 지위와 관계, 행동과 감정 등으로 다양하다고 한다. 이경지의 연구를 정리해서 표로 만들면 오른쪽 표와 같다.

『춘추』나『국어』등의 춘추시대 자료에서 이미 8괘에 상징을 부여하고, 그 상징으로 계사나 효사의 길흉을 판단하는 도구로 사용했음을 알 수 있다. 「단전」에서는 춘추시기에 형성된 이 8괘의 상징을 수용하면서도 확대하는 경향을 보인다. 이러한 경향에서 음양과 강유, 형벌, 교화 등의 상징들이 덧붙었다. 하지만 64괘 모두에 상징을 적용해 길흉을 판단하지는 않았다. '대상'은 「단전」과 달리, 64괘 모두에 상징을 적용해 길흉을 판단한다. 그러면서 8괘에 부여된 여러 상징 중에서 '자연물'에 관한 상징을 주로 사용한다. 자연물의 성질들을 이용해 자연물들의 관계를 나타내고, 이를 인간의 일들에 적용하는 형태의 문장 구조를 이루는 것이 특징이다.

괘에 대한 상징의 부여는 점차 확대되어 「설괘전」에서는 8괘의 상징을 인간의 신체에 부여하기도 하고, 장남, 장녀 등 가족의 구성원에 적용하기도 하며, 만물의 발생과 성장에서 소멸, 동서남북의 방위와 절기의 변화에까지 적용하면서, 괘들에 부여되는 상징들이 점차 확대되어가는 모습을 보인다.

---

8. 이경지(1902~1975)는 연경대학을 졸업하고 허지산許地山 고힐강顧頡剛 등으로부터 중국 도교와 고사연구古史硏究를 지도 받았다.『주역서사고周易筮辭考』,『주역적편찬과편자적사상周易的編纂和編者的思想』,『주역괘명고석周易卦名考釋』,『역전탐원易傳探源』,『역전사상적역사발전易傳思想的曆史發展』등의 저술을 남겼다.

이경지의 연구를 정리한 표

괘명/ 괘상	상징		
	자연물	사회적 지위와 관계	행동과 감정
건괘 ☰	하늘[天] 빛[光] 옥[玉]	임금[君] 천자[天子] 아버지[父]	
곤괘 ☷	흙[土] 말[馬] 비단[帛]	어머니[母]	무리[衆] / 따르다[順] / 따뜻하다[溫] / 편안하다[安] / 바르다[正] / 두텁다[厚]
감괘 ☵	물[水] 시내[川]	무리[衆] 남편[夫]	노동하다[勞] / 강하다[强] / 험하다[險] 조화하다[和]
리괘 ☲	불[火] 태양[日] 새[鳥] 소[牛]	공[公] 제후[侯] 시어머니[姑]	
진괘 ☳	우레[雷] 수레[車] 발[足]	형[兄] 어른[長] 남자[男]	어리석다[佳] / 행하다[行] / 죽이다[殺]
손괘 ☴	바람[風]	여자[女], 장녀	
간괘 ☶	산[山]	남자[男], 소년 가정[庭]	말[言]
태괘 ☱	연못[澤], 기발[旗]	소녀	마음[心]

'상왈象日'의 문장 구조

'대상大象'에서 괘들의 상징을 통해 괘사를 해석하는 사례들을 몇 가지 살펴보고, 상왈의 문장 구조를 확인해 보자.

우선 같은 괘가 중첩하고 있는 사례인 태괘를 보자. 태괘兌卦☱는 연못을 상징한다. 연못이 잇대어 있는 형상이다. 연못이 잇대어 있듯이 두 연못의 물이 잇대어 있는 것을 의미한다. 두 연못의 물이 사귀듯이, 한 곳의 연못이 수량이 적으면 많은 곳의 연못이 보태주고, 또 함께 흘러가는 것을 의미한다. 이는 친구와 사귀고 교류하면서 학문을 익히는 상징으로 해석한다. 조선시대에 벗들과 어울려 강학하고 토론하며 학문하는 장소에 '리택麗澤'이라는 당호를 많이 사용했다. 이는 태괘의 상왈에서 가져 온 말로, 벗들 사이의 학문 연마[象日, 麗澤, 兌, 君子以朋友講習]를 의미했다.

반대로 괘가 중첩하고 있는 사례를 항괘恒卦☳와 익괘益卦☴를 통해서 살펴보자. 이 두 괘는 진震괘와 손巽괘로 이루어져 있다. 진괘는 우레를 손괘는 바람을 상징한다. 항괘는 진괘가 위에 손괘가 아래에 위치한다. 우레는 위에서 바람은 아래에서 위치한 상으로, 정상적인 자연현상이자, 항구성을 띤 자연현상이다. 그래서 괘의 이름이 '항恒'이다. '항'이라는 글자의 의미는 '늘 변화하지 않는 것'이다. 또한 우레를 상징하는 진괘에는 형벌의 의미가 있고, 바람을 상징하는 손괘에는 교화의 의미가 있다. 경계하되 형벌을 시행하지 않고, 교화하되 세상과 유리되지 않음을 상징한다. 군자가 이 상을 만나면 세상에서 교화를 행한다(象日, 雷風, 恒, 君子以立不易方).

익괘는 우레가 아래에 있고 바람이 위에 위치한 형상이다. 이는 바람이 아래에서 위로 불어 올라가고 우레는 위에서 아래로 내려오는 형상이다. 바람과 우레의 세력이 강함을 의미한다. 또한 교화(바람)가 먼저 시행되고 형벌(우레)이 뒤에서 행해지는 상징을 갖는다. 그래서 군자가 익괘의 상을 만나면 선을 보면 실천하고 잘못을 보면 스스로 고친다(象日. 風雷. 益. 君子以見善則遷. 有過則改).

다음으로 전혀 다른 괘들의 결합을 보자. 관괘觀卦를 보자. 관괘觀卦는 곤괘와 손괘가 결합된 것이다. 곤괘가 아래에 손괘가 위에 위치하면서 대성괘를 이루었는데, 그 상징은 땅위에 바람이 부는 것을 상징한다. 바람에는 교화의 상징이 있으므로, 땅위에 교화가 행해지는 것을 의미한다. 이는 민간에 교화가 널리 행해지는 것을 상징한다. 이를 구체적으로 해석하면 윗사람이 백성들에게 교화를 베풀어 백성들을 선하게 이끄는 것을 상징한다. 윗사람이 백성들을 이끌어 교화하기 위해서는 윗사람은 백성들의 실정을 살펴야 하기 때문에 '관觀'괘의 이름을 갖는다. '관'이라는 글자의 의미에 '살핀다', '관찰하다'라는 의미가 있다. 그러므로 군왕이나 군자가 점을 쳐서 이 괘를 얻으면, 사방을 순수하면서 백성들의 실정을 살피고, 백성들의 실정을 해결하면서 교화를 펼쳐야 한다(象日. 風行地上. 觀. 先王以省方觀民設敎).

이상의 사례에서 '대상'의 문장 구조의 특징들을 몇 가지를 뽑아낼 수 있다. 첫째는 괘의 구성에 기초해서 그 상징들을 이해한다는 점이다. 둘째는 이 상징들로부터 괘명과 괘의 뜻을 풀이한다는 점이다. 셋째 이러한 과정을 거쳐 군자, 대인이 취해야할 태도와 마음가짐을 밝힌다는 점이다. 이를 간략하게 도식화하면 다음과 같다.

괘의 구성 → 상징 → 괘명과 괘의 뜻 → 군자, 대인의 태도

상전象傳은 괘마다 붙어있는 행동지침인데, 괘사 밑에 붙인 것을 대상大象이라고 하고, 효사 밑에 붙인 것을 소상小象이라고 한다. 일반적으로 상전의 글귀를 치세나 수양에 관한 글이라고 한다.

2.「상전」'소상'

'소상'의 효사를 해석하는 방법

'소상小象'에도「단전」에서 밝힌 효의 성질과 효의 자리, 효의 호응을 가져와 전체 효에 적용하면서 체계화한다.「단전」에서는 강효와 유효로 괘의 성질을 설명하고, 효의 자리[爻位]와 효의 관계[應]을 말했다. 하지만 모든 괘의 단사에 일률적으로 이러한 설명을 하지도 않았고, 효의 자리와 관계에 대한 설명도 체계적이지 않았다. '소상'은 이러한 점을 보완하기 위해, 효들에 대한 설명에서 효상爻象과 효의 자리[爻位], 효와 효의 관계와 성질, 효와 효의 위치 관계를 통해 해당 효의 효사를 해석한다.

'소상'이 효사를 해석하는 방법을 이해하기 위해서는 몇 가지의 선이해가 있어야 한다. 첫째는 효의 성질이 '강효'와 '유효'로 구분되는 점, 둘째는 효의 여섯 자리를 아래에서부터 위로 초효, 이효, 삼효, 사효, 오효, 상효로 구분되며, 각 자리마다 성질이 다름을 이해해야 한다. 셋째는 초효, 삼효, 오효는 효의 자리[爻位]가 강한 자리[剛位]이고, 이효, 사효, 상효는 효의 자리가 유한 자리[柔位]인 것도 이해해야 한다. 넷째는 강효가 '유'한 자리에 위치하거나, 유효가 '강'한 자리에 위치할 때 그 효는 괘의 구성에서 다른 효와 전혀 다른 관계를 맺게 된다는 것이다. 이러한 요소들로 인해 효사爻辭의 의미가 전혀 다르게 해석된다. 이처럼 '소상'에서는 효의 성질과 자리, 호응 관계를 모든 효에 전면적으로 적용하고 있다.

'소상'에서는 여섯 효 하나하나마다 상징을 부여하고 있기도 하다. 초효 자리는 '사물이 새롭게 생겨남'을 상징하고, 새롭게 생겨난 것은 '유약함'을 상징한다. 이효 자리와 오효 자리는 '중정한 도[中正之道]'를 상징한다. 중정한 도를 지키는 자리임으로 '존귀한 자리'이기도 하다. 삼효와 사효의 자리는 특정한 상징이 없고, 처한 때에 따라서 다른 요소들에 의해 이들 자리의 효의 길흉이 결정된다는 점이다. 상효의 자리는 최고의 지위를 상징하고 막힌 길을 상징한다.

효의 강유剛柔에서도, 유효가 강효의 아래 자리에 위치하면 유효가 강효를 순응하거나 강효와 화합하거나, 약한 것이 강한 것을 돕는 것을 상징한다. 이와 반대로 유효가 강효의 윗자리에 위치하면, 윗사람을 속이거나 정상적인 것을 잃은 것이거나 약한 것이 강한 것을 능멸하는 것을 상징한다. 유효가 유의 자리에 위치하고, 강효가 강의 자리에 위치하는 것은 정당한 자리에 위치한 것을 상징한다. 반대로 유효가 강의 자리에 위치하거나 강효가 유의 자리에 위치한 것은 자리가 정당하지 않음을 상징한다.

앞에서 언급한 내용들이 복합적으로 작용해서 효의 길흉을 결정하지만, 이들 요소들 속에서도 우선적으로 파악하는 요소들이 존재한다. 첫째는 효의 자리가 상징하는 것이 무엇이냐는 것이고, 다음으로 강효와 유효간의 관계를 따지는 것이고, 마지막으로 유효와 강효의 자리에 유효가 위치했는지 강효가 위치했는지를 따지는 것이다. '소상'이 효에 대해서 이처럼 다양한 요소들을 고려하고 체계화한 것을 「단전」에서 효의 성질을 강유로, 효의 자리와 효의 관계를 '중을 얻었다[中].' '제자리를 얻었다[正]', '응한다[應]'라고 설명한 것보다는 복잡하고 체계적이고 빈도수도 많다. 이는 '소상' 역시 「단전」의 효에 대한 설명들을 보완·확대하고 체계화하고 있음을 알 수 있게 해준다. (효위설과 호응설은 15장에서 다룬다.)

'소상' 효에 이름을 붙이다

앞장에서도 언급했듯이, 춘추시대에는 효를 중시하지 않았다. 당연히 효에 자리를 부여하고, 그 자리에 차례를 매긴 사례도 없었다. 『춘추』 연구의 권위자인 양백준楊伯峻[9]은 『춘추』에서 점을 치고 그 내용을 기록한 것에서 효의 자리와 그 차례를 매긴 경우는 없다고 한다. 그는 초육初六이니, 상구上九니, 구사九四니 하는 말들이 『춘추』나 『국어』에는 없다[10]고 한다. 고형高亨 역시 『역경』의 옛 경문에는 효의 명칭이 없었으며, 효에 대한 명칭은 전국시대 말기 사람이 붙였을 것으로 추측한다. 그는 『춘추』나 『국어』에 보이는 시초점을 다룬 기사의 내용은 대부분의 형식이 '어느 괘가 어느 괘로 변하는 것을 얻었다[遇某卦之某卦]'라는 식으로 서술되어 있다고 한다. 이는 점을 쳐서 얻은 본괘本卦 가운데 어느 효가 변해서 다른 괘가 되었다[之卦]는 의미이다. 점치는 방법은 변한 효[變爻]를 살피는 데 있으므로, '어느 괘의 어느 효를 얻었다(遇某卦某爻)'고 말할 수 있음에도, 어느 괘

---

9. 양백준(1909~1992)은 북경대학교 중문과를 졸업하고 북경대학교 교수를 역임했다. 고대 한어 연구에 탁월한 업적을 남겼으며, 『열자집해列子集解』, 『논어석주論語譯注』, 『맹자석주孟子譯注』, 『춘추좌전주春秋左傳注』 등의 저술을 남겼다.

10. 楊伯峻, 『春秋左傳注』, 중화서국, 1995, 222쪽 주석.

를 얻었다고 하지 어느 효를 얻었다고 하지 않는다. 이는 당시에 효의 명칭이 없었기 때문[11]이라고 한다.

고형이 효의 자리에 명칭을 붙인 것은 전국시대 말기라고 추측하는 이유는 '소상' 때문이다. '소상'에서는 효의 자리를 직접 노출해서 효사를 설명하는 경우가 매우 많다. 가령 이괘[頤]의 육이효의 상왈을 가져와 보자. 이괘頤卦䷚의 상왈은 "육이가 가면 흉하게 되는데, 가서 같은 류를 잃기 때문이다."[12]라고 한다. 이처럼 '소상'에는 '상왈 초구', '상왈 초육', '상왈 구이', '상왈 육이', '상왈 육삼', '상왈 구사', '상왈 육사', '상왈 구오', '상왈 육오', '상왈 상육' 등 효의 자리를 표현하는 내용이 나온다. '소상'에서 어느 괘의 특정한 효를 '초구'나, '구이' 등으로 말하는 것은 효에 대한 명칭을 사용한 것이다. 고형은 초구나, 초육, 구이, 육이, 구삼, 육삼, 구오, 육오, 상구, 상육이라는 표현을 효의 제목[爻題][13]이라고 부른다. '소상'에서 이러한 표현이 나온다는 것은 효의 제목이 '소상' 이전에 탄생했을 가능성이 높다.

효의 제목인 '초구'나 '초육'에서부터 '상구', '상육'이라고 하는 표현에는 두 가지 의미가 있다. 하나는 효의 자리를 표시하는 숫자들인 '初, 二, 三, 四, 五, 上'과 효의 성질을 표시하는 九와 六이다. 효의 자리를 표시하는 숫자와 효의 성질인 강효인 구와 유효인 육을 결합해 '효의 제목[爻題]'으로 삼은 것이다. 이처럼 효의 자리와 효의 성질을 결합해 효의 제목으로 삼은 것은 '소상'이 효에 대한 다양한 이론

---

11. 고형, 「주역쇄어周易瑣語」, 『주역고경금주周易古经今注』, 청화대학출판사, 2010.
12. 이괘, 象曰 六二征凶 行, 失類也.
13. '효의 제목'이라는 용어는 고형의 말에서 가져왔다.

들을 수용하면서 나름의 체계를 갖추었다는 점을 보여 준다. '소상'이 효사에 대한 해석을 위해 쓰인 것이기에, 효에 대한 다양한 이론들을 수용하면서 나름의 체계를 갖출 수밖에 없었을 것이다.

이러한 내용들을 효의 자리부터 하나씩 정리해 보자. 효의 자리에 차례를 붙인 수를 '효위의 수[爻位之數]'라고 부른다. 6효로 구성된 대성괘大成卦에서 아래에서부터 위로 효의 자리를 표시하는 수가 존재한다. 즉, 아래에서부터 위로 초효初爻, 이효二爻, 삼효三爻, 사효四爻, 오효五爻, 상효上爻로 부르고, 효의 자리에 따라 숫자를 붙여 표기한다. 그림으로 말하면 아래와 같다.

효의 성질을 가지고 말해보자. 효의 성질을 기수[강효]와 우수[유효]로 구분해 구九와 육六으로 표현[14]하여 효의 자리에 결합하면, 초효, 삼효, 오효는 기수(홀수) 자리, 이효, 사효, 상효는 우수(짝수) 자리가 된다. 효의 자리와 성질을 결합하면, 초구初九, 구이九二, 구삼九三, 구사九四, 구오九五, 상구上九로, 초육初六, 육이六二, 육삼六三, 육사六四, 육오六五, 상육上六이 된다. 그림으로 말하면 아래와 같다.

---

14. 이와 관련해서는 1부 맺음말에서 설명했다.

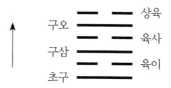

'소상'에서는 현재 우리가 알고 있는 효의 자리와 효의 속성이 결합된 '효의 제목'이 완전하게 정립이 된다. '효의 제목'을 붙여 놓고 효의 관계[應]를 따져 보면, 효들의 관계를 더욱 잘 파악할 수 있게 된다. 효의 제목을 통해서 보면, 어느 효가 '제 자리를 얻었다[位正]', '제자리를 얻지 못했다[位不正]', '중을 얻었다[中]', '응한다[應]', '때에 맞다[時]'라고 하거나, '자리를 얻었다[得位]', '자리가 합당하다[位當]', '자리가 합당하지 않다[位不當]' 등을 바로 알 수 있게 해 준다.

9장에서 효와 효들의 관계를 언급하면서, '제자리를 얻었다[位正]', '제자리를 얻지 못했다[位不正]', '중을 얻었다[中]'에 대한 설명을 했다. 그러면서 '응한다[應]'라는 경우에 대한 설명을 했는데, 각 효마다. '효제'를 붙이면, 이러한 괘의 자리와 관계를 보다 분명하게 파악할 수 있게 해 준다. 물론 '소상'에서도 이들 표현을 사용해 효들을 설명하는 예가 매우 많다. '제자리를 얻었다[位正]'에 해당하는 '소상'의 예는 7회 이상 등장하고, '제자리를 얻지 못했다[位不正]'은 16회 이상 등장한다. '중을 얻었다[中]'에 해당하는 예는 너무 많아 굳이 언급할 필요가 없다. 이들 효의 자리와 효의 관계에 대한 설명은 9장에서 했으므로, 여기서는 설명하지 않는다. 「단전」과 '소상'에서 나타난 효의 자리와 효의 호응관계는 정이천의 『역전』과 주희의 『주역본의』에서 적극적으로 사용되면서, 효의 길흉과 괘의 길흉 판단에서 거의 모든 경우에 적용되어 사용된다.

제11장
역의 신화 만들기와 군자 이데올로기

이 장에서는 「설괘전」을 중심으로, 「문언전」, 「서괘전」, 「잡괘전」을 함께 살펴본다. 「설괘전」을 제외하고 나머지 편들은 언급할 내용이 많지 않다. 「문언전」은 건괘와 곤괘에만 붙어있는 글이고, 「서괘전」과 「잡괘전」도 따로 떼내어 다룰 분량이 아니다. 게다가 이들 편들은 대략 진한 교체기 혹은 한대의 작품들이어서 시기적으로도 비슷하다.

1. 「서괘전」, 끝말잇기 식의 괘의 배열

「서괘전」은 괘의 배열 순서를 설명하는 글이다. 현재 『주역』의 64괘는 건·곤괘로 시작하는 상경上經과 함·항괘로 시작하는 하경下經으로 나뉜다. 건·곤괘로 시작하는 상경은 모두 30개이고, 함·항괘로 시작하는 하경은 34개의 괘로 구성되어 있다.

「서괘전」에서는 이들 괘의 배열의 순서에 어떤 원리가 있음을 설명하려 노력한다. 그 원리는 괘상의 상징과 괘명의 의미를 중심으로 괘들이 순서대로 배열이 되어 있다는 것이다. 또한 괘 배열의 순서는 만물의 실정에 따라 설명하기도 하고, 인간 사회의 형성과 관계로 설명하기도 한다. 다시 말하면 「서괘전」의 '상편'은 자연물의 실정에 따라 괘 배열을 설명하고, '하편'은 인간 사회의 형성과 인간관계를 중심으로 괘 배열을 설명한다.

「서괘전」의 '상편' 첫 문장을 재구성하면 다음과 같다. "천지가 있고 나서 만물이 생성되고, 그렇게 생성된 만물이 천지를 가득 채운다. 만물이 처음 나오면 어리다. 만물이 어리면 길러야 하므로 음식이 필요하다. 음식이 있으면 분쟁이 발생하고, 분쟁이 일어나면 여러 사람이 모여 패가 갈려 친한 사람들끼리 모인다. ……" 이 문장을 그대로 괘로 배열하면, 다음과 같다.

천을 상징하는 건괘와 지를 상징하는 곤괘가 있고 나면, 만물이 처음 생성되는 것을 상징하는 둔괘가 따르고, 막 생겨난 만물은 어린 상태이므로, 어린 상태를 상징하는 몽괘가 배열되고, 어린 상태의 만물을 길러주는 음식을 상징하는 수괘가 이어지게 된다.[1]

「서괘전」의 '하편' 첫 문장을 재구성하면 다음과 같다. "천지와 만물이 있고 나서 남녀가 있게 되고, 남녀가 있고 나서 부부가 있게 되고 부부가 있으면 부자 관계가 형성되고, 부자 관계가 형성되고 나

---

1. 「序卦傳」상편, 有天地然後, 萬物生焉, 盈天地之間者唯萬物. 故受之以屯, 屯者, 盈也, 屯者, 物之始生也, 物生必蒙. 故受之以蒙, 蒙者, 蒙也, 物之穉也, 物穉不可不養也. 故受之以需, 需者, 飲食之道也.

면 군신 관계가 형성되고, 군신 관계가 형성되면 상하관계가 형성
되며, 상하 관계가 형성되면 예의가 필요하다 ……."[2] 이 문장을 그
대로 괘로 배열하면, 오래 지속되어야 할 부부의 도를 상징하는 항
괘, 오래된 것이 지속할 수 없어 물러나는 것을 상징하는 돈괘, 물러
남이 영원할 수 없어서 되돌림을 상징하는 대장괘, 되돌아 나아감을
상징하는 진괘 …… 사물은 끝까지 갈 수 없으므로 미제괘로 받아
마쳤다로 배열된다.

「서괘전」은 건ㆍ곤괘로부터 기제ㆍ미제괘까지 괘의 배열을 하나
의 흐름으로 설명하려 노력한다. 하지만 상징으로 설명하든지 괘명
의 의미로 설명하든지 간에 괘의 배열을 관통하는 필연적인 인과성
은 없다. 송괘에서 태괘로 이어지는 괘의 배열은 다음과 같다.

> 음식은 반드시 분쟁이 있으므로 송訟으로써 받았고, 분쟁은 반드시 여
> 럿이 일어남이 있으므로 사師로써 받았으며, 사師는 무리이니 무리는
> 반드시 친한 바가 있으므로 비比로써 받았고, 비比는 친함이니 친하면
> 반드시 모이는 바가 있으므로 소축小畜으로써 받았으며, 물건이 모인
> 뒤에 예禮가 있으므로 이履로써 받았고, 예禮를 행하여 형통한 뒤에 편
> 안하므로 태泰로써 받았다.[3]

이 인용문에서 인과성이나 논리성은 보이지 않는다. 다만 이들 문

---

2. 「序卦傳」 하편. 有天地然後, 有萬物, 有萬物然後, 有男女, 有男女然後, 有夫婦, 有
夫婦然後, 有父子, 有父子然後, 有君臣, 有君臣然後, 有上下, 有上下然後, 禮義有所錯.

3. 「序卦傳」, 飲食必有訟, 故受之以訟, 訟必有衆起, 故受之以師, 師者, 衆也, 衆必有所
比, 故受之以比, 比者, 比也, 比必有所畜, 故受之以小畜, 物畜然後, 有禮, 故受之以履,
履而泰然後, 安, 故受之以泰.

장에는 어떤 이어짐이 있다. 이는 마치 심청이가 인당수에 빠지기 전날 밤에 "닭아, 닭아, 우지마라. 네가 울면 날이 새고, 날이 새면 나 죽는다."고 탄식한 말처럼, 날이 밝는 것과 닭이 우는 것이 어떠한 인과성도 논리성도 없지만 이어지는 연쇄법과 같다.

이처럼 「서괘전」은 괘의 배열을 어떻게든 설명하려 한다. 하지만 그 배열에서 인과성과 논리성은 없다. 그럼에도 불구하고 「서괘전」은 괘의 배열순서에 의미를 부여하려는 이유는 무엇일까? 1장에서 언급하였듯이 한나라 시기에도 괘의 배열이 다른 『역경』의 판본이 몇 종이 있었다. 이들 판본 중에서 건·곤괘로부터 기제·미제괘로 이어지는 괘의 배열이 『역경』의 판본을 우연히 선택하고, 그 배열을 나름대로 설명하려고 노력한 것으로 볼 수도 있다. 또한 건·곤괘로부터 기제·미제괘로 이어지는 괘의 배열을 손쉽게 기억하는 방법일 수도 있다.

하지만 무엇보다도 건-곤괘로 이어지는 괘 배열은 의도가 있어보인다. 그것은 한무제 시기에 군신간의 위계를 새롭게 확정하고 그 위계에 따라 철저하게 군신간의 상하관계를 지켜내는 논리를 반영한 것이 건-곤괘의 괘 배열일 수 있다. 이는 「문언전」을 관통하는 군자와 신하 이데올로기에 비추어 보아도 그렇다.(이와 관련해 15장에서 자세히 다루겠다.)

하지만 주희는 『주역본의』를 쓸 때 「서괘전」의 주장을 적극적으로 받아들인다. 『주역본의』에서 모든 괘에 첫머리에 「서괘전」의 문장을 가져와 해당 괘가 어느 괘를 이어서 이 자리에 위치하는지 설명한다. 예컨대 예괘를 설명할 때, "⑦ 예는 「서괘전」에 크게 소유하면서도대유괘 겸손하면겸괘 반드시 즐겁다예괘. 그러므로 예괘로 받았다.

ⓛ 대유大有와 겸謙 두 괘卦의 뜻을 이어 차례를 삼은 것이다."라고 한다. 주희는 이 문장에서 ㉠은 「서괘전」의 문장을 그대로 가져온다. 이렇게 「서괘전」의 문장을 인용하고 나서, ⓛ처럼 ㉠의 의미를 풀이한다. 다른 괘들에서도 이러한 설명의 형식은 동일하다.

「문언전」, 「설괘전」, 「잡괘전」에는 주희의 주석인 『주역본의』가 붙어 있지만, 「서괘전」에 대한 주석은 없다. 이것이 의미하는 것이 무엇일까. 아마 「서괘전」의 문장들을 새롭게 해석해야 할 내용이 없기 때문일 것이다. 필자의 생각은 64괘의 배열 순서를 나름대로 설명하면서, 기억에 용이한 방법으로서 작성된 글로 이해한다.

2. 「잡괘전」, 체계와 논리적 연관이 없다

학자들은 「잡괘전」을 한대의 작품이라고는 동의를 하지만, 한나라의 어느 시기의 작품인지는 규명하지 못하고 있다. '잡괘雜卦'에서 '잡雜'이라는 말은 '64괘의 배열 순서를 뒤섞는다'는 의미이다. 기존의 64괘의 배열 순서를 따르지 않고, 어떤 괘의 괘상의 자리를 바꾸어 하괘를 상괘로, 상괘를 하괘로 뒤집어 비교해 보거나, 상·하괘가 뒤집어져 있으면서도 괘의 배열에서 인접한 괘들을 연관지어 비교하는 것이 '뒤섞다[雜]'의 의미한다.

어떤 괘와 그 괘의 상·하괘가 뒤집어진 괘들을 서로 연결하면 그 괘상이 대립되는 관계를 형성한다. 그러면 대립되는 괘들은 그 괘의 명칭과 그 의미뿐만 아니라 괘의 성질이 반대되거나 대조를 보일 개연성이 있다. 가령 건괘乾卦☰와 곤괘坤卦☷[「잡괘전」에서는 건괘와 곤괘를 대립되는 괘상으로 본다), 비괘比卦☷☵와 사괘師卦☵☷, 임괘臨卦☱☷와 췌괘萃卦☷☱처럼 서로 대립되는 괘들을 모아놓고, 그 괘명의 의미를 따지거나 괘의 성질을 따져보자. 그러면 강함과 유함[건괘와 곤괘], 즐거움과 근심함[비괘와 사괘], 남이 나에게 옴과 내가 남에게 감[임괘와 췌괘] 등과 같은 반대이거나 대조적 의미를 갖는 괘명이 연결됨을 확인할 수 있다.

괘의 성질에서 강함의 뜻을 갖는 건괘와 유함의 뜻을 갖는 곤괘, 즐거움의 뜻을 갖는 비괘와 근심의 뜻을 갖는 사괘, 남이 나에게 온다는 뜻은 임괘와 내가 남에게 간다는 뜻의 관괘[4]가 반대되는 뜻을 갖는다. 이들 괘들은 그 괘상에서 대립될 뿐만 아니라, 그 괘명의 뜻과 성질도 반대되거나 대조적임을 확인할 수 있다. 이처럼 괘상이 서로 반대되는 괘들을 연결 지으면, 괘명이 갖는 뜻이나 성질에서 움직임과 멈춤, 쇠퇴함과 풍성함, 드러남과 감춤 등으로 괘들의 관계와 성질을 분류할 수 있다.

하지만 이러한 사례가 모든 괘에 적용될 수 있을까. 대립된 괘이면서 괘 배열에서 인접한 괘들을 연결해보자. 둔괘屯卦☵☳와 몽괘蒙卦☶☵, 대축괘大畜卦☶☰와 무망괘无妄卦☰☳ 등이 이에 해당한다. 일반적인 설명에 따르면, 둔괘는 '사물이 처음 드러나는 것'을 의미하고, 몽괘는 '사물이 어린 것'을 의미한다. 그리고 대축괘는 괘명의 뜻이 '집안에 많이 쌓아 둠'을 의미하고, 무망은 '사람에게 재앙이 없음'을 의미한다. 이러한 풀이는 괘명의 의미를 해석한 것이다.

그런데 「잡괘전」에서는 둔괘는 '나타나서 그 거처를 잃지 않음', 몽괘는 '섞여서 드러남'이라고 풀이한다. 대축괘를 '때에 맞아서 그러

---

4. 「雜卦傳」, 乾剛坤柔, 比樂師憂, 臨觀之義, 或與或求.

한 것'이라고 하고, 무망괘는 '재앙이 온다'라고 풀이한다. 이렇게 보면 괘상이 반대이지만 그 풀이가 반드시 반대인 것은 아니다. 따라서 「잡괘전」을 관통하는 논리는 없다. 둔괘와 몽괘, 대축괘와 무망괘는 괘 배열에서 서로 붙어 있는 괘들이고, 대립되는 괘임에도 이들을 연결시킬 논리는 없다.

「서괘전」에서는 이들 괘들을 어떻게든 연결하려고 노력했는데, 「잡괘전」에서는 「서괘전」과는 전혀 다른 의미로 괘들을 풀이한다. 「잡괘전」에서 괘명을 전혀 다르게 풀이함으로써 이 괘들 사이에는 어떠한 의미 연관도 없게 되었다. 「잡괘전」의 이러한 설명에는 어떠한 체계도 논리적 연관도 없다. 이러한 점 때문에 학자들은 「잡괘전」을 학문적 의미가 거의 없는 것으로 간주해 주의를 기울이지 않는다.

3. 「문언전」, 군자 이데올로기와 신하에 대한 경고

「문언전」은 건괘와 곤괘의 경문經文을 해석한 글이다. '문언'에서 '문文'은 건괘와 곤괘의 경문을 의미하고, '언言'은 경문을 해석한 말을 의미한다. 「문언전」은 건괘와 곤괘의 경문을 해석한 글이기에 건괘와 곤괘에만 붙어 있는 글이다. 그래서 '건문언乾文言', '곤문언坤文言'으로 구분해 부르기도 한다.

「문언전」을 관통하는 핵심 용어는 '군자君子'이다. 건괘와 곤괘의 괘사나 효사를 재해석해 군자가 갖추어야 할 덕목들로 제시하고 있기 때문이다. 특히 천도의 네 가지의 덕인 '원형이정元亨利貞'을 군자의 덕목인 '인의예정仁義禮正'으로 재해석한다.

'원형이정'은 제사를 지내면서 길흉을 판단했던 판단사였다.[5] 괘사에 원형이정이 기록된 괘들은 둔괘, 수괘, 임괘, 무망괘, 혁괘 등으로 다양하고, '원'을 형용사나 부사로 보아 형·이정으로 기록된 것들로는 함괘, 항괘 등이 있다. '원형'이 기록된 괘들은 대유괘, 고괘, 승괘 등이 있으며, '이정'이 기록된 괘들은 몽괘, 대축괘, 이괘 등으로 그 빈도가 상당하다. '원형이정' 혹은 '원형'이든 '이정'이든, 이들 판단사가 기록된 괘들의 길흉 판단은 대부분 길한 것[大吉, 吉占]으로 나타난다. 이는 '원형이정'이 특정한 일에 대해 점을 친 내용이 괘사나 효사로 수렴되었는데, 이들 점문占問이 결과적으로 길한 것들을 얻는 경우가 많아 길흉의 판단에서 길한 판단사로 귀결된 것으로 이해할 수 있다.

이들 판단사의 의미에 대해서 고형高亨의 설을 참조해보자. 고형은 '원형元亨'에 대해서 '큰 제사를 거행하다'라고 풀이한다. '원'을 '크다'라는 의미이고, 형은 '제사를 지낸다[亨]'는 의미로 풀이한 것이다. 고대 사람들이 큰 제사를 거행할 때 점을 쳤고, 그 점의 결과로 이들 괘를 얻은 것을 '원형'이라고 점서占書에 기록한 것이라고 본다. '이정利貞'에서 '정'은 점을 치면서 묻는 점문占問이므로, 점을 치면서 이로운지를 묻는 것이 '이정'의 뜻이라고 본다. 이 '원형'과 '이정'이 이후에 괘사에 포함되면서, 길하고 이로운 판단을 표시하는 것으로 쓰였다고 본다.[6]

---

5. 고형, 김상섭 옮김, 『고형의 주역』, 예문서원, 1995, 81~87쪽 참조.
6. 고형, 김상섭 옮김, 『고형의 주역』, 예문서원, 1995, 81~87쪽에는 원형이정에 대한 고형의 새로운 해석이 제시되고 있다.

괘사나 효사에 '원형이정'이 표현된 괘들의 특징은 제사와 관련된 내용이 공통적으로 나타난다. '왕이 서산에서 제사를 지낸다[王用亨於西山]', '왕이 상제에게 제사를 지낸다[王用亨於帝]', '제사를 지내는데 왕이 친히 왔다[亨. 王假之]', '제사를 거행하기 위해 왕이 친히 종묘에 온다[亨. 王假有廟]' 등의 표현이 모두 '원형'이라는 표현과 관련이 있다. 고형의 주장에 따르면, 제사를 지내고 그 점문을 기록한 것이 '원형이정'이기에 괘사와 효사에 '원형이정'의 글귀가 포함된 경우가 모두 188 군데나 보인다고 말한다.[7]

또한 고형은 '이정'에서 '이'는 '무불리无不利', '무유리无攸利'라는 판단사로 쓰인 것처럼 이로운 점[利占]을 의미하고, '정'은 '점을 친다'는 의미라고 주장한다. 이렇게 보면, '원형이정'은 큰 제사를 앞두고 점을 쳐서, 어떤 괘를 얻었을 때의 점문占問 기록이 괘사에 포함된 것으로, 대체로 원형이정이 포함된 경우는 길하고 이로웠기 때문이 길흉 판단사가 되었다는 것이다.

고형의 논리를 따르면 건괘의 괘사인 원형이정을 인의예정으로 해석하는 것은 불가능하며 맥락에도 전혀 맞지 않다. 그럼에도 「문언전」에서는 '원元'은 으뜸이라는 뜻이고, 여러 덕목 중에서 으뜸인 덕이 '인仁'이기에 '원은 인'이라고 해석한다. '형亨'은 '형통하다'라고 해석해 '대중들을 아름답게 취합한다'는 의미로 해석한다. 대중이 모일 때에는 각기 맞는 분수가 있고, 이 분수에 맞는 복장과 행동, 언설이 결정되는데, 이것이 '예禮'라고 해석한다. '이利'는 '유리하다'는 뜻으로, 유리하기 위해서는 '옳음[義]'이 있어야 한다'고 해석한다. '정貞'은

---

7. 위의 책, 87쪽.

'바르다[正]'의 뜻이고, 행동과 일처리에서 바르면 여러 일들을 감당할 수 있다는 뜻으로 '정正'으로 해석한다. 그리고 이 원형이정을 군자가 갖추어야 할 덕목이자, 군자의 행동에서 준수해야 할 덕목으로 제시한다.

「문언전」이 원형이정을 인의예정이라는 군자의 덕목으로 해석할 근거는 전혀 없다. 건괘나 곤괘뿐만 아니라 둔괘, 임괘, 무망괘, 혁괘, 수괘 등에서도 인의예정을 해석해낼 근거는 없다. 이들 괘들이 군자의 도덕 혹은 군자의 덕목을 말하고 있지 않기 때문이다. 이러한 점 때문에 고형은 원형이정을 인의예정으로 해석하는 것은 이들 괘에서도 맞지 않고 『주역』 전체 경문과도 맞지 않는다고 주장한다. 당장 곤괘의 괘사인 "곤은 원하고 형하고 이하고, 암말의 바름이다(坤, 元, 亨, 利, 牝馬之貞)."라는 말도 논리적으로 설명할 수 없다. 이를 "곤은 인仁하고, 예禮에 맞으며, 옳으며(義), 암말의 바름(正)이다"라고 해석하든, "곤은 인하고, 예에 맞으며 올바름이니, 암말의 바름이다"라고 해석하든, 도대체 무슨 말인지 알 수 없다. 어질고 예의 바르고 옳은 암말이 있을 수 있는 것일까.

어쨌든 '건괘 문언'에서는 초구 효사인 "잠겨 있는 용은 쓰지 말라[潛龍勿用]."에 대해서 군자가 은거할 때의 모델로, 구이 효사인 "나타난 용龍이 밭에 있으니 대인을 봄이 이롭다[見龍在田, 利見大人]."는 군자가 중정의 도를 행위의 모델로, 구삼 효사인 "군자君子가 종일토록 힘쓰고 힘써 저녁까지도 두려워하면 위태로우나 허물이 없으리라[君子終日乾乾, 夕惕若, 厲无咎]."는 군자가 덕을 쌓아가는 공부를 하는 모델로, 구사 효사인 "혹 뛰어오르거나 연못에 있으면 허물이 없으리라[或躍在淵, 无咎]."는 군자가 덕을 쌓아가는 공부를 열심히 하는 모델로 설명한다. 구오 효사 "나는 용龍이 하늘에 있으니, 대인大人을 만나봄이 이롭다[飛龍在天, 利見大人]."는 드디어 군자가 임금의 자리에 거하면서 백성을 다스리는 행위를 하는 모델로 설명한다. 덕을 쌓는 수업을 열심히 한 군자가 드디어 지위와 덕이 완전히 부합한 것이라고 해석한다. 마지막을 상구 효인 "끝까지 올라간 용龍이니, 뉘우침이 있으리라[亢龍, 有悔]."는 군자가 경계하는 모델이다. 건괘의 여섯 효를 양기陽氣가 발생하고 확대되어 가는 상황을 상징한다. 양기가 확대되듯이, 초구 효부터 상구 효까지 양효가 확대되어가는 과정을, 군자의 지위가 상승하면서 군자가 지켜야 할 모델로 설명한다. 군자를 상징하는 용이 잠겨있는 상태에서 하늘을 나는 상태, 끝까지 날아오르는 상태로 군자의 지위가 상승하는 것을 비유하였고, 군자의 직위에 맞는 태도를 보여준다.

곤괘 문언전의 내용은 크게 두 가지로 나누어 볼 수 있다. 하나는 대지의 속성으로 괘사를 해석하고 있는 점이다. 대지의 속성은 유순하고, 이 유순함은 천의 변화를 따른다는 점이다. 다른 하나는 인간의 일들로 효사를 해석하고 있다는 점이다. 곤괘는 유순한 성질을 갖는 것인데, 양[天]과 대등해지려 말고[8] 땅의 도를 지켜 아내답게, 신하답게 하라[9]고 경고하고 있다.

이러한 경고는 곤괘 효사를 풀이하는 「문언전」의 내용에서도 그대로 이어진다. 초육 효의 "서리를 밟으면 단단한 얼음이 이른다[履

---

8. 坤卦「文言傳」, 陰疑於陽, 必戰, 爲其嫌於无陽也, 故稱龍焉, 猶未離其類也, 故稱血焉.

9. 坤卦「文言傳」, 陰雖有美, 舍之, 以從王事, 弗敢成也, 地道也, 妻道也, 臣道也, 地道, 无成而代有終也.

霜, 堅冰至]."에 대해 어떤 일이든 점차적이고 순차적으로 일어남을 말한다. 그래서 집안에서 덕을 쌓으라고 풀이한다. 육이 효의 "곧고 방정하고 위대하다. 익히지 않아도 이롭지 않음이 없다[直方大, 不習, 无不利]."에 대해서는 안팎을 경敬과 의義로써 지켜야 한다고 풀이한다. 육삼 효의 "아름다움을 머금음이 정貞할 수 있으니, 혹 왕사王事에 종사하여 이룸이 없고 끝마침을 두어야 한다[含章可貞, 或從王事, 无成有終]."에 대해서는 아내와 신하, 땅의 도는 왕사를 따를 뿐이지 감히 나서지 말아야 함을 말한다. 육사 효의 "주머니끈을 묶듯이 하면 허물도 없으며 칭찬도 없으리라[括囊, 无咎, 无譽]."는 천지가 닫히고 상하가 막혀 떨어지면 은둔해야 함을 말한다. 육오 효의 "황색黃色 치마처럼 하면 크게 선善하여 길吉하리라[黃裳元吉]."에 대해서는 내면적으로 갖춘 선함과 아름다움이 밖으로 드러난다고 해석한다. 상육 효의 "용龍이 들에서 싸우니, 그 피가 검고 누렇다[龍戰于野, 其血, 玄黃]."에 대해서는 음[신하]으로써 양[왕]에 대항하면 상해를 입어 피를 흘리게 될 것으로 해석한다.

'건문언'의 내용이 군자가 갖추고 지켜야 할 덕목들이라면, '곤문언'의 내용은 여성, 신하가 갖추어야 할 태도이다. 건괘가 군자의 덕목을 중심으로 서술되어 있다면, 곤괘는 여성 혹은 신하가 왕 혹은 군자에게 순응하는 자세와 태도를 서술하고 있다. 「문언전」을 관통하는 핵심 내용은 군신간의 위계를 철저히 따르라는 것이다. 신하는 계급적 위계에 맞게 따르고 행동하라는 경고를 주된 내용으로 한다.

4. 「설괘전」, 삼재의 등장과 상징의 확대

설괘전의 구성과 원리

「설괘전」은 총 11개의 장으로 구성되어 있다. 그 내용은 크게 두 가지로 구분할 수 있다. 하나는 역의 저자와 역을 지은 의도를 밝히는 도입부분과 다른 하나는 8괘의 상징을 다양하게 확장하는 내용이다.

「설괘전」 1장과 2장에는 '역易'의 저자가 성인이라고 밝히고, 성인이 역을 지은 의도와 목적이 성명性命의 이치를 따르고자 했기 때문이라고 밝히고 있다. 이하의 나머지 장들은 8괘의 상징들을 이용해 천지와 만물의 발생, 그 변화를 설명한다. 천지와 만물의 발생과 변화를 설명하기 위해 「설괘전」은 8괘의 상징을 방위, 절기, 동물, 인체의 구조, 가족 구성원의 관계, 색깔, 사물들로 확대한다.

「설괘전」은 역의 창제자로 성인을 제시한다. 「설괘전」에서 8괘를 중심으로 상징들을 확대하고 있는 점에서 「설괘전」에서 말하는 성인은 복희씨라고 볼 수 있다. 「계사전」에 복희씨가 처음으로 8괘를 그렸다고 한다. 복희씨가 천하에 왕 노릇을 할 때 천상과 지상을 관찰하고 날짐승과 동물[鳥獸]의 문양과 사물들의 마땅함을 본뜨고 가까이는 자신에게서 멀리는 여러 사물에서 상을 취해 8괘를 그렸다는 내용이 「계사전」에 나온다.

「설괘전」에서는 「계사전」의 내용에 대해 나름의 원리를 밝히고 있다. 첫째는, 천天과 지地의 수를 제시한다. 다시 말하면 3이라는 '기수'로 천天을 상징하고, 2라는 '우수'로 지地를 상징하였다는 것이다. 이것이 효의 수가 되었고, 사물의 변화를 관찰하는 원인이자 음양이라는 괘의 기본적인 구성 성분이 되었다고 한다.[10] 이 말은 홀수와 짝수로 천지를 대표하는 수로 삼고, 홀수의 수를 양으로 하고 짝수의 수를 음으로 삼아 괘나 효의 수로 삼았다는 뜻이다. 뒤집어 말하면 음양을 괘나 효에 적용하였고, 음양이라는 용어로 만물의 변화를 관찰하거나 표현할 수 있게 되었다는 의미이다.

둘째는, 성인이 역을 창제할 때 어떤 원리를 도입하였다고 한다. 그것은 '천도天道'와 '지도地道', '인도人道'라고 하는 '삼재三才'[11]이다. 삼재의 내용에서 천도天道를 음양으로, 지도地道를 강유로, 인도人道를 인의로 삼았다고 한다.[12] 이 내용에서 음양과 강유의 구분이 최초로 나타난다. 필자는 앞에서 의도적으로 음양이라는 용어를 사용하지 않고 강유라는 용어로 괘나 효를 설명했는데, 음양이라는 용어는 빨라야 전국 말기에서 한나라 초기에 일반화되는 용어이기에 사용을 피한 것이다.

「설괘전」에서 음양을 천의 성질로 이해하는 것은 전국 말기의 음양학파의 학설을 수용한 것이다. 음양학파의 학설을 수용하면서, 기존의 괘나 효를 설명해오던 강유는 효의 작용에만 적용되는 것으로 그 의미가 변화하게 된 것이다. 결과적으로 음양과 강유를 구분하

---

10. 「說卦傳」 1장, 昔者聖人之作易也, 幽贊於神明而生蓍, 參天兩地而倚數, 觀變於陰陽而立卦, 發揮於剛柔而生爻.

11. 동양의 책들 중에서 '삼재'라는 용어가 최초로 보이는 자료가 「설괘전」이다. 「노자」의 '道生一, 一生二, 二生三, 三生萬物'의 '삼'을 삼재로 해석하는 경우가 있지만, 그렇게 해석하지 않을 수도 있다. 그러므로 '삼재'라는 용어의 시작은 「설괘전」으로 볼 수 있다.

12. 「說卦傳」 2장, 立天之道曰陰與陽, 立地之道曰柔與剛, 立人之道曰仁與義, 兼三才而兩之.

여, 음양을 천의 성질로 하고 강유를 지의 성질로 구분해서 사용하기 시작했다. 또한 '인의'라는 용어도 등장한다.

인의仁義와 삼재三才의 등장

64괘의 괘사나 효사에는 인仁과 의義라는 용어는 등장하지 않는다. 인과 의라는 용어는 「단전」과 「상전」, 「계사전」과 「설괘전」에만 나온다. '인'은 복괘의 육이효의 '상왈'에 1회 나오고, '의'는 수괘, 예괘, 돈괘, 구괘, 귀매괘, 예괘의 '단왈'과 여러 괘의 '소상'에 총 14회 나타난다. 복괘의 육이효의 '상왈'에 나오는 '인'은 인자仁者를 의미하고, 다른 괘에는 '인'이 나타나지 않는다. '의'와 관련해서 도덕적 의미의 '옳음'뿐만 아니라 '이치'라는 의미까지 포함된 사례여서 도덕적 의미의 '의'도 그 빈도수가 많지 않다.

도덕적 의미로서 '인의'가 분명하게 드러난 것은 「문언전」과 「설괘전」, 「계사전」에서이다. 「문언전」에서 군자의 덕목으로 인의가 제시되고, 「계사전」에서 성인이 괘를 창제하면서 자신의 본성을 따랐다고 할 때 여러 본성 중에서 하나로 인이 등장(4장)하고, 도를 파악하는 사람이 인한 사람일 경우에 도는 인으로 이해됨(5장)으로 등장한다. 「문언전」과 「계사전」에 드러난 인의 용례는 성인 혹은 군자의 본성이거나 그 본성의 발로인 덕목의 의미이다. 「설괘전」에서 '인의'는 삼재를 구성하는 인도人道의 구성요소로 등장한다. 인도의 구성 요소로서 인의는 도덕적 덕목이라는 의미보다는 천도의 구성 요소로서 음양, 지도의 구성 요소로서 강유와 짝을 이루는 용어틀이다.

사물의 변화를 음양으로 파악하고 이를 괘에 적용하고, 효의 변화에서는 강유를 적용하면, 음양과 강유로 표현된 사물의 변화와 괘와 효의 변화틀이 성립된다. 이를 다시 인간의 일들에 적용해 인의로 해석해 내면, 천·지·인의 삼재가 일관된 흐름으로 이어지는 설명체계를 갖추게 된다. 그래서 「설괘전」에서는 "음양陰陽에서 변화를 관찰하여 괘卦 세우고, 강유剛柔를 드러내어 효爻를 낳으니, 도덕道德에 화순和順하고 의義에 맞게 하였고, (이렇게 하면) 이치를 궁구窮究하고 성性을 다하여 명命에 이른다."[13]고 한다.

이 내용에서 삼재를 괘에 적용한 경우와 시초점에 적용한 경우로 나누어 이해해 보자. 「설괘전」 2장의 천·지·인 삼재의 원리를 적용하여 6획으로 괘를 구성한다[14]는 말을 살펴보자. 이 문장은 대성괘를 중심으로 삼재를 논하고 있음을 알 수 있다. 대성괘의 상효와 오효는 천天에 해당하고, 사효와 삼효는 인간[人]에 해당하며, 초효와 이효는 지[地]를 상징한다. 이는 천은 음양을 통해 변화를 보이고, 지는 강유를 통해 변화를 보이며, 인간은 인의를 통해 변화를 보인다는 의미이다. 이렇게 되면, 하나의 괘에서 천·지·인의 변화를 읽어 낼 수 있다. 다시 말해 천지의 변화를 볼 수 있는 음양과 강유를 통해, 인간의 행위인 인의를 결정해야 함을 말하고 있는 것이다. 이를 하나의 괘에서 확인하면, 다음과 같은 그림이 된다.

천		상효
		오효
인		사효
		삼효
지		이효
		초효

---

13. 「說卦傳」 1장, 觀變於陰陽而立卦, 發揮於剛柔而生爻, 和順於道德而理於義, 窮理盡性, 以至於命.

14. 「說卦傳」 2장, 兼三才而兩之. 故易, 六畫而成卦.

「설괘전」 1장의 "음양의 변화를 관찰해 괘를 세운다."[15]는 문장의 의미는 어떻게 이해해야 할까? 이 문장에 대한 이해는 「설괘전」 3장에서부터 7장까지의 내용을 통해서 확인할 수 있다. 3장에서부터 7장까지의 내용을 기초로 "음양의 변화를 관찰해 괘를 세운다."의 의미를 살펴보면, 음양의 변화, 즉 자연의 변화를 괘의 상징으로 설명할 수 있다는 의미이다.

「설괘전」에서는 8괘의 상징을 두 개의 괘씩 연결하여 변화와 발생을 설명한다. 천지[건괘와 곤괘]를 짝지우면 상하의 위치가 나타난다. 산과 연못[간괘와 태괘]을 붙여 놓으면 기의 흐름을 보여준다. 우레와 바람[진괘와 손괘]을 붙여 놓으면 서로 부딪힘이 나타난다. 수와 화[감괘와 이괘]를 붙여 놓으면 서로 상극하는 현상이 나타난다. 이렇게 8괘가 서로 섞이면서 변화가 일어난다. 이처럼 8괘의 변화를 통해서 미래를 알 수 있다.[16]

이러한 변화와 발생을 설명하고 나서, 괘마다 그 괘의 성질을 구분해 설명하고 있다. 그 내용은 앞에서 말한 것과 다르지 않다. 만물을 움직이게 하는 진괘(우뢰), 바람이 불어 흩어지게 하는 손괘(바람), 비를 내려 적시는 감괘(물), 해로 밝게 비추는 이괘(불), 막아서 멈추게 하는 간괘(산), 기쁘게 하는 태괘(연못), 군주 노릇하는 건괘(하늘), 감싸 감추어주는 곤괘(땅)[17]가 서로 섞이면서 변화를 이루고 만물을

---

15. 「說卦傳」 1장, 觀變於陰陽而立卦.

16. 「說卦傳」 3장, 天地定位, 山澤通氣, 雷風相薄, 水火不相射, 八卦相錯, 數往者, 順, 知來者, 逆. 是故易, 逆數也.

17. 「說卦傳」 4장, 雷以動之, 風以散之, 雨以潤之, 日以烜之, 艮以止之, 兌以說之, 乾以君之, 坤以藏之.

이룬다고 설명한다. 왜냐하면 "만물萬物을 움직이게 함은 우레보다 빠름이 없고, 만물을 흔드는 것은 바람보다 빠름이 없고, 만물을 건조시키는 것은 불보다 더한 것이 없고, 만물을 기쁘게 함은 택澤보다 더한 것이 없고, 만물을 적심은 물보다 더한 것이 없고, 만물의 마침과 시작함은 간艮보다 성함이 없다. 그러므로 물과 불이 서로 미치며, 우레와 바람이 서로 어그러지지 않으며, 산山과 택澤이 기氣를 통한 뒤에야 변화하여 만물萬物을 이루는 것이다.[18]

자연의 변화를 설명하는 음양 개념을 도입하자, 괘들이 상징하는 의미에 따라 자연현상의 변화를 괘로 설명할 수 있게 되었고, 어떠한 자연 현상이 생성되고 소멸되는 것도 괘의 상징으로 설명할 수 있게 되었다.

다음으로, 삼재를 시초점에 적용한 것을 이해해 보자. 시초점을 쳐서 하나의 괘를 구하는 과정은 점칠 내용 즉 점문占問을 가지고, 그 내용에 대해 신의 뜻을 묻는 과정이었다. 이 과정에서는 천지와 자연의 변화는 개입할 여지가 없다. 즉 점치는 일은 천지라는 자연의 변화와는 무관한 일이었다. 다시 말해, 왕을 세우는 일, 하늘에 제사를 지내는 일, 전쟁을 앞두고 승패를 점치는 일들에서 시초점을 칠 경우 천지라는 자연의 변화는 중요한 고려 대상이 아니었다.

그런데 음양과 강유, 인의를 대입하면, 자연의 변화와 그 변화를 통해 인간의 일들이 변화될 수 있으며, 자연의 변화와 인간의 일들이 밀접한 연관관계를 맺고 있는 것으로 생각하게 한다. 이는 시초

---

18. 「說卦傳」 6장, 動萬物者莫疾乎雷, 撓萬物者莫疾乎風, 燥萬物者莫熯乎火, 說萬物者莫說乎澤, 潤萬物者莫潤乎水, 終萬物始萬物者莫盛乎艮. 故水火相逮, 雷風不相悖, 山澤通氣然後, 能變化, 旣成萬物也.

점을 치는 일이 단순히 신의 뜻을 파악하는 것만이 아니라 자연과 인간의 관계 속에서 일어나는 변화를 파악하는 일이 된다. 시초점을 치는 일이 단순한 점문占問과 관련된 일이 아니라 자연의 변화와 그 변화를 통해 인간의 일들의 변화를 다루는 일로 성격이 전환된다는 의미이다. 시초점을 통해 괘를 얻었을 때, 그 괘를 해석하는 방법에서 자연의 변화를 길흉판단의 대상으로 고려하게 한다. 천지자연의 변화를 고려한다는 것은 천지자연의 변화를 탐구하고 그 변화에 맞게 대응한다는 의미를 갖는다. 이러한 의미를 "이치를 궁구窮究하고 성性을 다하여 명命에 이른다"고 한 것이다. 이 문장의 의미가 천지와 자연, 인간의 관계를 종합적으로 탐구하는 학문의 영역으로 전환되었음을 의미한다.

삼재를 도입함으로써 점술에서 철학으로 전환이 일어났다. 점술이 철학적으로 전환했다는 의미는 자연 현상의 생성과 소멸, 변화를 괘상으로 설명할 수 있게 되고, 자연의 변화에 따라 인간의 도덕 역시 그 변화를 따르는 것으로 체계화할 수 있게 되었다는 의미이다.

상징의 확대

「설괘전」의 가장 큰 특징은 8괘의 상징을 확대한 것이다. 8괘에 대한 기본적인 상징들은 「단전」에서 이미 설명하였다. 「설괘전」에서는 이러한 기본 상징을 확대하여 방위와 8괘를 결합하기도 하고, 8괘의 상징을 동물에 적용하거나 인간의 신체 기관에 적용하기도 한다.

8괘의 상징을 방위에 적용한 것은 절기의 흐름을 방위와 괘에 적용한 것으로 볼 수 있다. 만물이 진괘 방위(동)에서 나오고, 손괘 방위(동남)에서 만물이 고르게 자라 번창하며, 이괘 방위(남)에서 천하를

비추어 만물이 드러나며, 곤괘 방위(남서)에서 대지가 길러주고 도와
주며, 태괘 방위(서)에서 가을이 되어 결실을 이루어 모두 크게 기뻐
하며, 건괘 방위(서북)에서 음양이 서로 부딪치며 절기를 바꾸고, 감
괘 방위(북)에서 만물이 감추어지며, 간괘 방위(동북)에서 만물이 끝나
면서 시작한다[19]고 말한다.

사계절의 변화에 따라 기의 흐름이 나타나고, 그 기의 흐름에 따
라 만물이 태어나고 자라고 결실을 맺고 간직되어 소멸했다가 다시
발생하는 흐름을 진괘로부터 간괘까지 설명하고, 그 괘들이 방위와
계절에 배당되는 내용을 서술한 것이다. 이를 그림으로 그린 것이
'문왕팔괘방위도'이다. 이처럼 8
괘의 기본 상징을 방위와 절기
에 적용하면, 천지라는 공간 구
조와 그 공간에서 기의 흐름이
나타나고, 기의 흐름에 따라 만
물의 변화와 운동을 설명할 수
있게 된다.

'삼재'와 '상징', '8괘방위'를
「설괘전」에서 도입함으로써 천

문왕팔괘방위도

---

19. 「說卦傳」5장, 帝出乎震, 齊乎巽, 相見乎離, 致役乎坤, 說言乎兌, 戰乎乾, 勞乎坎,
成言乎艮. 萬物, 出乎震, 震, 東方也, 齊乎巽, 巽, 東南也, 齊也者, 言萬物之潔齊也. 離
也者, 明也, 萬物, 皆相見, 南方之卦也. 聖人, 南面而聽天下, 嚮明而治, 蓋取諸此也.
坤也者, 地也, 萬物, 皆致養焉, 故曰致役乎坤. 兌, 正秋也, 萬物之所說也, 故曰說言乎
兌. 戰乎乾, 乾, 西北之卦也, 言陰陽相薄也. 坎者, 水也, 正北方之卦也, 勞卦也, 萬物
之所歸也. 故曰勞乎坎. 艮, 東北之卦也, 萬物之所成終而所成始也. 故曰成言乎艮.

지만물의 변화를 괘상과 괘들의 관계 속에서 파악할 수 있게 되었다. 이는 점술로서 역이 철학으로서 역으로 그 의미가 전환되었음을 보여주는 것이다.

이제 「설괘전」에서 상징이 어떻게 확대되는 지 살펴보자. 먼저, 건괘는 '천'을 상징하고 천은 만물의 우두머리가 된다. 그래서 인체 기관에서 '머리'를 상징한다. 천체는 원주 운동을 하고 그래서 '둥근 원'을 상징하고, 천체의 운행이 강건하게 운행하기에 동물 중에 '말'로서 상징한다. 또한 천은 인간관계에서는 '아버지'를 상징한다.

곤괘☷는 '땅'을 상징하고 땅이 하늘을 따라 운행하고 순응하기에 동물 중에서 '소'로서 상징한다. 땅은 만물을 포용하여 감싸기에 인체 기관에서는 '배'에 해당한다. 땅은 평평하게 널기 퍼지기에 펴짐[布]을 상징하고 만물을 길러주기에 인간관계에서는 '어머니'를 상징한다.

진괘☳는 '우레'를 상징하고 우레는 만물을 진동하기에 '운동'을 상징한다. 우레의 움직임은 구름 가운데에서 일어나므로 동물 중에서 '용'을 상징하며, 우레의 운동은 쉼이 없으므로 인체 기관에서 끊임없이 움직이는 '발'을 상징한다.

손괘☴는 '바람'을 상징한다. 바람이 구멍을 통해서 들어가므로 들어감[入]을 상징하고, 바람이 불면 나무가 흔들리므로 '나무'를 상징한다. 나무는 그릇이나 도구를 만들기에 손괘는 '만드는 것[工]'을 상징한다.

감괘☵는 '물'을 상징한다. 물은 웅덩이를 채우므로 감괘는 '웅덩이[陷]'를 상징하고, 동물 중에서 습한 곳을 좋아하는 '돼지'를 상징한다. 물은 구덩이에 모이므로, 인체 기관에서는 구덩이에 해당하는

'귀'를 상징한다.

리괘☲는 '불'을 상징한다. 불은 사물에 옮겨 붙으면 사물을 태우므로 '붙음[麗]'을 상징한다. 불은 '밝음'을 상징한다. 밝은 것은 눈에 띄고, 눈에 띄는 것으로 동물 중에서는 '꿩'이 되고, 인체 기관에서는 '눈'이 된다.

간괘☶는 '산'을 상징하고, 산은 멈추어 있고 그쳐 있으므로 '멈춤[止]'을 상징한다. 개가 다른 사람이 집으로 들어오는 것을 멈추게 하므로 '개'를 상징하고, 여러 산들이 높게 솟아 있는 모습이 손가락이 곧게 뻗어 있는 것과 같으므로, 인체 기관에서는 '손'을 상징한다.

태괘☱는 '연못'을 상징한다. 연못은 물고기와 오리와 같은 동물이 살고, 이들을 먹을 수 있기에 즐거움을 준다. 그래서 '기쁨[悅]'을 상징한다. 연못은 땅이 낮은 곳에 형성되므로 '유순함'을 의미한다. 그래서 유순한 동물인 '양'을 상징한다. 연못은 움푹하게 패인 땅에 형성되므로, 인체 기관에서 움푹 파인 '입'을 상징한다.

이밖에도 건괘는 옥玉이 된다거나, 금金이 된다거나, 좋은 말이 된다거나, 늙은 말이 된다거나, 수척한 말이 되기도 한다. 곤괘의 경우도 가마솥이 되거나 새끼를 많이 낳아 기른 어미 소가 된다거나 수레가 된다거나 자루가 된다거나 인색함 등의 상징을 부여한다. 다른 괘들에서도 이러한 잡다한 상징을 끊임없이 늘어난다.

이러한 상징을 부여하는 것에는 어떠한 기준은 없다. 건괘의 예처럼 건괘에 부여한 상징에서 좋은 말, 늙은 말, 수척한 말이 동시에 나타나기도 한다. 하나의 상징에서 좋은 말과 늙거나 수척한 말은 서로 모순이다. 그럼에도 하나의 괘에 모순적인 상징이 동시에 나타난다. 이러한 예는 건괘에만 한정된 것이 아니다. 8괘에 모두 나타난다.

부모와 자식의 괘[乾坤生六子]

「설괘전」을 정리하면서 가족관계에 대해 다루고자 한다. 8괘 가운데 건·곤괘를 부모 괘로 삼고 나머지 6개의 괘를 자식 괘로 보는데, 마치 부모로부터 자식이 태어나듯이 생성되는 내용을 설명한다.[20] 가족에서 부모가 있고 장남·장녀가 있듯이 건·곤괘로부터 생성되는 괘들은 자식들의 서열 관계로 설명된다.

부모 괘인 건괘와 곤괘가 서로 사귀어 자식 괘를 생성하는 것을 '색索'이라고 한다. '색'이라는 글자는 '찾다'라는 의미도 있고, 어떤 것들이 서로 엮이듯 '꼬이다'라는 뜻도 있다. 건괘가 곤괘에서 찾거나 꼬여서 괘를 생성하거나, 곤괘가 건괘에서 찾거나 꼬여서 생성하는 경우를 모두 '색'이라고 한다.

곤괘가 한 번 건괘에서 찾거나 꼬여서 생성된 괘는 진괘이다. 이 내용을 괘상을 가지고 생각해 보자.

곤 ☷ 一索 건 ☰ → 진 ☳

찾거나 꼬이는 주체가 곤괘이다. 곤괘는 모든 효가 음효이고, 건괘는 모든 효가 양효이다. 곤괘가 건괘에서 초효 하나를 가져와 만들어진 것이 진괘이다. 진괘의 괘상은 초효가 양효이고 나머지는 음효이다. 이는 곤괘의 초효가 음효에서 양효로 바뀐 모습이 진괘가 된 것이다. 그렇게 생성된 진괘는 효를 그리는 획수가 모두 5개이므로 양괘이다. 양괘는 남자를 상징하고 첫 번째 색索하여 얻은 괘이므

---

20. 「說卦傳」10장, 乾天也, 故稱乎父, 坤地也, 故稱乎母.

로 진괘는 장남이 된다.

　건괘가 한 번 곤괘에서 찾거나 꼬여서 생성된 괘는 손괘이다. 이 내용도 괘상을 가지고 생각해보자.

　　　건 ☰ 一索 곤 ☷ → 손 ☴

　찾거나 꼬이는 주체는 건괘이다. 건괘는 모든 효가 양효이다. 손괘는 건괘의 초효가 음효로 바뀐 괘상이다. 손괘는 4획으로 그려진 효이므로 음괘이다. 음괘는 여자를 상징하고 첫 번째 색하여 얻은 괘이므로 손괘는 장녀가 된다. 이를 정리해서 표현하면 다음과 같다. (효를 그리는 획수에 따라 괘를 양괘와 음괘로 구분하는 것은 13장을 참조하라.)

	곤일색(坤一索)	곤괘의 초효가 건괘와 사귀어 진괘를 생성
	곤 ☷　건 ☰	→ 　　　진 ☳
㉠ **곤색건** **(坤索乾)**	곤이색(坤二索)	곤괘의 이효가 건괘와 사귀어 감괘를 생성
	곤 ☷　건 ☰	→ 　　　감 ☵
	곤삼색(坤三索)	곤괘의 삼효가 건괘와 사귀어 간괘를 생성
	곤 ☷　건 ☰	→ 　　　간 ☶

　'곤색건'은 곤괘가 중심이 되어 건괘와의 '색'을 통해 괘를 생성한 것이다. 그 순서는 곤괘의 초효가 건괘를 사귀어 진괘를 생성하고, 곤괘의 이효가 건괘를 사귀어 감괘를 생성하고, 곤괘의 삼효가 건괘

를 사귀어 간괘를 생성했다. 곤괘를 중심으로 생성된 괘는 진괘, 감
괘, 간괘이다.

	건일색곤(乾一索坤)	건괘의 초효가 곤괘와 사귀어 손괘를 생성
	건 ☰ 곤 ☷	→ 손 ☴
㉡ 건색곤	건이색곤(乾二索坤)	건괘의 이효가 곤괘와 사귀어 이괘를 생성
(乾索坤)	건 ☰ 곤 ☷	→ 리 ☲
	건삼색곤(乾三索坤)	건괘의 이효가 곤괘와 사귀어 태괘를 생성
	건 ☰ 곤 ☷	→ 태 ☱

건곤생육자 乾坤生六子

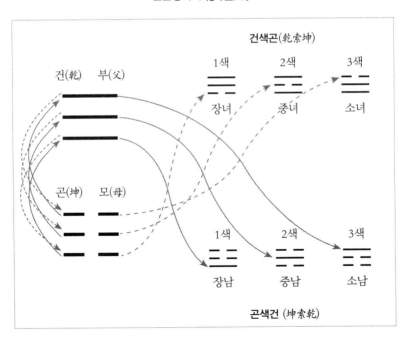

'건색곤'은 건괘가 중심이 되어 곤괘와의 '색'을 통해 괘를 생성한 것이다. 그 순서는 건괘의 초효가 곤괘를 사귀어 손괘를 생성하고, 건괘의 이효가 곤괘를 사귀어 이괘를 생성하고, 건괘의 삼효가 곤괘를 사귀어 태괘를 생성했다. 건괘를 중심으로 생성된 괘는 손괘, 이괘, 태괘이다.

이렇게 보면, 아비인 건괘와 어미인 곤괘가 여섯 명의 자식인 손, 리, 태, 진, 감, 간괘를 낳은 것이다. 그래서인지 건괘를 아비로, 곤괘를 어미로 보고, 여섯 괘를 자식으로 보는 논리가 만들어진다. 이를 '건곤생육자설乾坤生六子說'이라고 한다.

괘상	건 ☰	손 ☴	리 ☲	태 ☱	진 ☳	감 ☵	간 ☶	곤 ☷
가족	아비	장녀	중녀	소녀	장남	중남	소남	어미

「설괘전」에서 8괘의 생성을 말할 수 있었던 것은 음양이라는 개념을 도입하였기 때문이다. "음양의 변화를 관찰해 괘를 세운다."는 개념을 도입하자 괘들을 양괘와 음괘로 구분할 수 있게 되었고, 양괘를 대표하는 건괘와 음괘를 대표로 하는 곤괘로부터 6개의 괘들을 생성할 수 있게 되었다.

경괘에서 중괘로[一貞八悔]

'건곤생육자설乾坤生六子說'을 확대하여, 8개의 경괘를 서로 중첩하여 64괘를 만드는 방법이 있다. 이를 '일정팔회一貞八悔'라고 한다. 가령 건괘를 일정괘一貞卦로 삼아, 건괘, 곤괘, 손괘, 이괘, 태괘, 진괘, 감괘, 간괘를 중첩하는 것이다. 이때 일정괘가 되는 것은 대성괘의 아래에 위치하는 하괘下卦 혹은 내괘內卦가 된다.

그러면, 건괘☰와 건괘☰를 중첩하여 대성괘인 건괘䷀를 만들고, 건괘☰와 곤괘☷를 중첩하여 태괘泰卦䷊가 되고, 건괘☰와 손☴를 중첩하면, 소축괘小畜卦䷈가 된다. 이처럼 소성괘를 중첩하는 것을 일정팔회라고 한다. 건괘☰와 이괘☲를 일정팔회하면, 대유괘大有䷍가 되며, 건괘☰와 태괘☱를 일정팔회하면, 쾌괘夬卦䷪가 되며, 건괘☰와 진괘☳를 일정팔회하면, 대장괘大壯卦䷡가 된다. 건괘☰와 감괘☵를 일정팔회하면, 수괘需卦䷄가 되며, 건괘☰와 간괘☶를 일정팔회하면, 대축괘大畜卦䷙가 된다. 결국 건괘를 일정一貞으로 삼아 8개의 괘를 팔회八悔하면, 8개의 대성괘가 생성된다.

이처럼 곤괘를 일정으로 삼아 팔회하고, 손괘를 일정으로 삼아 팔회하는 것처럼, 8개의 괘는 모두 일정의 괘가 될 수 있고, 일정으로 삼은 괘를 중심으로 다시 팔회를 할 수 있다. 따라서 8개의 일정 괘 곱하기 8개의 팔회괘(8×8)는 64괘를 생성하게 된다.

「설괘전」은 천·지·인 삼재를 도입하고 이 삼재에 음양, 강유, 인의라는 용어들을 부여하였다. 또한 8괘의 상징을 확대하여 천지와 만물의 운동과 변화를 설명하였다. 이는 역학사에서 천지와 만물의 운동과 변화를 설명하거나 상징들의 의미로 자연과 사회상을 설명하는 논리가 된다. 특히 「설괘전」의 내용은 한대 상수역학의 이론에 바탕이 된다.

제12장
음양론을 전면적으로 도입한 「계사전」

1. 「계사전」은 누가 언제 썼을까

「계사전」의 '계繫'는 '연결하여 붙이다'라는 의미이고, '사辭'는 말이라는 의미이다. 다시 말해, 『역경』에 붙여 한 말이라는 뜻이다. 그러므로 「계사전」은 『역경』을 해설한 책이라 할 수 있다. 「계사전」은 상하 두 편으로 구성되어 있고, 상하편 모두 12개의 장으로 되어있다. 현재 통용되고 있는 「계사전」의 판본은 주희에 의해 정리된 것이지만, 그 내용이 중복되기도 하고 의미적으로 뒤섞여 있기도 하여 체계적으로 서술된 것으로 볼 수는 없다. 「계사전」의 쓰인 시기를 두고 현대 학자들 간의 논란이 많다. 「계사전」은 공자의 저작이라는 입장을 견지하고 있는 김경방金景芳, 여소강呂紹綱,[1] 료명춘廖名春[2] 등과 같

---

1. 김경방, 여소강 지음, 한국철학사상연구회 기철학분과 옮김, 『역의 철학』, 예문지, 1993, 7쪽 참조.
2. 료명춘 등 지음, 심경호 옮김, 『주역철학사』, 예문서원, 1994, 123쪽 참조.

은 학자가 있는가 하면, 진한 교체기이거나 한나라 초기에 완성된 것이라는 입장을 견지하는 주백곤朱伯崑,[3] 카나야 오사무金谷治[4] 등이 있다. 최근의 논의들은 진한 교체기에서 한나라 초기에 완성된 것으로 보는 입장이 우세하다.

공자가 「계사전」의 저자라면, 공자 당시에는 전혀 사용되지 않았던 음양陰陽과 삼재三才, 정기精氣와 같은 용어를 설명할 길이 없기 때문이다. 또한 상반된 사물들이 서로 추동해 변화를 일으킨다[5]든지, 한번은 음이고 한번은 양인 것이 도道[6]라는 논리를 설명할 길도 없다. 이들 용어와 이러한 명제들은 적어도 전국 말기에 형성되거나 나타난 것이기 때문이다. 따라서 「계사전」은 진한 교체기이거나 한나라 초기에 완성되었다는 입장이 좀 더 설득력을 가진다고 할 수 있다.

음양陰陽과 삼재三才, 정기精氣 등의 용어가 공자가 활동할 당시에 사용된 적이 없었다고 주장하는 주백곤의 입장은 앞의 8장에서 언급하였기에 여기서는 생략한다. 다만, 카나야 오사무의 입장을 잠깐 언급해 보자. 카나야 오사무는 「계사전」에서 음양개념이 자연철학의 용어로 사용되고 있는 점, 천인합일 사상이 전면적으로 사용되는 점, 「문언전」과 「계사전」과 『중용』에 사용된 개념들이 비슷하다는 점 등을 들어 「계사전」은 전국 말기부터 전한前漢시대에 형성된 것으

---

3. 주백곤 지음, 김학권 옮김, 『주역산책』, 예문서원, 1999, 74쪽 참조.

4. 카나야 오사무 지음, 김상래 옮김, 『주역의 세계』, 한울출판사, 1999, 125~126쪽 참조.

5. 「繫辭傳」上1, 剛柔相摩, 八卦相盪.

6. 「繫辭傳」上4, 一陰一陽之謂道.

로 본다. 카나야 오사무는 이러한 점들을 거론하면서도 자연철학 체계와 관련된 상세한 설명을 하지 않았는데, 첨언하여 언급되어야 할 부분이 있다.

춘추 말기에 쓰인 『도덕경道德經』에서 음양 개념이 등장하는데, 『도덕경』을 제외하고는 다른 책들에서는 음양이 하나의 개념으로 등장한 것은 찾을 수 없다. 따라서 음양이 개념으로 형성된 것은 춘추 말기라고 볼 수 있다. 음양이 개념화하면서 자연현상을 설명하는 체계로 발전하고, 천체의 운행과 변화, 천지와 만물의 변화를 설명하는 자연철학 체계가 된 것은 전국 말기이다. 또한 천인합일 사상도 전국 말에 형성되어 전한시대를 거치면서 한나라 초기에 동중서董仲舒가 이 이론을 채택하면서 주류 이론이 되었다. 그러므로 자연철학 체계로서 음양개념이 사용되고 천인합일 사상이 「계사전」에 나타났다는 것은 음양론과 천인합일 사상이 하나의 체계를 형성해가는 시기와 궤를 같이 한 것을 알 수 있다. 또한 그 시기에 「계사전」이 쓰인 것으로 보는 것이 설득력이 있다는 것이다.

또한 카나야 오사무는 『중용』과 「계사전」이 비슷한 용어를 공유한다는 점을 지적한다. 「계사전」에 쓰인 용어와 개념이 『중용』의 것과 비슷하다면, 이는 『중용』과 비슷한 시기에 「계사전」이 형성된 것으로 볼 수 있다. 『중용』은 한나라 초기에 작성된 책이기에 「계사전」이 완성된 시기가 한나라 초기일 가능성을 시사한다. 이렇게 보면 음양론과 천인합일 사상의 결합이 전국말의 추연의 음양오행설로부터 시작해, 『예기』를 거쳐 동중서에 와서야 완성되듯이, 「계사전」도 이러한 과정을 따른다고 볼 수 있다. 따라서 카나야 오사무의 입장처럼 「계사전」의 성립 시기는 전국 말기에 형성되기 시작해서 전한 시기에 완성된 것으로 볼 수 있다. 한걸음 더 나아가, 카나야 오사무는 한나라 초기에 유생儒生들이 유교를 다시 살려내는 논리로『주역』을 선택하였다고 주장한다. 이는 음양가陰陽家를 대표하는 추연鄒衍의 주장이 항상 인의仁義와 결합되었고, 군신과 상하의 관계를 설명하는 논리로 귀결되었기에 음양가와 유가儒家가 혼동을 일으키기도 하였으며, 추연의 주장이 유가와 겹치는 부분이 있었기에 유가에서 음양이론을 받아들이게 된 정황과도 연결된다. 그래서『예기』「월령편」에서 추연의 음양론이 대폭 수용되게 된 것이다. 그래서 후대 학자들은『예기』「월령편」자체를 음양가의 주요한 저작이라고 판단한다.[7]

2. 역의 총론으로서 「계사전」

「계사전」은 다른 말로 '역대전易大傳'이라고도 불린다. '역대전'이라는 말은 역易의 총론이라는 의미이다. '총론'이라는 말이 어떤 이론의 핵심 내용을 전면적으로 서술하면서도 하나의 원리에 귀결하는 서술이듯이, 「계사전」은『역경』의 핵심이 되는 내용이다. 「계사전」은『역전』의 주요 내용을 개괄하면서도 '삼재三才'와 '음양陰陽'이라는 원리에 수렴하고 있다. 또한 역의 창제자로 포희씨包犠氏, 복희씨라고도 한다를 제시하고,『주역』은 은주 교체기에 탄생하였다는 역의 기원과 탄생을 언급하는가 하면, 역은 신비한 기능을 가진다고 말한다. 이는

---

7. 장현근, 『중국사상의 뿌리』, 살림, 2004, 64쪽 참조.

역의 정체성을 설명하는 내용이다. 그리고 팔괘의 기원, 괘와 효의 상징, 점서법, 괘효의 분석법, 역의 철학적 의미 등의 다양한 주제를 다루고 있다.

이 중에서도 역을 창제한 인물로 포희씨包犧氏를 거론한 것은 「설괘전」 등에서 역의 창제자를 성인이라고 말한 것과 연결되며, 팔괘의 기원과도 연결되는 내용이다. 「설괘전」에서 삼재론과 음양론을 도입하는데, 「계사전」에서는 이들 이론을 본격적으로 서술한다.

「계사전」에는 점서법과 괘효의 분석법을 밝히고 있다. 이는 『역전』의 다른 편들과 구별되는 내용이다. 「계사전」 이전에는 점서법의 방법이 무엇인지 정확하게 드러나지 않았다. 고형高亨의 말에 따르면, 연산역과 귀장역과 『주역』이 소성괘와 대성괘는 같지만 점법이 서로 달랐고, 점을 풀이하는 점책 또한 한 권만이 아니었다[8]고 말한다. 고형은 『춘추좌씨전』과 『국어』에 보이는 시초점을 친 사례들에서도 『주역』과 다른 종류의 점법과 점책에 근거한 내용도 많이 있었다고 한다.[9] 이처럼 '역'과 관련된 점서법이 분명하지 않았는데, 「계사전」에서 그 내용을 말하고 있다. 5장에서 언급하였듯이, 오늘날 행하는 점서법은 주희가 「계사전」의 점서법을 기초로 설시揲蓍하여 괘를 구하는 방법을 정리한 것이다.

괘효의 분석법도 「단전」과 「상전」, 「설괘전」에서 조금씩 드러났지만, 체계적이지는 않다. 9장에서 언급했듯이 「단전」은 길흉판단에

---

8. 고형 · 이경지 · 용조조 지음, 김상섭 편역, 『주역점의 이해』, 지호, 2009, 15쪽 참조.

9. 위의 책, 32쪽 이하의 내용이 대부분 이와 관련된 것이다.

서 괘와 효에 대한 분석법이 있다. 괘상의 구성에 따라 길흉을 판단하거나 효의 성격을 강과 유로 구분하고, 이효와 오효의 자리의 관계를 통해 길흉을 판단했다. 「단전」의 괘와 효 분석법은 「상전」 특히 '소상'에서 밝힌 내용보다 구체화되어 효의 자리가 초효에서부터 상효로 구분되고, 각 효들의 자리를 강유로 구분하며, 강효가 강의 자리에 유효가 유의 자리에 위치하는 것, 효들의 호응관계를 전면적으로 적용하였는데, 이와 관련해서 10장을 살펴보면 된다. 「설괘전」에는 강유뿐만 아니라 음양론을 도입하고, 삼재론을 적용한다. 효의 변화를 강유로 말하고 사물의 변화를 음양으로 설명하며, 삼재론을 도입해 상효와 오효를 천天에 배당하고, 사효와 삼효를 인人에 배당하며, 이효와 초효를 지地에 배당하였다. 이와 관련하여 11장을 참조하면 된다.

「계사전」에서는 위의 「단전」과 「상전」, 「설괘전」의 괘효 분석법을 모두 수용하면서 체계화한다. 「계사전」은 괘를 음과 양으로 구분하여 양괘와 음괘로 나눈다. 또한 각 효들의 성질을 밝히거나, 각 효들의 호응 관계를 분명히 한다. 이러한 구분은 괘효의 분석법에서 보다 구체적이고 분명한 분석을 할 수 있는 방향성을 제시한다.

「계사전」의 가장 큰 특징 중의 하나가 '음양론'과 '삼재론'을 전면적으로 도입한 것이다. 『역전』의 다른 편들에서 드물게 음양개념이 나타났다. 「문언전」에서 음양개념이 등장하고, 「설괘전」에서 음양과 삼재三才개념이 등장한다. 「문언전」과 「설괘전」에서는 음양개념을 제시해 사물의 변화를 설명했다. 「문언전」과 「설괘전」에서 사용한 음양개념은 하나의 괘를 음양으로 분류하거나, 효의 성격을 음양으로 분류한 것이 아니라 자연현상의 변화를 설명하는 하나의 틀로써 음양

개념을 사용하였다. 그리고 「설괘전」에서는 삼재설을 도입하여 음양을 천天의 성질로, 강유를 지地의 성질로, 인의仁義를 인人의 성질로 구분해냈다. 천·지·인 삼재의 성질을 괘에 도입하기 위해 6개의 효로 구성된 대성괘大成卦를 전제했다. 하지만 「설괘전」에서는 음양 개념과 삼재개념을 모든 괘와 효에 적용하지는 않았다. 그런데 「계사전」에서는 모든 괘와 효에 음양론을 적용한다. 음양 개념을 사용해 하늘과 땅이 생겨나고, 그리고 하늘과 땅 사이의 공간을 만물이 채웠다. 음양론을 천지만물의 변화를 설명하는 체계이자 자연철학의 개념으로 사용한 것이다.

이러한 점 때문에 「계사전」은 「문언전」, 「설괘전」과 내용적으로 밀접한 연관이 있다고도 하며, 「문언전」과 「설괘전」의 내용을 종합했다고도 말한다. 카나야 오사무는 「설괘전」의 전반부는 「계사전」의 연장이며, 「문언전」의 내용도 「계사전」으로 수렴되었다고 본다. 그는 「설괘전」의 전반부가 내용적으로 「계사전」의 내용을 잇고 있다고 본다. 또한 「문언전」은 건괘와 곤괘와 관련된 내용 이외에도 다른 괘들도 그 내용이 있었으나, 대부분 사라지고 그 중의 일부 내용이 「계사전」에 수록되었다고 본다.[10]

「계사전」은 '역'의 기원과 기능, 철학적 의미뿐만 아니라, 「단전」과 「상전」, 「설괘전」에 나타난 괘효의 분석법을 완성하며, 나아가 「문언전」, 「설괘전」에 보이는 음양론과 삼재론을 전면적으로 도입하기에 역의 총론이라고 부르는 것이다. 「계사전」의 중요성 때문에 「계

---

10. 카나야 오사무 지음, 김상래 옮김, 『주역의 세계』, 한울아카데미, 2010년, 122쪽 참조.

사전」만을 따로 떼어내 번역하거나 연구한 책들도 적지 않다. 『주역』을 전문적으로 연구하는 학자들이나 동양철학을 연구하는 학자들에게서도 「계사전」은 매우 중시된다. 그 이유는 「계사전」에 나타난 사상들이 역의 철학뿐만 아니라 철학사의 흐름에서도 많은 정보를 주기 때문이다.

3. 역의 창제와 신화적 서사

「계사전」에서는 역의 창제와 관련해 신화적 인물인 포희씨包犧氏를 거론한다. 포희씨가 세계의 구조와 사물의 실정에 맞게 8괘를 창제하고 나서, 포희씨를 이은 성인들이 인간 생활에 필요한 건물, 시장, 도구들을 모두 괘상에서 취해서 창조하였다고 한다. 전자를 '포희씨 팔괘창제설包犧八卦創製說'이라고 부르고, 후자를 '성인관상제기설聖人觀象制器說'이라고 부른다.

먼저 전자에 대해 말해보자. 「계사전」은 포희씨가 세계와 구조, 세계를 구성하는 존재자들의 성질과 정황을 파악해, 몇 가지 기준으로 분류하고 정리하여 창제한 것이라고 본다. 하늘은 높고 땅은 평평하며, 하늘과 땅 사이에는 동식물이 무리를 이루고, 이 무리들이 같은 부류와 다른 부류로 구분되는 실정을 관찰하고 분류하여 팔괘를 만들었다는 것이다.

옛날 포희씨包犧氏가 천하天下에 왕 노릇할 때에 우러러 하늘의 상象을 관찰하고 굽어 땅의 법法을 관찰하며, 새와 짐승의 문文과 천지天地의 마땅함을 관찰하며, 가까이는 자신에게서 취하고 멀리는 물건에게서 취하여, 이에 비로소 팔괘八卦를 만들어 신명神明의 덕德을 통通하고 만물萬物의 정情을 분류하였다.[11]

이 세계의 구조는 하늘과 땅이라는 공간적 구조가 있고, 공간을 차지하는 사물들은 무리를 이루고 있다. 하늘과 땅이라는 공간적 구조에서 하늘은 높고 땅은 낮으면서도 평평하다. 하늘과 땅이라는 공간적 구조도 운동과 변화 속에 있고, 그 공간을 채우는 사물들 역시 운동과 변화를 지속하고 있다. 천지와 만물이 변화하면서 서로 관계를 맺어 일으키는 현상들은 대립적이거나 서로 섞이거나, 서로 투쟁하면서 소멸하거나 생성한다. 이 공간적 구조에 따라 높고 낮음[高低], 귀하고 천함[貴賤], 강함과 유함[剛柔]이라는 대립적 관계가 탄생하고, 하늘과 관련해서는 천체현상인 해와 달[日月]과 바람과 비[風雨], 천둥과 번개[雷電], 추위와 더위[寒暑]가 있으며, 땅과 관련해서는 산과 연못[山澤], 풀과 나무[草木], 날짐승과 들짐승[鳥獸], 사람이 있다.

이러한 변화 속에서도 일정한 패턴이 존재하는데, 「계사전」은 포희씨가 이를 본보기로 삼아 괘상과 효상을 그렸다고 본다. 천지와 만물을 팔괘로 형상화해내고, 그 팔괘를 서로 중첩하면 사물들의 관계와 변화와 운동을 형상화할 수 있게 된다. 포희씨는 천지와 만물의 운동과 변화를 귀천貴賤, 동정動靜, 강유剛柔라는 개념으로 파악해내고, 이 변화의 추이에서 길흉회린을 추측해 내고는 이를 팔괘를

---

11. 「繫辭傳」下2, 古者包犧氏之王天下也, 仰則觀象於天, 俯則觀法於地, 觀鳥獸之文, 與[天]地之宜, 近取諸身, 遠取諸物. 於是, 始作八卦, 以通神明之德, 以類萬物之情.

통해 형상화한 것이라고 본다.

　이상의 내용들은「계사전」상편의 1장과 2장, 하편의 1장 등에서 지속적으로 나오는 내용이다. 이 점 때문에 학자들이「계사전」상하편이 섞여있기도 하고 내용적으로 중복되기도 하다고 판단하는 것이다.「계사전」상하편에서 중요한 내용을 몇 가지 인용해 보자.

> 하늘은 높고 땅은 낮은데 그것을 본떠 건괘와 곤괘가 자리를 잡는다. 낮은 자리에서 높은 자리까지 여섯 효가 배열되니 그 가운데 귀하고 천한 위치가 정해진다. 동하고 정함에 항상된 법칙이 있는데, 거기에 강함과 유함이 판가름 난다. 일은 부류에 따라 모이고 만물은 무리에 따라 갈라지는데, 여기서 길흉이 생겨난다. 하늘에서는 상象을 이루고 땅에서는 형形을 이루는데 여기에서 변화가 일어난다. 그러므로 강함과 유함이 서로 부딪치고 팔괘가 서로 밀고 당긴다. 천둥과 벼락으로 고동하고 바람과 비로 적신다. 해와 달이 운행하여 한 번 추워지면 한 번 더워진다.[12]

　이 인용문은 앞에서 말한 하늘과 땅이라는 공간 구조와 그 구조에서 일어나는 운동과 변화에 귀천과 동정, 강유라는 개념의 적용을 말한 것이다. 하늘과 땅의 구조, 그 구조를 채우는 만물을 8개의 괘로 형상화하고 천지만물의 변화를 8괘의 중첩으로 표현하고, 여기에 귀천과 동정, 강유라는 가치어를 개입하면 길하고 흉한 판단이 가능

12.「繫辭傳」上1, 天尊地卑, 乾坤定矣. 卑高以陳, 貴賤位矣. 動靜有常, 剛柔斷矣. 方以類聚, 物以群分, 吉凶生矣. 在天成象, 在地成形, 變化見矣. 是故剛柔相摩, 八卦相盪, 鼓之以雷霆, 潤之以風雨, 日月運行, 一寒一暑.

하다는 논리이다. 이러한 설명은 성인인 포희씨가 이 세계를 구조화하고 이 세계의 운동을 패턴화했으며, 그 구조와 운동의 패턴에서 인간의 행위가 길한지 흉한지를 판단하게 했다는 것이 된다.

성인聖人이 괘卦를 만들어 상象을 살피고 말을 달아 인간사의 길吉과 흉凶을 밝혔다. 괘의 강剛과 유柔가 서로 미루어 변화를 낳는다. 이러한 까닭으로 길吉과 흉凶이라는 것은 실失과 득得의 상象이요, 뉘우침[悔]과 부끄러움[吝]은 근심하고 두려워함의 상象이다. 변화라는 것은 나아가고 물러남의 상象이요, 강剛함과 유柔함은 낮과 밤의 상象이요.[13]

팔괘八卦가 배열을 이루니 상象이 그 가운데 있다. 그것에 바탕하여 거듭하니 효爻가 그 가운데 있다. 강剛함과 유柔함이 서로 바뀌니 변화가 그 가운데 있다. 말을 달아 알리니 행동함이 그 가운데 있다. 길흉회린이란 인간의 행동 결과로서 나타나는 것이다. 강함과 유함이란 근본을 세우는 것이다.[14]

이 인용문들은 통해 길흉회린이라는 판단이 어떻게 발생하는지를 알 수 있다. 괘의 상에 길흉판단사를 결합하였고, 괘의 효들이 강과 유로 변화하는데 여기에도 말을 달았다. 따라서 괘의 변화와 효의

---

13. 「繫辭傳」上2, 聖人設卦, 觀象繫辭焉, 而明吉凶, 剛柔相推, 而生變化, 是故吉凶者, 失得之象也, 悔吝者, 憂虞之象也, 變化者, 進退之象也, 剛柔者, 晝夜之象也.
14. 「繫辭傳」下1, 八卦成列, 象在其中矣. 因而重之, 爻在其中矣. 剛柔相推, 變在其中矣. 繫辭焉而命之, 動在其中矣. 吉凶悔吝者, 生乎動者也. 剛柔者, 立本者也. 變通者, 趣時者也.

변화를 읽어내고, 이러한 변화에 달린 말들로부터 길흉을 읽어낼 수 있다는 의미이다. 물론 길흉에 직접적인 영향을 미치는 것은 인간의 행동이다.

다음으로, '성인관상제기설聖人觀象制器說'을 살펴보자. 전설적인 성인들이 인간 생활에 필요한 도구를 창제하는데, 포희씨가 만든 괘상을 본떠서 해당 도구를 만들었다고 한다. 즉 성인이 괘상을 보고 도구의 원리나 형상, 편리성을 취해 도구를 만들었다는 의미에서 성인관상제기설聖人觀象制器說이라고 한다. 여기서 거론되는 성인들은 포희씨로부터 신농씨, 황제와 요임금과 순임금으로 이어지는 서사가 등장한다.

그 주요한 내용을 살펴보면, 포희씨가 끈을 묶어 그물을 만들고 사냥하고 고기 잡는 법을 알려 주었는데, 그물은 이괘離卦의 형상에서 취한 것이라고 한다. 신농씨는 나무를 깎아 쟁기를 만들었는데, 쟁기는 익괘益卦에서 취한 것이라고 한다. 그런데 이괘와 그물, 익괘와 쟁기는 어떠한 연관이 있을까? 그물은 끈의 엮어 그물눈을 이어서 만들고, 짐승이나 물고기는 이 그물눈 사이에 걸려서 잡힌다. 이괘는 단사象曰에서 '걸리다', '붙다'라는 의미인 '리麗'라고 풀이하고, 해와 달이 하늘에 걸리고, 오곡이 땅에 걸린다[15]고 풀이하고 있다.

그리고 주희는 『주역본의』에서 두 그물눈을 서로 잇는데 짐승과 물고기가 여기에 걸린다[16]라고 풀이한다. 그물을 만드는 것을 이괘

---

15. 이괘, 象曰 離, 麗也, 日月, 麗乎天, 百穀草木, 麗乎土.
16. 『周易本義』, 兩目相承而物麗焉.

와 연관 지은 것은 이괘의 괘명이 갖는 뜻에 비추어 말한 것이다. 나무로 쟁기와 그 자루를 만든 것을 익괘와 연관 지은 것은 익괘가 나무를 상징하기도 하고, 익괘의 의미가 '위에서 덜어내 아래를 보태는 뜻'인데, 이를 풀이해서 '위에서 아래로 들어가는 것'[17]이라는 의미에 따라 쟁기의 의미에 연결하고 있다. 이처럼 괘상과 기구의 연결에서 필연적인 연관성은 없다. 하지만 억지스럽게 이렇게 연결한 것이다.

이러한 억지스런 연결은 다른 사례에도 발견된다. 신농씨는 시장을 열어 천하의 재물을 모으고 교역을 하게 하였는데, 이는 서합괘噬嗑卦에서 취한 것이라고 한다. 황제와 요순이 나와서 천하를 다스린 것은 건괘와 곤괘에서 취한 것이며, 배를 만든 것은 환괘渙卦, 소나 말을 이용해 무거운 물건을 싣는 것은 수괘隨卦, 문을 이중으로 만들어 포악한 사람을 방비한 것은 예괘豫卦, 절구와 절굿공이를 만든 것은 소과괘小過卦, 활과 화살은 규괘睽卦, 집에 서까래를 얹은 것은 대장괘大壯卦, 장례에서 시신을 관곽에 담게 한 것은 대과괘大過卦, 결승문자를 글과 문서로 바꾼 것은 쾌괘夬卦에서 취했다[18]고 한다.

그물과 쟁기를 이괘와 익괘에 억지스럽게 연결한 것처럼 시장과 정치, 배와 수레, 절구와 절굿공이, 활과 화살, 집과 관곽, 문자가 괘상과 어떠한 관계가 있는지 알 수 없다. 하지만 관상제기설觀象製器說 혹은 '취상설取象說'은 괘상과 효상을 이용해 기물을 만들거나, 길흉을 예측하거나, 사람이 행동을 결정할 때 근거가 된다는 설로 정립

---

17. 『周易本義』, 二體皆木, 上入下動, 天下之益, 莫大於此.

18. 「繫辭傳」下2, 上古, 結繩而治, 後世聖人, 易之以書契, 百官以治, 萬民以察, 蓋取諸夬.

된다. 그렇다면 괘상과 효상이 객관세계를 담지하거나 객관세계의 변화를 반영하고 있다는 전제를 깔고 있다고 볼 수 있다. 다시 말해 괘상과 효상은 객관 세계를 모사하거나 반영하고 있다는 말이 된다.

4. 역은 객관 세계의 모사模寫이다

「상전」의 '대상大象'은 괘가 모두 세계 만물의 변화 규칙을 본떠 모방한 것이라고 한다. 그래서 하나의 괘는 인간이 사물의 변화를 본떠 어떻게 행동해야 할지를 설명한다고 본다. 이러한 전제로부터 하나의 괘를 설명하는 것이 바로 '대상大象'이다.

「서괘전」은 괘들의 배열 순서를 설명하면서, '천지가 있고나서 만물이 있고, 만물이 있고나서 남녀가 있으며, 남녀가 있고나서 부부가 있으며, 부부가 있고나서 부자가 있고, 부자가 있고나서 군신이 있고, 군신이 있고나서 상하가 있게 된다'고 말한다. 천지만물로부터 인간사회의 상하관계까지의 구성을 괘상의 배열 순서로 설명한 것이다. 이러한 설명은 괘상이 세계와 만물, 인간사회를 모방하고 있다는 생각 때문이다. 「계사전」은 이러한 「상전」과 「서괘전」의 생각을 수용해, 괘뿐만 아니라 효도 만물의 변화를 표현한다고 본다.

효는 천하의 움직임을 본받는 것[19]이라든지, 효는 변화를 말하는 것[20]이라는 언급을 통해서 만물의 지속적인 변화를 효를 통해 파악

---

19. 「繫辭傳」下3, 爻也者, 效天下之動者也.
20. 「繫辭傳」上3, 爻者, 言乎變者也.

하려는 시도를 알 수 있게 한다. '효는 변화를 말하는 것'이라는 언급은 점서법과도 관련이 된다. 점서법에 따라 시초점을 쳐보면, 설시揲蓍를 통해 얻은 괘[本卦]에서 변화하는 효가 나타나고, 효의 변화는 음효가 양효로, 양효가 음효로 변화여 새로운 괘[之卦]가 얻어지는 것을 알 수 있다. 시초점의 과정에서 이러한 효의 변화는 객관 세계의 사물들의 변화가 시초점에 반영되었다는 생각을 갖게 하였다. 이러한 생각을 보여주는 것이 「계사전」 하 9장의 내용이다.

> 역이라는 책은 처음에 근원하고 끝에 맞추어 질[괘체卦體]을 삼고, 육효六爻가 서로 섞임은 특정한 상황과 사물을 반영한다. 초효는 알기 어렵고 상효는 알기 쉬우니, 양자가 근본과 말단이기 때문이다. 초효의 효사는 시작을 헤아리고, 상효의 효사는 결과를 결정한다. 여러 사물을 섞어놓고 그 성질을 서술하며 그것의 옳고 그름을 가려내는 일은 중간에 있는 네 효가 갖추어지지 않으면 안 된다.[21]

시초점을 치는 과정에서 효의 변화들은 점을 치는 특정한 상황과 특정한 사물들이 섞이면서 변화하는데 초효의 상태에서는 이 변화가 어떻게 될지를 알기 어렵지만, 상효의 상태에서는 알기 쉽다고 말한다. 이는 초효에서 출발해 중간의 네 효가 변화를 거치고 최종적으로 상효가 결정되면 시초점도 끝이 나고 길흉판단도 할 수 있다는 의미이다. 이처럼 시초점을 치는 과정에서 효의 변화가 일어나는

---

21. 「繫辭傳」 下9, 易之爲書也, 原始要終, 以爲質也. 六爻相雜, 唯其時物也. 其初, 難知, 其上, 易知, 本末也. 初辭擬之, 卒成之終. 若夫雜物, 撰德, 辨是與非, 則非其中爻, 不備.

것이 바로 특정한 상황도 변하고 사물도 변하는 과정이라는 의미이다. 그래서 시초점을 치는 과정에서 효와 상은 안에서 움직이고, 길흉은 시초점이 끝나 괘사나 효사에 드러난다[22]고 말한다. 이러한 생각은 세계와 만물, 상황들은 끊임없는 변화 속에 있고, 이 변화가 지속적으로 생성되는 것이 역이라는 것으로 수렴된다. 이러한 생각을 표현한 말들이 "날로 새로워짐을 성덕盛德이라 이르고, 낳고 낳음을 역易이라 이른다."[23]거나, "천지天地의 큰 기능[德]을 지속적인 생성"[24]이라고 한 것들이다.

「계사전」은 변화의 원인과 발생을 설명하는 체계로 음양, 강유, 동정動靜이라는 대립적인 용어로 설명한다. 상반되는 세력이 서로 갈리거나[相摩] 서로 섞이거나[相盪] 서로 추동하여[相推] 변화가 일어난다고 본다. 자연계나 인간계의 모든 현상들은 그것이 천지이거나 일월이거나 사시이거나, 큰 것이거나 작은 것이거나 상하관계이거나, 생사이거나 간에 이들 대립적인 현상들은 모두 음양과 강유, 동정의 기세가 서로 갈리기도 하고 섞이기도 하며 추동하여 생성과 소멸을 이룬다고 본다. 자연계와 인간계는 모두 강유가 서로 갈리고 팔괘가 서로 섞이며,[25] 강유가 서로 추동하여 변화를 생성하는 현상이다.[26] 이러한 변화를 수렴하여 표현한 것이 "한번은 음이고 한번은 양인

---

22. 「繫辭傳」下1, 爻象, 動乎內, 吉凶, 見乎外.

23. 「繫辭傳」上5, 日新之謂盛德, 生生之謂易.

24. 「繫辭傳」下1, 天地之大德曰生.

25. 「繫辭傳」上1, 剛柔相摩, 八卦相盪.

26. 「繫辭傳」上2, 剛柔相推, 而生變化.

것이 도"[27]라는 명제이다.

「계사전」에서 언급되는 도는 자연계와 인간계의 모든 변화를 포괄하는 것이기도 하고, 자연계와 인간계의 변화를 모사한 괘와 효의 변화를 말하는 것이기도 하다. "역이라는 책은 넓고 커서 두루 갖추었으니 천도가 있고 인도가 있으며 지도가 있다."[28]는 말은 한번은 음이었다가 한번은 양이 되는 변화가 천도에서도 일어나고, 인도에서도 일어나며 지도에서도 일어나는데, 이를 모두 갖춘 책이라는 의미이다.

『역경』은 신의 뜻을 묻는 점서로 출발했지만, 『역전』의 해석을 거치면서 자연계와 인간계의 구조와 변화를 설명하는 체계로 변화했다. 『역경』은 신의 뜻을 묻는 무축문화巫祝文化의 중요한 요소였는데, 이제 성인이 인식한 세계와 인간의 구조와 변화를 설명하는 체계인 64괘와 상징들, 그 상징들의 관계와 변화들을 설명하는 체계가 되었다. 성인인 포희씨가 천지와 만물의 구조와 만물의 구성, 그리고 만물의 관계를 파악해 팔괘로 형상하고, 천지만물의 운동과 변화를 팔괘의 중첩으로 형상했다고 말한다.

그렇다면, 역의 괘와 효는 점을 치기 위한 것이 아니라, 이 세계와 만물에 대한 인식과 그 인식을 체계화한 인식체계라는 말일까? 이 세계와 만물에 대한 인식과 세계와 만물의 변화를 음양으로 설명하고, 이를 괘와 효라는 기호로 표현하였다. 그리고 괘와 효의 성질은 음양과 강유로 규정하며, 괘와 효의 변화를 동정으로 표현하였다.

---

27. 「繫辭傳」上4, 一陰一陽之謂道.
28. 「繫辭傳」下10, 易之爲書也, 廣大悉備, 有天道焉, 有人道焉, 有地道焉.

괘와 효의 구조와 성질, 그리고 그 변화에 대해 말을 매달아 놓고, 괘와 효를 얻어서 괘와 효에 매달린 말로 길흉을 예측해 낸다. 이러한 『주역』의 체계는 신의 뜻을 알아내는 점서일까 아니면 세계에 대한 인식 혹은 설명일까? 앞에서 말했듯이 자연계와 인간계의 변화를 파악하고자 점을 치고, 그 변화를 반영한 효의 변화와 그 결과로 얻어진 본괘本卦에서 지괘之卦로의 변화에 따라 인간의 행동을 결정해야 한다는 것이 무축문화와 인문문화의 절충지점이라면, 『주역』의 성격을 어떻게 파악해야 할까?

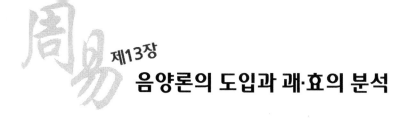

제13장

음양론의 도입과 괘·효의 분석

1. 괘와 효에 음양 적용

「단전」에서 괘와 효에 강유를 적용하던 것이 「설괘전」에서 괘에 대해서는 음양을 적용하고 효에 대해서는 강유를 적용하는 것으로 바뀌었다. 「계사전」에서는 더 나아가 괘와 효에 대해 음양 개념을 전면적으로 적용하고, 괘와 효를 음괘냐 양괘냐, 음효냐 양효냐로 분류하기 시작한다.

9장에서 언급하였듯이, 「단전」에서 하나의 괘를 강괘냐 유괘냐라고 구분한 것은 크게 두 가지로 나누어 볼 수 있다. 첫째는 그 괘를 구성하는 효가 강효냐 유효냐에 따라 강괘와 유괘로 구분한 것이고, 둘째는 그 괘를 구성하는 괘들의 숫자가 홀수냐 짝수냐에 따라 강괘와 유괘로 분류하였다. 물론 「단전」에서 괘에 대해 음괘와 양괘라는 표현을 쓰고 있기도 하다. 그러나 괘에 대해 음양이라는 표현을 한 경우는 태괘와 비괘의 '단사'에만 나온다. 따라서 「단전」에서 괘에 대해 음양론을 전면적으로 도입했다고는 보기는 어렵다.

「설괘전」에서는 "음양陰陽에서 변화를 관찰하여 괘卦를 세우고, 강유剛柔를 드러내어 효爻를 낳았다."[1]라고 직접 언급한다. 이 인용문에서 괘에 대해서 음양을 적용한 내용은 '음양에서 변화를 관찰해 괘를 세웠다'라는 문장이다. 이 문장은 음양이라는 개념과 괘의 관계를 직접적으로 연결시키고 있다. 다시 말해 천지자연의 변화를 음양으로 파악하고, 그 파악된 결과를 괘로 수렴했다는 말이다. 하지만 효에 대해서는 음양 개념을 적용하지 않고, 여전히 강유개념을 적용하고 있다.

이처럼 괘와 효의 성격을 규정하고 분류하는 방식에서 강유론에서 음양론으로 이행되는 과정을 「단전」과 「설괘전」이 보여준다. 이제 「계사전」에서는 괘와 효 모두에 음양을 적용하고, 괘와 효를 음양으로 분류하기 시작한다. 이러한 분류를 보여주는 내용이 "양괘는 음이 많고 음괘는 양이 많은데, 그 까닭은 무엇 때문인가. 양괘는 기홀수이고 음괘는 우짝수이기 때문이다."[2]라는 말이다. 이 문장에서 '양괘'와 '음괘'라는 용어가 직접 나타난다. '양괘는 음이 많고 음괘는 양이 많다'라는 문장과 '양괘는 기(홀수)이고 음괘는 우(짝수)'라는 문장에서 효에 음양을 적용했을 뿐만 아니라, 괘를 음괘와 양괘로 분류한 것을 읽어낼 수 있다.

우선 '양괘는 음이 많고 음괘는 양이 많다'라는 문장을 이해해보자. 이 문장을 이해하기 위해서는 효에 음양을 적용해야 한다. 효에 음양을 적용하면 양괘에서는 음이 많고, 음괘에서는 양이 많은 괘의

---

1. 「說卦傳」1장, 觀變於陰陽而立卦, 發揮於剛柔而生爻.
2. 「繫辭傳」下4, 陽卦, 多陰, 陰卦, 多陽, 其故 何也. 陽卦, 奇, 陰卦, 偶.

특징이 나타난다. 여기서 음과 양은 음효와 양효를 의미한다. 이괘 ☲를 예로 들어보자. 이괘는 그 구성이 음효가 하나이고 양효가 둘이다. 위의 인용문에 따르면, 양효가 음효보다 많으면 음괘가 될 것이고, 음효가 양효보다 많으면, 양괘가 될 것이다. 이괘는 양효가 음효보다 많다. 따라서 이괘는 음괘로 분류된다. 이를 '양괘는 기(홀수)이고 음괘는 우(짝수)'라는 문장으로 다시 확인해 보자. '━'은 1을 의미하고, '⚋'은 2를 의미한다. 이렇게 구분하는 것은 효를 그리는 획수에 따른 것이다. 양효는 1획, 음효는 2획으로 그린다. 이를 기초로 이괘☲의 효 구성을 살펴보면, 이괘는 효의 구성이 '━'이 둘이고, '⚋'이 하나이며, 수적인 구성은 4가 된다. 효를 그리는 획의 수적 구성이 짝수인 경우는 음괘가 되므로, 이는 음괘이다. 이괘의 예를 통해 보면, '양괘는 음이 많고 음괘는 양이 많다'는 문장과 '양괘는 기(홀수)이고 음괘는 우(짝수)'라는 문장에 일치함을 알 수 있다.

이제 「계사전」의 위 문장에 따라 경괘經卦인 건☰, 곤☷, 진☳, 손☴, 감☵, 리☲, 간☶, 태☱의 8괘를 음괘인지 양괘인지 판별해보자. 우선 건괘와 곤괘를 살펴보자. 건괘는 양괘이고, 곤괘는 음괘이다. 건괘는 양효를 나타내는 부호인 '━'이 3개가 중첩된 것이다. 양효인 '━'은 한 번의 획으로 그리기에 홀수 1을 의미하고, '━'가 3번 중첩해서 건괘가 이루어졌으므로, 괘의 구성도 삼 획으로 그려진 양괘이다. 곤괘의 경우는 음효인 '⚋'이 두 번의 획으로 그리기에 짝수 2를 의미하고, '⚋'이 세 번 중첩되었다. 그러면 총 6번의 획으로 그려진 괘이기에 음괘가 된다. 이처럼 하나의 괘를 양괘냐 음괘냐라고 구분하는 것은 그 괘를 구성하는 효들이 홀수 1인 양효(━)가 몇 개이고, 짝수 2인 음효(⚋)가 몇 개이냐에 따라, 전체 괘의 획수가 홀수이냐 짝수이냐에 따라 양괘와 음괘로 구분한다. 건괘와 곤괘는 양효와 음효만으로 구성된 괘이기에 양괘는 음이 많고, 음괘는 양이 많다는 문장에는 해당되지 않는다. 양괘는 기수이고 음괘는 우수라는 문장에만 해당된다. 이때 기수와 우수는 괘를 그리는 획의 획수를 의미한다.

진괘☳와 간괘☶의 경우는 효의 구성이 홀수인 1을 의미하는 양효(━)가 한 개이고, 짝수인 2를 의미하는 음효(╌)가 두 개다. 다시 말해 진괘는 5개의 획으로 그려진다. 진괘의 구성이 5개의 획으로 이루어졌기에 양괘가 되는 것이다. 또한 진괘는 양효보다 음효가 많다. 손괘☴와 태괘☱의 경우는 효의 구성이 홀수인 1을 의미하는 양효(━)가 두 개이고, 짝수인 2를 의미하는 음효(╌)가 한 개이다. 손괘는 4개의 획으로 그려진다. 손괘의 구성이 4개의 획으로 이루어졌기에 음괘가 되는 것이다. 손괘는 음효보다 양효가 많다. 이처럼 양괘는 양효보다 음효가 많고, 음괘는 음효보다 양효가 많다. 진괘와 간괘의 경우는 위의 인용문에서 말한 두 가지 조건을 모두 적용해 그 괘들이 양괘인지 음괘인지를 파악할 수 있다.

이러한 구분에 따라 양괘와 음괘를 분류하면 양괘는 건☰, 진☳, 감☵, 간☶가 되고, 음괘는 곤☷, 손☴, 리☲, 태☱가 된다. 음양으로 분류된 이들 괘의 효들의 전체 획수를 놓고 보면, 양괘는 그 획의 수가 홀수이고, 음괘는 그 획의 수가 짝수가 된다. 또한 양괘는 음효가 많고 음괘는 양효가 많음을 알 수 있다. 괘와 효의 이러한 특징을 반영해서 「계사전」에서는 "양괘는 음이 많고 음괘는 양이 많은데, 그 까닭은 무엇 때문인가. 양괘는 기(홀수)이고 음괘는 우(짝수)이기 때문이다."라고 한 것이다.

이러한 설명에 따르면, 「단전」에서 괘와 효를 강효로 구분한 것과 겹쳐 보인다. 「단전」에서 강괘와 유괘, 강효와 유효를 구분한 논리와 동일하게 「계사전」에서는 괘와 효에 음양론을 적용한 것으로 볼 수 있다.

「단전」에서 어떤 괘를 강괘냐 유괘냐를 구분할 때, 효를 그리는 획수에 따라, '━'는 홀수인 1을 '╍'는 짝수인 2를 의미했다. 건괘☰는 '━'이 3개이다. 따라서 1을 의미하는 '━'이 3개이므로 기수괘이며 강괘剛卦가 되고, 곤괘☷는 '╍'가 3개이다. 따라서 2를 의미하는 '╍'이 3개이므로 숫자로는 6이 된다. 6은 우수괘이고 유괘柔卦가 된다.

「단전」에서 효를 그리는 획의 수를 홀수인 1이냐, 짝수인 2냐로 구분하기 시작하여 효의 성질을 강효와 유효라고 구분하던 것이 「계사전」에서는 음효와 양효로 구분하는 변화가 일어났고, 괘에 대해서도 음양을 적용했다. 다시 말해 강효와 유효라는 구분이 양효와 음효라는 구분으로 전환되었음을 의미한다. 「계사전」에서는 효와 괘에 음양론을 전면적으로 도입해, 괘와 효를 음양으로 구분한다. 괘와 효에 음양론을 전면적으로 도입하면서, 강유는 괘와 효의 성질을 의미하던 것이 음양의 속성으로 그 성격이 변화한다. 다시 말해 양의 속성은 강이고, 음의 속성은 유라는 논리가 탄생하게 된다.

그렇다면, 대성괘를 양괘나 음괘로 구분하는 것은 가능할까? 앞서 인용문을 기초로 건괘와 곤괘를 살펴보자. 우리는 건괘가 양괘임을 안다. 그런데 건괘는 '━'이 6개이다. 양효가 6개이므로, 건괘를 구성하는 괘의 획수는 6이 된다. 이는 '양괘는 기(홀수)이고 음괘는 우(짝수)'라는 말에 비추어보면, 건괘는 효의 숫자가 6개이므로 음괘가 되어야 한다. 또 '양괘는 음이 많고 음괘는 양이 많다'라는 문장과도 맞지 않는다. 따라서 위의 문장에 비추어보면, 건괘는 음괘가 되어야 한다. 곤괘의 경우도 마찬가지이다. 곤괘는 '━━'가 6개이다. 2를 의미하는 음효가 6개 이므로 총 획수는 12개이다. 따라서 곤괘의 경우에 '음괘는 우(짝수)'라는 조건에는 맞다. 하지만 '음괘는 양이 많다'라는 조건에는 맞지 않는다.

그러면 건괘와 곤괘는 『주역』에서 차지하는 위치나 의미가 다르고, 순수한 양과 순수한 음만으로 구성되어있어 예외라고 생각하고, 다른 괘들의 경우를 살펴보자. 논의의 편의상 같은 괘[同卦]가 중첩되는 경우에서 몇 가지 예를 들어보고, 반대괘가 중첩되는 경우에서 몇 가지 예를 들어보자. 마지막으로 전혀 다른 괘가 중첩되는 경우에서도 몇 가지 예를 들어보자.

진괘震卦☳와 태괘兌卦☱의 경우를 살펴보자. 진괘는 소성괘의 경우에는 효의 획수가 5개이므로 양괘였다. 그러나 대성괘의 경우에는 효의 획수가 10개가 되어 우수가 된다. 효의 획수가 우수일 경우에는 음괘가 된다. 다시 말해, 소성괘에서는 양괘였는데, 대성괘에서는 음괘가 되어 그 성격이 반대로 바뀌었다. 태괘의 경우는 소성괘에서는 효의 획수가 4개이므로 음괘였다. 대성괘에서는 효의 획수가 8개이므로 여전히 음괘이다. 이렇게 보면, 소성괘가 양괘였다가 음괘가 될 수 있으며, 음괘였다가 양괘가 될 수도 있다. 물론 소성괘가 음괘였는데, 대성괘에서도 음괘가 될 수 있다. 소성괘가 양괘였는데, 대성괘에서도 양괘가 될 수 있다. 다시 말해 소성괘가 양괘이므로 대성괘가 양괘가 되거나 소성괘가 음괘이므로 대성괘가 음괘가 되는 경우, 소성괘가 양괘일 때, 대성괘가 음괘로 변하거나, 소성괘가 음괘일 때, 대성괘가 양괘로 변하거나 하는 일관된 법칙은 없다.

다음으로 반대괘[反卦]가 중첩되는 경우를 살펴보자. 반대괘는 진괘☳와 손괘☴처럼 같은 효의 자리에 상반된 효가 오는 것을 의미한다. 대성괘에서 반대괘는 비괘와 태괘, 항괘와 익괘 등이다. 항괘와 익괘를 예를 들어보자. 항괘(恒卦)☳☴는 진괘와 손괘가 중첩되어 대성괘를 이루었다. 소성괘에서 진괘는 효의 획수가 5개이므로 양괘이고 손괘는 효의 획수가 4개이므로 음괘이다. 항괘는 6효를 그리는 획수가 9개이므로 양괘이다. 익괘(益卦)☴☳는 손괘와 진괘가 중첩되어 대성괘를 이루었다. 익괘 역시 효를 그리는 획수가 9개이므로 양괘가 된다. 반대괘가 중첩되어 형성된 괘들은 6효를 그리는 획의 수로 양괘와 음괘를 구분할 수 있다. 하지만 항괘와 익괘처럼 반대괘가 쌍을 이룰 경우에도 이들 괘는 동일하게 음괘이거나 양괘가 된다. 이는 괘상이 반대이고, 그 괘의 상징이 서로 다름에도 음양의 분류에서는 동일해진다. 반대괘의 경우에는 음양의 분류로부터 발생하는 차이를 인식하기 어렵고, 음양의 상징에서 반대의 의미를 읽어내기 어렵다.

이제 전혀 다른 괘들이 중첩하여 대성괘를 이루는 경우를 살펴보자. 관괘(觀卦)☴☷와 대유괘(大有卦)☲☰를 예로 들어보자. 관괘는 손괘☴와 곤괘☷로 이루어졌다. 손괘는 소성괘로는 효의 획수가 4개이므로 음괘이다. 곤괘는 효의 획수가 6개이므로 역시 음괘이다. 대성괘로서 관괘 역시 효의 획수가 10개로 음괘이다. 대유괘는 이괘☲와 건괘☰로 이루어졌다. 이괘는 효의 획수가 4개이므로 음괘이다. 건괘는 효의 획수가 3개이므로 양괘이다. 대성괘로서 대유괘는 효의 획수가 7개이므로 양괘이다. 다른 괘들이 중첩되어 대성괘를 이루는 경우에서 음양의 분류에서는 일정한 법칙이 없다.

지금까지 예를 든 괘들을 제외하고 다른 경우를 따져보아도 대성괘를 음양으로 분류하는 일정한 법칙은 없다. 따라서 「계사전」에서 괘를 음양으로 분류한 것은 소성괘, 즉 경괘經卦에만 적용되는 것을 알 수 있다.

『주역전의』의 상하편의上下篇義에서 정이천은 「서괘전」에서 상하편으로 괘들을 편제한 것을 설명하면서, 괘를 상하편으로 나눈 것은 음양을 기준으로 하여 양이 성한 것은 상편에 음이 성한 것은 하편에 배치했다[3]고 한다. 이때 음이 성하다거나 양이 성하다는 것의 기준을 혹은 괘로써 삼고 혹은 효로써 기준을 삼았다고 한다. 정이천의 이 표현은 괘를 음양으로 분류하는 통일된 기준이 없다는 말을 함축한다.

앞에서 「서괘전」을 설명할 때 필자는 64괘의 배열에는 필연적 인과나 논리가 없다고 말했다. 만약 괘나 효에 대한 음양의 분류 기준이 있고, 그 기준에 따라 괘 배열이 이루어졌다면, 64괘 배열은 체계적일 형태를 보였을 것이다. 그리고 「서괘전」은 전혀 다른 방식으로 쓰였을 것이다.

2. 괘효 분석

춘추시대 점법이 어떠한 것인지는 알 수 없다. 또한 그 점풀이 방법도 알 수 없다. 『춘추좌씨전』이나 『국어』 등에는 시초점을 치고서

---

3. 『周易傳義大全』 上下篇義, 卦之分, 則以陰陽, 陽盛者居上, 陰盛者居下, 所謂盛者, 或以卦, 或以爻, 卦與爻 取義有不同.

그 해석을 『주역』이 아닌 다른 점풀이 책에서 가져와 풀이[4]하기도 하고, 『주역』의 괘효사에 기초해서 풀이[5]한 것도 있다. 적중한 점풀이 내용들만 기록한 것인지는 몰라도 이들 책에 기록된 점풀이는 대부분 길흉이 적중한 것으로 서술되어 있다.

만약 춘추시대에 시초점을 치고 그 결과로 괘나 효를 얻고, 해당 괘나 효의 괘사와 효사를 『주역』이나 다른 점풀이 책에서 찾아보고 점문卜問의 길흉을 판단했다면, 어떻게 『춘추좌씨전』과 『국어』의 기록처럼 점풀이가 매번 적중할 수 있었을까? 춘추시대 역과 점술을 관장하는 관리[卜官]들이 영험했기 때문일까? 설령 역과 점술을 관장하는 관리들이 영험하더라도 모든 시초점의 결과를 적중하지는 못했을 것이다. 그렇다면 이들에게는 길흉의 적중률을 높이는 특별한 분석방법이 있지 않을까?

그 분석방법이 무엇일까. 현재에도 주역점을 치고서 그 점풀이를 할 경우, 점치는 사람이 누구인지, 그 사람의 사회적 지위와 사람 혹은 일과의 관계는 어떠하고, 평상시 언행이 어떠했으며 성격이 어떠했는지를 파악해야 할 것이다. 그가 처한 현재 상황이 어떠한지, 그가 겪고 있는 일들의 성격은 무엇인지도 파악해야 할 것이다. 그가 겪고 있는 상황과 일들의 추이를 시간적으로도 고려해야 할 것이다.

우리는 춘추시대 점풀이 방법이 무엇인지는 알 수 없지만 위에서

---

4. 고형, 이경지, 용조조 지음, 김상섭 편역, 『주역점의 이해』, 지호출판사, 2009년, 33쪽 참조.

5. 위의 책, 59쪽에 따르면, 『좌전』에 『주역』으로 점 친 사례는 12개가 기록되어 있고, 『주역』의 문구를 인용한 것은 5,6개가 있으며, 『국어』에는 주역 점을 2개 기록하고 있다고 한다.

언급한 요소들이 모두 고려되었을 것을 알 수 있다. 송대 인물인 조여매趙汝楳[6]의 기록에서 이러한 점들이 점풀이에서 중요하게 고려되고 있음을 확인할 수 있기 때문이다. 조여매는 『주역집문周易輯聞』의 부록인 『역아易雅』「점석占釋」 제9에서는 다음과 같이 말하고 있다.

무릇 유자가 점을 명하는 요체는 성인에 바탕을 두고 있으니, 그 방법에는 다섯 가지가 있다. 하나는 신身이요, 둘은 위位요, 셋은 시時요, 넷째는 사事요, 다섯은 점占이다. 점을 구하는 것을 신이라고 하고, 처해 있는 상황을 위라고 하고, 겪고 있는 일을 시라고 하고, 점에서 명하는 것을 사라고 하고, 길흉을 예시하는 것을 점이라고 한다. 그러므로 점을 잘 치는 사람은 이미 괘를 얻었다면, 반드시 점을 보는 사람의 본분과 그 사람의 처한 상황이 적합한지 어떠한지, 겪고 있는 일이 험한지 평이한 지를 살피고, 또 점치는 것의 그릇됨과 바름을 고찰하여 점의 길흉을 결정한다.[7]

위의 글은 송대 인물인 조여매가 『주역』을 기초로 점치는 과정에

---

6. 조여매(생몰연대 불분명)는 송나라 이종理宗 시기의 학자이자 관리로 호조시랑 戶部侍郎을 역임했다. 역에 관련된 저술로는 『주역집문周易輯聞』 6권과 부록으로 『역아易雅』 1권, 『서종筮宗』 1권 등을 남기고 있다. 가학으로 전해진, 역학을 연구하면서 한나라 시기의 비직費直의 역학을 위주로 연구하였다. 한대 역학에 침잠해, 계사전의 '자왈'이 공자의 말이 아님을 주장하기도 하였다.

7. 『周易輯聞』 易雅, 「占釋」 제9. 夫儒者命占之要, 本於聖人. 其法有五曰身, 曰位, 曰時, 曰事, 曰占. 求占之謂身, 所居之謂位, 所遇之謂時, 命筮之謂事, 兆吉凶之謂占. 故善占者, 旣得卦矣, 必察其人之素履, 與居位之當否, 遇時之險夷, 又考所筮之邪正, 以定占之吉凶.

서 점풀이의 여러 요소를 설명한 것이다. 이 인용문에서 점풀이 과정에서 시초를 얻고 괘나 효를 얻은 다음 점을 치는 사람의 사회적 지위가 어떠하며 됨됨이가 어떠한지[身], 그가 현재 처한 상황이 어떠한지[位], 현재 겪고 있는 일의 때가 어떠한지[時], 점을 쳐서 묻고자 하는 구체적인 일은 무엇인지[事]를 종합적으로 보아 길흉을 판단한다[卜]고 말한다.

조여매의 점풀이 요소는 오늘날에도 여전히 사용된다. 단순히 시초점을 치고 그 결과 얻어진 괘나 효의 괘사와 효사만으로는 점을 쳐서 묻고자 하는 일의 길흉과 향방을 해석해내기는 어렵기 때문이다. 단순히 괘사나 효사에 의존한 점풀이의 문제점을 해결하는 방법들이 조여매가 말한 요소들일 것이다. 조여매가 말한 점풀이의 요소들이 『역전』에서 조금씩 나타났고, 후대에서 이런 요소들이 모두 점풀이의 요소와 방식으로 수렴된 것으로 볼 수 있다. 그렇다면 조여매가 언급한 점풀이의 요소들이 『역전』에서 어떻게 나타나는지를 알아보자.

3. 효의 자리와 역할에 대한 분석

우리는 9장에서 괘의 강유, 효의 성질과 자리 관계를 「단전」에서 몇 가지 사례를 가지고 다루었다. 9장에서 이 주제를 다룰 때 괘의 성질과 효의 성질을 강과 유로 구분했고, 효의 자리와 효들의 관계에 대해서 '강의 자리[剛位]'와 '유의 자리[柔位]'를 구분하고 강의 자리에 강효가 오고, 유의 자리에 유효가 위치했는지를 두고, '제자리를 얻었다[正]', '중을 얻었다[中]' 등으로 표현하고, 강효와 유효의 관계가 어떠한지를 이효와 오효의 '응한다[應]' 등으로 설명했었다.

10장에서는 「단전」에서 언급한 효의 자리와 관계에 대한 이론이 '소상'에서는 거의 완성된 형태를 보인다고 설명했다. '소상'에서는 여섯 효의 성질과 자리, 호응 관계를 모든 효에 전면적으로 적용하고, 효 하나하나에 상징을 부여한 특징을 보여주었다. 초효는 사물이 새롭게 생겨나는 것을 상징함으로 유약함을, 이효와 오효는 중정한 도이고, 이를 지키는 자리로서 존귀한 자리를, 삼효와 사효는 특정한 상징이 없어서 처한 상황이나 때에 따라 그 의미나 상징이 결정되며, 상효는 최고의 지위를 상징하고 막힌 길을 의미한다고 설명했다.

「단전」과 '소상'에서 말한 여섯 효의 성질, 자리, 호응 관계를 발전시켜 「계사전」에서는 보다 완성된 이론을 제시한다. 「계사전」에서는 여섯 효의 자리를 일의 시작과 끝의 관계로, 사물의 시작과 끝으로, 사회 속에서 사람들의 계급적 귀천을 상징하는 이론으로 제시한다. 하나의 괘에서 효의 자리에 따라 일의 시작과 변화 그리고 마침을 읽어내기도 하고, 효의 자리에 따라 사[元士]에서부터 은퇴한 군자[宗廟]를 상징하기도 한다. 가령 초효는 일의 시작을 의미하고 삼효는 일의 변화와 전환을 의미하고, 또 초효는 사士를 상징하고 삼효는 대부大夫를 상징한다고 알고 있다.

이러한 해석이 가능한 것은 「계사전」의 괘효 분석법에 따른 것이다. 「계사전」 하 9장에는 괘의 효들이 일과 사물의 변화를 설명하는 내용이 나온다. 효들의 관계를 설명하면서, 효들의 역할과 기능에서의 차이점들도 밝히고 있다. 또한 「계사전」 상 1장에는 여섯 효의 자리에 따라 계급과 신분의 지위를 규정한 내용이 나온다.

그러나 '초효는 일의 시작을 의미하고 삼효는 일의 변화와 전환을 의미하고, 또 초효는 서인[士]을 상징하고 삼효는 대부를 상징한다'는 것처럼, 효와 일, 효와 사물의 변화, 효와 계급과 신분의 관계에 대해, 「계사전」에는 완전한 설명체계를 제시하지 않는다. 그러나 이와 같은 설명체계의 단초는 갖추어졌다고 말할 수 있다. 물론 「계사전」 상 1장에서 말하는 계급과 신분의 지위 규정에 대한 설명은 완전한 것이 아니다. 이는 한대 경방의 역학에 와서야 완성된다.

이제 위에서 말한 내용들을 「계사전」의 말들을 가져와서 하나씩 해명해 보자. 먼저 「계사전」 하 9장의 말들을 먼저 가져와 효와 일, 효와 사물의 변화를 설명해 보자.

역이라는 책은 시작을 추론하고 결말을 귀납하는 것을 바탕으로 삼는다. 여섯 효가 섞여 있음은 특정한 상황과 사물을 반영한다. 초효는 알기 어려우나 상효는 알기 쉽다. 이는 근본과 말단의 관계이기 때문이다. 초효의 효사는 시작을 헤아리고, 상효의 효사는 결과를 결정한다. 여러 사물을 섞어 놓고 그 성질을 서술하며 그것들의 옳고 그름을 가려 내려면 중간의 효가 없으면 갖추어지지 않는다. 존망길흉의 경우도 일을 벌이지 않는 평소에는 알 수 있다. 지혜로운 사람이 단사를 보면 괘의 의미를 반 이상 알 것이다.[8]

이 인용문에서 '여섯 효가 섞여 있는 것은 특정한 상황과 사물을 반영한다'든가, '초효의 효사는 시작을 헤아리고 상효의 효사는 결과

---

8. 「繫辭傳」 下9, 易之爲書也, 原始要終, 以爲質也, 六爻相雜, 唯其時物也. 其初, 難知, 其上, 易知, 本末也. 初辭擬之, 卒成之終, 若夫雜物, 撰德, 辨是與非, 則非其中爻, 不備. 噫, 亦要存亡吉凶, 則居可知矣, 知(智)者觀其彖辭, 則思過半矣.

를 결정한다'든가, '여러 사물을 섞어 놓고 …… 중간 효가 없으면 갖추어지지 않는다'든가 하는 말들은 어떤 일들의 시작, 변화, 결과를 효들과 연결해서 파악할 수 있으며, 일이 상황에 따라 변화할 때 그 변화를 점쳐 길흉을 파악할 수 있다는 말이다.

어떤 일의 시작에서는 그 일의 승패를 알 수 없다. 일이 어느 정도 진행된 다음에 그 일의 승패를 점쳐 알 수 있게 된다. 이는 하나의 괘에서 초효에서 상효로 이어지는 구성이, 일이나 사태가 점차로 발전, 변화해가는 과정을 상징한다는 것을 전제했기 때문에 가능하다. 일이나 사태가 시작되면 상황의 변화에 따라 그 일과 사태는 굴곡을 겪으며 변화되기도 하고, 그 방향이 전환되기도 한다. 이러한 변화와 전환을 하나의 괘에서 효들의 자리와 결합해 설명하고, 그 효의 자리와 효들의 관계에 따라 승패를 점칠 수 있다는 말이 인용문의 의미이다. 그래서 '초효는 알기 어렵고 상효는 알기 쉽다. 옳고 그름을 가려내려면 중간의 효가 필요하다'라고 말한 것이다.

초효와 상효를 제외한 중간의 효들은 어떤 일이나 사태가 전개될 때, 다양한 굴곡과 변화를 보여주는 과정에 해당한다. 만약 어떤 사람이 어떤 일을 맡았을 때, 그 사람의 지위와 태도에 따라, 시기나 상황에 따라 그 일과 사태는 전혀 예측하지 못하는 방향으로 전개될 수 있다. 이를 이효에서 오효까지의 중간 효들에 자리와 그 자리에 위치한 효들, 효들의 관계를 통해 예측할 수 있다. 가령 일을 맡은 사람이 대리에서 과장으로 승진[2효에서 3효로 이동]했을 때, 그 사람의 지위와 역할이 일에 미치는 영향은 달라질 수밖에 없다. 이는 그 일의 성패에 영향을 미친다. 이를 중간 자리의 효를 통해 성패[옳고 그름]를 가려낼 수 있다고 말한 것이다.

이와 관련해 「계사전」의 내용을 가져와 보자. 이 역시 「계사전」 하 9장의 말이다.

> 이효와 사효는 역할은 같지만 자리가 달라서 가치[善]가 같지 않다. 이 효는 (효사에) 영예가 많은 반면에 사효는 (효사에) 두려움이 많은데, 그 것은 (사효가 오효에) 가깝기 때문이다. 음陰이면서 유柔한 도리는 (오효 로 부터) 멀리 있는 것에게는 불리한데도 대체로 해가 됨이 없다는 것은 (이효가) 유이면서 중中의 자리이기 때문이다. 삼효와 오효는 역할은 같 지만 자리가 다른데, 삼효는 (효사에) 흉함이 많고 오효는 (효사에) 공이 많은 것은 귀천의 차이 때문이다. 거기에 음효가 오면 위태로우나 양효 는 그것을 감당할 수 있다.[9]

이 인용문의 내용은 크게 세 가지로 나누어 볼 수 있다. 첫째는 이 효와 사효, 삼효와 오효의 역할을 설명하는 내용이고, 둘째는 효들 의 효사가 길하고 흉한 것을 분류하면서, 그 기준을 오효와의 관계 에 둔다는 점이다. 셋째는 효들의 역할과 자리에 따라 흉함과 길함 으로 구분되는 것은 귀천貴賤의 차이라는 점이다. 이는 효들의 자리 에 따라 귀천의 차이가 존재하고, 이는 그 역할에서도 차이를 발생 한다는 것을 전제하고 있다고 볼 수 있다.

이효와 사효의 관계를 살펴보자. 이효는 하괘下卦에, 사효는 상괘上 卦에 위치한다. 그럼에도 이효와 사효의 관계를 설명하면서 '역할은

---

9. 「繫辭傳」下9, 二與四 同功而異位, 其善不同, 二多譽, 四多懼, 近也. 柔之爲道, 不 利遠者, 其要无咎, 其用柔中也. 三與五 同功而異位, 三多凶, 五多功, 貴賤之等也. 其 柔, 危, 其剛, 勝耶.

같지만 자리가 다르다'라고 표현하고 있다. '역할이 같다'라는 표현은 이효와 사효가 모두 짝수의 자리, 즉 음의 자리[陰位]로서 기능적인 측면에서 그 '역할이 같다'라는 의미이다. 음의 자리에 위치한 효는 그 성질이 유柔하고 유한 것은 순응[順]하는 성질이 된다. 유한 자리의 효의 역할은 강효剛爻 혹은 강효의 자리에 위치한 효를 따르는 것으로 이해할 수 있다. 그래서 강효를 따르는 역할은 서로 같다는 의미에서 '역할은 같다'고 표현한 것이다.

'자리가 다르다'라는 것은 한 괘에서 중심이 되는 오효를 기준으로 이효와 사효의 자리가 다르다는 의미이다. 흔히 오효는 상괘의 중간 자리[中爻]에 위치하고 천자를 상징하는 자리로 이해된다. 이효는 사효에 비해 오효와 거리가 멀다. 그러면서 하괘의 중효 자리에 위치한다. 이에 반해 사효는 오효와 거리가 가깝고, 상괘의 맨 아래 자리에 위치한다. 사효는 천자의 자리에 가까우면서도 상괘의 맨 아래 자리에 위치하기에 경계하고 두려워해야 하는 자리[四多懼]가 된다. 반면에 이효는 하괘의 중효 자리에 위치하여 하괘의 중심이 되는 자리이다. 그러면서도 음의 자리이므로 유순한 성질을 갖는 자리이기도 하다. 또한 천자의 자리와도 멀다. 하괘의 중심이 되는 자리이면서도 유순한 성질을 갖는 것이기에 효사에서 영예롭다는 표현이 많이 나온다[二多譽].

삼효와 오효의 관계를 살펴보자. 삼효와 오효의 관계도 이효와 사효의 관계를 설명하는 것과 같다. 삼효와 오효에 대해서도 '역할은 같지만 자리가 다르다'라고 표현하고 있다. 이 표현 역시 삼효와 오효가 모두 홀수의 자리, 즉 양의 자리[陽位]로서 기능적인 측면에서 그 역할이 같다는 의미이다. 삼효와 오효는 양의 자리에 위치한 효로 그 성질이 강剛하며 '굳건함[健]'하다. 삼효와 오효는 강건한 성질은 같지만 그 자리가 달라 효사의 내용도 다르다. 삼효는 하괘의 맨 윗자리에 위치하고, 오효는 상괘의 중간 자리[中爻]에 위치한다. 삼효는 하괘의 맨 윗자리에 위치하기에 그 자리가 위태롭다. 하지만 오효는 상괘의 중효에 위치하기에 중정中正한 자리이다. 또한 삼효는 신하의 자리이고, 오효는 천자의 자리이다. 삼효는 신하로서 천자를 따르는 자인데도 강건한 성질을 가지고 있다. 이는 천자의 명령을 따르는 신하의 역할에 반하는 성질이다. 반면 오효는 천자의 자리이면서도 강건한 성질을 가지고 있다. 이러한 자리와 역할의 놓고보면, 삼효의 효사는 대부분 흉하다[三多凶]는 내용이 될 수밖에 없다. 오효의 자리에 음효가 오면 위태롭지만 양효는 이를 감당할 수 있어서 공이 많다[五多功]고 말한 것이다.

지금까지 「계사전」 하 9장의 내용들은 일의 변화를 두고, 그 변화와 전개를 설명하거나, 여섯 효로 이루어진 대성괘를 하괘와 상괘로 나누어 효들의 관계를 설명하거나, 오효를 중심에 두고 각 효들의 관계를 설명한 것이었다. 이는 효들의 호응 관계를 설명한 것이 아니라, 일의 변화를 중심에 두고, 그 일의 변화나 전개를 분석하는 분석의 방법으로 제시된 것으로 볼 수 있다. "여러 사물을 섞어 놓고 그 성질을 서술하며 그것들의 옳고 그름을 가려내려면 중간의 효가 없으면 갖추어지지 않는다."는 말처럼, 어떤 일이나 사태의 변화 속에서 그 일의 승패와 좋음과 나쁨을 분석하기 위해 각 효들의 역할과 자리의 성질 등을 설명한 것으로 볼 수 있다.

이제 효의 자리와 사회적 지위의 상징을 살펴보자. 효의 자리에 사회적 계급과 지위를 부여한 것은 「계사전」 상 1장에서부터 시작된다.

하늘은 높고 땅은 낮은데 그것을 본떠 건괘와 곤괘가 자리를 잡는다. 낮은 자리에서 높은 자리까지 여섯 효가 배열되는데, 그 자리에 귀하고 천한 위치가 정해진다.[10]

김경방金景芳은 이 문장을 계급관념의 근거로 삼아 풀이한다. 그는 은나라 역[귀장역]의 배열인 곤괘–건괘의 구조를 뒤집어 건괘–곤괘 구조를 만들면서 주나라의 계급관념을 투영했다고 풀이한다. 그러면서 낮은 자리에서 높은 자리로 효가 배열되면서 귀천의 위치가 정해진다는 것은 효의 자리를 음양이라고 본 것이 아니라, 주나라의 '존존尊尊'과 '친친親親' 관념에 기초한 계급의 귀천을 반영한 것이라고 한다.[11] 존귀한 지위의 사람을 떠받듦이라는 존존 관념과 피붙이를 친애함이라는 친친 관념으로부터 계급적 지위가 결정되고, 그 계급의 귀천이 여섯 효의 자리에 배당되었다는 말이다.

김경방이 건괘와 곤괘의 배열 형태가 계급관념의 근거라고 말하고, 주나라의 종법제도인 존존과 친친의 계급이 여섯 효의 괘에 배열되면서, 계급관념이 투영되었다고 한 말은 의심해볼 만하다. 왜냐하면, 김경방이 말한 『주역』의 괘 배열이라는 것이 주나라에 건괘–곤괘 형태로 구성되었는지 확인할 수 없기 때문이다. 진시황의 진나라에도 전혀 다른 괘 배열의 역이 출토되기도 하고, 한나라 시기의 역학 관련 책들에서도 전혀 다른 괘 배열이 나타나기 때문이다. 이

---

10. 「繫辭傳」上1, 天尊地卑, 乾坤定矣. 卑高以陳, 貴賤位矣.

11. 김경방, 여소강 지음, 한국철학사상연구회 기철학분과 옮김, 『역의 철학』, 1993, 30쪽 참조.

러한 점에서『주역』의 괘 배열은 군신과 신하간의 절대적 권위와 위계를 확정한 한무제를 전후해서야 완성된 것으로 볼 수 있을 것이다.(이와 관련해서는 15장에서 논의한다.)

다만 김경방과 같은 주장이 성립하려면, 한나라 시기 경방京房의 역학과『역위건착도易緯乾鑿度』에서 제시하는 효의 자리와 계급의 배분이 하나의 이론으로 정립되어야만 가능하다. 경방은 세응설世應說[12]을 통해, 효들의 호응을 설명하기도 하고, 여섯 효에 귀천의 신분을 적용한다.『역위건착도』는 경방의 역학이론을 수용해서 성립한 책이다. 경방(BC 77 ~ BC 37)의 생몰연대는 한무제(BC 141 ~ BC 87) 이후이고,『역위건착도』역시 한무제 이후 경방의 사후 시기와『백호통의白虎通義』[13] 사이에 성립된 책이므로, 김경방이 주나라의 계급

---

12. 세응설世應說은 경방이 창안한 이론으로 대성괘 여섯 효에서 주가 되는 효와 종이 되는 효를 구분하여, 주가 되는 효를 '거세居世', '임세臨世', '치세治世'로 부르며, 주가 되는 효를 '세世'로, 종이 되는 효를 '응應'으로 구분한다. 이렇게 구분되는 주종관계는 효 자리의 홀수와 짝수가 상응하는 것으로 본다. 만약 초효가 주가 되어 '세'가 되면, 사효가 '응'이 되며, 이효가 '세'가 되면 오효가 '응'이 되며, 삼효가 '세'가 되면 상효가 '응'이 되는 방식으로 설명한다. 오효가 '세'가 되면 이효가 '응'이 되고, 사효가 세가 되면 초효가 응이 되는 것처럼 반대의 경우도 동일하다.
세응설은 계급과 지위에 적용하여, 초효는 원사元士, 이효는 대부大夫, 삼효는 삼공三公, 사효는 제후諸侯, 오효는 천자天子, 상효는 종묘宗廟로 구분하고, 이들 계급과 지위에서 주종관계를 설명하거나 이들의 관계를 통해 점후占候를 예측한다.

13.『백호통의白虎通義』는『백호통白虎通』으로도 부른다. 동한東漢 시기 장제(章帝, 75~88) 4년(79년)에 백호관白虎觀에서 금문학자와 고문학자들과 신하들이 오경五經의 같고 다름을 두고 토론하고, 장재가 그 내용을 판결하여 금문경학을 확정지은 것을 말한다. 이 회의의 결과를 반고班固가 책으로 묶어낸 것이『백호통의』이다. 백호관 회의가 열린 이유는 당시에 금문경학이 주류를 이루었으나 고문경학이 발굴되면서 문자와 사상, 학설에서 여러 논쟁이 발생하면서 유가 오경의 뜻이 금문이 정확한지 고문이 정확한지를 두고 논쟁이 지속적으로 일어났기 때문이다.『백호통

위계인 존존과 친친의 논리가 반영된 것이라는 주장은 성립되기 어렵다.

4. 효의 응應과 역할론

말이 나온 김에 『역위건착도易緯乾鑿度』[14]를 중심으로 효들의 호응 관계를 설명하는 '응應'과 효와 계급의 관계를 배분한 역할론을 다루어 보자.

하나의 괘에서 효들의 관계를 설명하는 내용을 '호응[應]'이라고 한다. 효들의 호응 관계는 「단전」에서 이효와 오효의 관계를 말하면서 '응한다[應]'라는 표현을 사용한다. 「단전」에서는 이효와 오효와의 호응만을 언급했었다. 이효와 오호의 호응 관계는 하괘와 상괘의 중효中爻가 서로 호응하는 관계를 의미한다. 이는 괘에서 '중中'을 중시하

의』는 수당시기에 일실되어 존재하지 않는다.

14. 『역위건착도』는 동한시대의 책으로, 정현이 주석한 책이다. 이 책은 동한시대의 다양한 사상들이 결합되어 '역'을 설명하고 있는데, 대표적으로는 도가의 역과 대역, 술수 등의 관점에서 '역'을 해석하고 있다. 도가의 역과 대역, 술수의 관점이 반영되었다는 것은 '역'을 통해 우주론을 설명하거나, 천인감응의 논리로 '역'을 해석한다는 의미이다. 도가의 역이 반영되었다는 것은 우주발생론은 "태양太易 → 태초太初 → 태소太素 → 혼돈混沌 → 천지天地 → 만물萬物"로 설명하는 것이다. 이는 도가 계열의 책인 『열자』 등에서 보이는 우주 발생론이다. 천인감응론이 나타난다는 것은 『역위건착도』에서 '역'의 작용은 성인이 천의天意를 통달해 인륜을 드러내고 지극한 도를 밝히는 것(聖人所以通天意, 理人倫而明至道)이라는 주장이 나타나는데, 이 주장의 근거가 바로 천의天意와 인륜人倫이 밀접하게 연관된 것이라는 논리에 기초하고 있기 때문이다.

는 사유와 연관된 것이었다.(이와 관련해서 9장을 보라)

『역전』의 내용들에서 효의 응과 효의 자리와 계급을 말하는 것들이 온전한 체계를 이루지 못하지만, 경방의 『경씨역전京氏易傳』과 『역위건착도』에서는 이들에 대한 완전한 설명체계가 등장하는데 '응應'에 대한 정의를 확인할 수 있다. 설명의 편위를 위해 『역위건착도』의 내용을 가져와 말해보자.

건(하늘)과 곤(땅)이 서로 나란하여 함께 만물을 생성하니, 음양이 있게 되었다. 이로 인해 거듭하여 여섯 개의 획으로 괘를 이루었다. 세 번째 획 이하는 땅이 되고 네 번째 획 이상은 하늘이 되며, 만물을 감응하여 움직이고 같은 류는 서로 응한다. 역의 기가 아래로부터 생겨나서 땅의 아래에서 움직이면 하늘의 아랫부분에 응하고, 땅의 가운데에서 동하면 하늘의 중간 부분에 응하며, 땅의 위에서 움직이면 하늘의 윗부분에 응한다. 초효는 사효와 응하고, 이효는 오효와 응하며, 삼효는 상효와 응하니, 이를 일러 '응應'이라고 한다.[15]

『역위건착도』에서는 '응應'에 대한 정의는 초효와 사효, 이효와 오효, 삼효와 상효가 서로 대응하는 관계를 말한다. 이는 「단전」에서 이효와 오효의 관계를 '응'이라고 한 것이 확대된 것으로 볼 수 있다. 「단전」에서는 이효와 오효의 관계만을 '응'이라고 표현하고 있는데,

---

15. 『易緯乾鑿度』, 清輕者上為天, 濁重者下為地, 物有始有壯有究, 故三畫而成乾. 乾坤相並, 俱生物, 有陰陽, 因而重之. 故六畫而成卦. 三畫已下為地, 四畫已上為天, 物感以動, 類相應也. 易氣從下生, 動於地之下則應於天之下, 動於地之中則應於天之中, 動於地之上則應於天之上. 初以四, 二以五, 三以上, 此之謂應.

『역위건착도』에서는 다른 효들의 관계에서 '응'이라는 개념을 적용하고 확대한 것으로 볼 수 있다. 그러면서『역위건착도』는 효들의 호응이 발생하는 이유는 하늘과 땅의 관계, 하늘과 땅이라는 공간이 형성되면, 그 공간 사이를 만물이 채우고, 만물 사이에는 감응感應이 일어난다고 본다. 이러한 감응을 '역의 기[易氣]'가 운행하는 방식과 그 기의 운행에 반응하는 방식으로 효들 사이의 관계인 '응'을 설명했다.

이제 '역할론'이라고 불리는 내용을 살펴보자. 우리가 역의 역할론이라고 부르는 것은 각 효에 계급이나 지위를 배당하여, 효들의 관계와 계급의 관계를 결합해 살펴보는 것이다. 초효는 사士이며, 이효는 대부大夫이고, 삼효는 삼공三公이며, 사효는 제후諸侯이고, 오효는 천자天子이고, 상효는 은퇴한 군자[宗廟]라는 계급과 지위를 각 효에 배당하는 것이다. 이러한 구분은 동한 시기의 책인『역위건착도』에 나온다.

공자가 말하기를 역에는 여섯 자리와 삼재가 있다. 천·지·인은 도가 나뉘는 기준이다. 삼재의 도는 천·지·인이다. 천에는 음양이 있고, 지에는 강유가 있으며, 사람에게는 인의가 있다. 이 세 가지를 본받았기 때문에 여섯 자리가 생겼다. …… 도덕이 세워지고 존비가 정해진다. 이 천·지·인은 도가 나뉘는 기준이다. 천지의 기는 반드시 마침과 시작이 있다. 여섯 효의 자리를 설비한 것은 모두 위에서 아래로 계급 지워진다. 그러므로 역은 일에서 시작하고 이에서 나뉘며, 삼에서 통하고 사에서 □(알 수 없는 글자)하며 오에서 왕성하며, 상효에서 끝난다. 초효는 원사가 되고, 이효는 대부가 되며, 삼효는 삼공이 되고 사효는 제후가 되며, 오효는 천자가 되고 상효는 종묘가 된다. 이 여섯 가지는 음양이 진퇴하는 까닭이며, 군신의 지위가 오르고 내리는 것이며, 만인이 법칙으로 삼는 것이다.[16]

이 인용문에서 하나의 괘를 구성하는 여섯 효의 자리에 대한 계급과 지위를 결합한 것이 나타난다. 여섯 효의 자리를 계급과 지위에 배당한 근거는 삼재의 도인 천·지·인에 따라 여섯 효의 자리가 정해지고, 도덕과 존비가 정해졌기 때문이라고 말한다.

우리는 효의 호응이나 효들의 관계, 효의 자리와 계급 및 역할에 대해, 「단전」, '소상', 「계사전」을 거쳐 『역위건착도』까지의 흐름을 추적해 보았다. 이러한 흐름에서 「단전」과 '소상'의 논리가 「계사전」에 수용되었지만, 「계사전」에서 완성된 효들의 호응, 효의 자리와 계급, 역할이 나타나지 않았다. 하지만 이러한 단초들은 『역전』의 이들 편에서 나타나고, 이를 『역위건착도』에서 하나의 이론으로 정립한 것을 이해할 수 있다.

비록 「계사전」에서 효들의 호응과 효의 자리와 계급에 대한 완전한 이론을 제시하지 않았지만, 「계사전」은 「단전」과 「상전」, 「설괘전」의 괘효 분석법을 종합하면서도 새로운 관점을 제시한다. 이를

---

16. 『易緯乾鑿度』, 孔子曰, 易有六位三才, 天地人, 道之分際也. 三才之道, 天地人也. 天有陰陽, 地有柔剛, 人有仁義, 法此三者, 故生六位. …… 則道德立而尊卑定矣. 此天地人, 道之分際也. 天地之氣, 必有終始, 六位之設, 皆有上下. 故易始於一, 分於二, 通於三, 口於四, 盛於五, 終於上. 初為元士, 二為大夫, 三為三公, 四為諸侯, 五為天子, 上為宗廟. 凡此六者, 陰陽所以進退, 君臣所以升降, 萬人所以為象則也.

크게 네 가지 점으로 정리할 수 있다.

첫째는 6개의 효로 구성된 대성괘大成卦를 기준으로 삼는다는 점이다. 둘째는 비록 소성괘에 한정되지만 이에 대해 음양을 적용하고, 효에 음양을 적용한다는 점이다. 셋째는 효의 자리[爻位]에 따라 효들의 관계[應]를 분명히 한다는 점이다. 마지막으로 일의 변화와 관련해 효들의 자리와 효들의 관계를 설명한다는 점이다.

이처럼 괘와 효에 대한 다양한 관점을 적용하여 점술을 해석하면, 이전의 점술의 해석과 달리 다양하고 풍부한 해석이 가능하다. 춘추시대의 점술 해석은 시초점을 치고 그 결과로 얻은 괘나 효에 붙어 있는 괘사와 효사에 의지해 점문占問의 길흉을 판단했다. 하지만「계사전」의 괘효 분석법을 적용하면 점을 치는 사람의 사회적 지위와 공동체에서 역할과 관계, 점문을 통해 묻고자 하는 일의 정황과 추이, 그 결과 등을 종합적으로 해석하게 하는 측면이 있다. 또한 점을 치는 사람의 입장에서 천·지·인의 삼재라는 큰 구조에서 천이라는 신명神明, 자연과 인간의 관계 속에서 자신의 위치와 태도 등의 파악하게 한다.「계사전」의 괘효 분석법은 점을 치는 사람의 사회적 지위와 태도를 신명과 자연계, 인간관계 속에서 복합적으로 살피고, 그가 묻고자 하는 일들에 대해서도 신명과 자연계, 인간관계 속에서 추이와 변화를 파악하게 해 행동을 결정하게 한다.

「계사전」의 괘효 분석법은 점의 해석에서 획기적인 변화를 이룬 것으로 볼 수 있다.

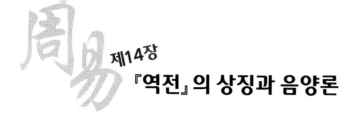

8장에서 『역경』이 등장한 시기와 『역전』이 완성된 시기의 간극이 거의 1000년을 전후에 다다른다고 언급했다. 이러한 시차 때문에 『역경』과 『역전』이 전혀 다른 책일 수 있지만, 『역전』은 『역경』에 매인 책이라고 했다. 그러면서 두 책의 가장 큰 차이점으로 점술서로서의 『역경』을 철학의 관점에서 재해석해낸 것이 『역전』이라고 설명했다. 앞에서 『역전』의 내용을 각 편 단위로 정리하였지만, 이제 『역전』에 담긴 주요한 이론들을 살펴보고자 한다.

철학의 관점으로 『역경』을 해석한 『역전』에서 중심이 되는 이론에는 괘와 효에 도입한 상징론과 변화를 설명하기 위한 음양론이 있다. 『역전』은 상징과 음양을 도입함으로써 세계와 인간 사회에 대한 인식을 정립하였다. 특히 음양의 배후 개념으로서 태극太極을 제시하면서 점술로서 『역경』을 철학서로 전환해 낸다.(태극과 음양의 관계, 오행의 관계는 다음 장에서 다룬다.)

괘형卦形과 효형爻形에 상징을 부여한다는 것은 괘와 효라는 특수한 부호에 의미를 부여해, 이 부호를 통해 세계를 모사模寫하거나 인간사의 일들을 모사할 수 있다는 의미이다. 구체적으로는 괘들에 상징을 부여해 세계와 자연물, 자연현상을 구조화하거나 모사하고, 효에 상징성을 부여해 인간사회의 구조와 계급 역할을 구조화하거나 모사한다. 괘에 상징을 부여해 세계와 자연물, 자연현상을 모사하면, 괘상만으로 세계의 구조와 만물을 그려낼 수 있다. 또한 효상으로 사회의 구조와 계급의 역할에 상징을 부여하면, 이후에 점을 쳐서 괘나 효를 얻은 사람은 괘상과 효상에서 자신의 지위와 역할을 살펴 그 의미를 해석하게 한다. 이처럼 괘나 효에 상징을 부여한 것은 세계 인식이자 사회 인식으로서 의미를 갖게 된다.

『역전』의 성립시기와 관련해 앞에서의 논의를 상기해 보면, 『역전』에서 괘와 효에 대한 이해는 괘와 효에 강유개념을 적용하다가, 음양론을 적용하는 것으로 진행된다. 이는 『역전』의 편들이 성립되는 시기의 사상이 『역전』의 각 편들에 영향을 미쳤고, 괘와 효에 음양론을 전면적으로 적용한 「계사전」에서는 추연鄒衍에 의해 일반화된 음양론이 『역전』에도 영향을 미친 것으로 이해할 수 있다.

괘와 효에 음양론을 적용한다는 것은 그 괘의 성질이 어떠한 것인지를 파악하게 된다. 또한 효의 자리와 효에 대해 음양론을 적용하게 되면, 괘의 전체 구조에서 각각의 효 자리를 음양으로 구분하게 되고, 해당 자리에 위치한 효가 음양인지를 살피게 된다. 이는 하나의 괘를 사회, 조직으로 파악하고 사회와 조직에서 효 자리의 역할과 성격이 규정되고, 그 효 자리에 위치한 효가 음인지 양인지에 따라 지위와 역할의 성격이 드러난다. 이러한 논리는 효들 사이의 관계에 따라 지위와 역할의 변화들도 설명할 수 있게 된다. 이를 간략하게 도식화하면, 다음과 같다.

점술로서 『역경』 ⟶ 철학으로서 『역전』 ⌈ 세계 인식
⌊ 사회 인식

　　　　　↑　　　↑
　　　상징 도입　음양론 도입

1. 상징론, 괘형에 상징의 도입과 세계에 대한 모사模寫

　괘형에 상징성을 부여한 것은 「단전」에서 시작한다. 먼저 「단전」에서 건·태·리·진·손·감·간·곤의 8괘에 각각 상징을 부여하였다. 다음으로 「상전」의 '대상'에서는 64괘로 상징이 확대되어 되는데, 64괘의 상징은 이 세계와 자연물에 대한 상징성뿐만 아니라 인간의 일들에 대한 상징성을 갖게 된다. 이처럼 소성괘의 상징을 중첩하여 대성괘를 이루는 방식으로 상징체계가 확대되어, 천지와 인간세계를 다양하게 표현할 수 있게 된다.

　「단전」에서 8괘에 부여한 상징은 이 세계에서 경험할 수 있는 자연물과 자연현상들이다. 가령 건괘☰는 하늘을 상징하고, 이괘☲는 하늘에 떠 있는 태양을 상징하며, 곤괘☷는 땅을 상징하며, 땅 위에 존재하는 산은 간괘☶가 상징하며, 산에서 내려온 시냇물과 그 시냇물이 모여 이룬 강은 감괘☵가 상징하고, 호수나 연못은 태괘☱가 상징한다. 하늘과 땅 사이에 존재하는 자연물인 우레는 진괘☳가 상징하고 하늘과 땅 사이를 불어오는 바람은 손괘☴가 상징한다. 「단전」의 괘상과 그 상징은 하늘과 땅이라는 이 세계를 공간적으로 모사하고 있을 뿐만 아니라, 하늘☰에 속하는 자연물과 자연현상들(리괘☲, 진괘☳)와 땅(☷)에 속하는 자연물과 자연현상들(간

괘☳, 감괘☵, 태괘☱)을 모사하고 있다. 물론 하늘과 땅 사이에 존재하는 자연물과 자연현상들(손괘☴, 진괘☳)도 있다.

「단전」의 이러한 설명은 「계사전」에서는 포희씨라는 신화적 인물을 등장시켜 "옛날에 복희가 천하에 왕 노릇할 때, 우러러 하늘의 상象을 보고 구부려 땅의 법法을 보며, 새와 짐승의 무늬와 땅의 마땅함을 보며, 가깝게는 몸에서 취하고 멀게는 사물에서 취해서, 이에 8괘를 그렸다."[1]는 말로 서술하고 있다. 복희가 8괘를 그릴 때, '하늘의 상을 보거나 땅의 법을 보며, 동물들의 무늬와 마땅함을 보았다'라는 말과 '가깝게는 몸에서 취하고 멀게는 사물에서 취했다'는 말은 이 세계에 대한 인식을 형상화하였으며, 이 형상화의 과정에서 상징을 부여했다는 의미이다. 이 세계를 분류하고 상징해낸 결과가 8괘라는 부호가 탄생하게 된 배경이라는 설명이다.

「계사전」의 내용으로 보면, 하늘과 땅을 상징하는 부호로 건괘와 곤괘를 부호화하고 하늘과 땅이라는 공간에 존재하는 자연물과 자연현상을 상징하는 부호를 만들어냈다. 이는 포희씨라는 인물이 하늘과 땅이라는 이 세계를 공간적으로 구조화하고, 그 공간을 채우는 자연물과 자연현상을 상징화한 것으로 이해할 수 있다.

이 세계에 대한 구조화와 상징화는 「상전」의 '대상'에서 확대되어, 64개의 모든 괘에서 상징의 의미를 갖추게 된다. 64개의 모든 괘들에 대한 상징의 적용은 하늘과 땅이라는 세계의 구조 속에서 일어나는 다양한 자연현상과 만물들을 상징의 체계 속으로 편입할 수 있는

---

1. 「繫辭傳」下2, 古者包犧氏之王天下也, 仰則觀象於天, 俯則觀法於地, 觀鳥獸之文, 與地之宜, 近取諸身, 遠取諸物, 於是, 始作八卦, 以通神明之德, 以類萬物之情.

논리가 되었다. 소성괘 8괘를 중첩하여 64개의 대성괘를 만들고, 어떤 대성괘의 괘형卦形을 살피는 것은 괘를 구성하는 소성괘들의 상징에서 대성괘의 상징이나 의미를 읽어내는 과정이기도 하다. 이렇게 형성된 대성괘는 그 괘형이 하나의 상징을 갖추게 되는데, 이 상징을 읽어내는 것이 괘를 이해하는 중요한 요소가 된다. 「단전」의 판단사들은 대부분 괘형과 괘상卦象을 언급하면서 그 상징과 의미를 가지고 길흉을 판단한다.(이와 관련해서 9장을 참조하라.)

이러한 상징들에 대한 이해를 갖추게 되면, 우리가 경험하는 자연현상을 괘형으로 그려낼 수도 있고, 그 괘형이 보여주는 괘상을 통해, 그 괘상이 상징하는 바를 알 수 있게 한다. 몇 가지 괘들을 예로 들어 살펴보자. 가령 백두산의 천지天池처럼 산 위에 연못이 있는 것을 괘형으로 그 상징 의미를 생각해 볼 수 있다. 이 경우 괘형은 택산澤山 함괘咸卦☳가 된다. 이와 반대로 산 아래에 연못이 있는 괘형도 그려볼 수 있다. 이는 산택山澤 손괘損卦☶가 된다. 또한 땅 밑으로 해가 지는 자연현상으로 괘형으로 그려낼 수도 있다. 이는 지화地火 명이괘明夷卦☷가 된다. 땅 위로 해가 떠올라 있는 자연현상도 괘형으로 그려낼 수 있다. 이는 화지火地 진괘晉卦☲가 된다. 땅 위에 부는 바람은 풍지風地 관괘觀卦☴가 되며, 우레가 치면서 바람이 부는 것은 뢰풍雷風 항괘恒卦☳가 되며, 연못 아래 불이 타고 있는 것은 택화澤火 혁괘革卦☱가 된다. 물론 이들 괘의 괘형을 뒤집어도 자연현상들을 상징하는 것으로 이해할 수 있다.

건괘나 곤괘, 간괘나 손괘 등과 같이 동일한 소성괘를 중첩하여 대성괘를 만드는 경우도 생각해 볼 수 있다. 텅 비어 끝이 없는 파란 가을 하늘을 건괘乾卦☰로 표현할 수 있으며, 드넓은 초원을 곤괘

坤괘䷁로 표현할 수 있다. 끝이 없이 흘러가는 강물을 감괘坎괘䷜로, 불타는 밀림을 이괘離괘䷝로 표현할 수도 있다.

이처럼 8괘에 부여된 상징을 이해하고 있다면, 8괘를 중첩하여 만든 64괘에서도 자연물과 자연현상에 대한 다양한 상징을 부여할 수 있을 뿐만 아니라 그 의미도 해석할 수 있게 된다. 괘형에 상징을 부여하고, 그 의미를 읽어내는 것을 역학에서 '취상설取象說'이라고 한다. 취상설은 괘형이 나타내는 상징을 통해, 세계에 대한 인식을 이룬다는 의미이다. 취상설은 이 세계와 자연물, 자연현상을 괘형으로 표현하거나, 괘형에 드러난 상징을 해석해 이 세계를 인식하는 인식론의 하나라고 볼 수 있다.

괘형卦形에 부여한 상징象徵, symbol은 자연물과 자연현상을 대표하는 기호가 된다. 상징은 단순한 기호가 아니라 의미를 갖는 기호이다. 괘의 모습, 즉 괘형卦形이라는 용어보다 괘상卦象이라는 용어가 역학易學에서 더 많이 사용되는 이유는 괘형을 상징으로 읽어낸다는 의미가 담겨 있기 때문이다. 상징은 자연물과 자연현상에 새로운 의미나 가치를 부여하는 것이다. 자연물이 갖는 원래의 의미를 넘어서 그 자연물에 새로운 의미나 규범을 부여하고 이를 해석하는 논리가 상징론이다. 이는 역학에서 말하는 취상설과 같은 의미이다.

취상설의 관점에서 '괘상'은 단순한 자연물과 자연현상을 의미하는 것이 아니다. 자연물과 자연현상을 넘어서는 상징을 포함한다. 이 때문에 괘상이 보여주는 상징은 자연물과 자연현상을 넘어서는 의미나 규범의 해석을 요구하게 된다. 괘상이 보여주는 상징에서 그 상징의 의미나 규범을 읽어내는 일들은 「단전」과 「상전」에서 특정한 문장의 형식으로 나타난다. 그것은 상괘와 하괘의 구성을 그 괘상들이 나타내는 상징으로 말하고, 군자를 괘상을 본받아 어떻게 해야 한다는 방식으로 설명한다. 화지火地 진괘晋卦䷢의 「단전」과 「상전」을 예로 들어 보자.

> 「단전象傳」에 말하였다. "㉠ 진晋은 나아감이니, ㉡ 밝음이 지상에 나와 순히 하여 대명大明에 붙고 유柔가 나아가 상행上行한다. ㉢ 이 때문에 나라를 편안히 하는 제후諸侯에게 말을 하사下賜함이 많고 낮에 세 번 접견하는 것이다."[2]

이 인용문에서 ㉠은 괘명의 뜻을 풀이한 것이다. ㉡은 괘상의 상징들을 풀이하여 그 의미를 밝힌 것이다. ㉢은 괘상의 상징으로부터 한번 더 해석을 하여 마땅히 어떠해야 함을 말하고 있다. 이는 괘상의 상징으로부터 규범적인 해석으로 전환해 내는 내용이다.

「상전」은 보다 구체적으로 규범적인 해석을 덧붙인다.

> 「상전象傳」에 말하였다. "㉠ 밝음이 지상地上에 나옴이 진晋이니, ㉡ 군자君子가 보고서 스스로 밝은 덕德을 밝힌다."[3]

이 인용문에서 ㉠는 진괘晋卦䷢의 대성괘가 상징하는 자연물, 자연현상을 그대로 보여준다. 태양을 상징하는 이괘가 땅을 상징하는

---

2. 진괘, 象曰 晋, 進也, 明出地上, 順而麗乎大明, 柔進而上行. 是以康侯用錫馬蕃庶晝日三接也.

3. 진괘, 象曰 明出地上, 晋, 君子以, 自昭明德.

곤괘 위에 있는 것을 '밝음이 지상에 나온 것'이라고 상징을 그대로 풀이하고, ⓒ에서는 군자가 이러한 상징에 따라 마땅히 해야 할 규범으로써 자신의 덕을 밝혀야 한다고 말하는 것이다. 이처럼 괘상의 상징, 그 상징이 의미하는 바와 그로부터 행해야하는 규범까지를 포괄하는 용어가 바로 '취상설'이다.

이제까지 언급한 괘상들을 가져와서 그 상징을 말해보자. 택산澤山 함괘咸卦는 연못이 산 위에 있는 자연현상이다. 이는 산의 정상에 연못이 있는 경우로. 이에 해당하는 자연물을 백두산의 천지와 한라산의 백록담을 생각해 볼 수 있다. 백두산의 천지나 한라산의 백록담을 올라 가 본 사람들은 그 산과 연못에서 신비로운 느낌을 갖거나 감동을 한다. 함괘를 '감동함[感]'이라고 해석하는 경우가 이에 해당할 것이다. 함괘에 대한 풀이에는 산 정상에 있는 연못이 산을 적시고 산은 연못을 품는다고 풀이한다. 이러한 형세를 산과 연못이 서로 느끼는 것[感]으로 풀이한 것이다. 이 내용은 자연물들이 보여주는 현실적인 상태이다. 여기에서 한걸음 더 나아가, 산이 갖는 숭고함이라는 상징과 연못이라는 겸허함이라는 상징을 결합하면, 숭고하면서도 겸허함이라는 상징을 갖는다. 그래서 군자는 함괘의 괘상을 보고 자신의 겸허히 비우고 다른 사람을 받아들이는 태도를 취해야 한다고 해석해낸다. 이는 괘상이 보여주는 자연현상에 대해, 의미나 규범이라는 상징을 부여하거나 해석한 사례에 해당한다.

함괘와 반대 괘인 산택山澤 손괘損卦䷨는 산이 위에 있고 연못이 아래에 있어, 연못이 산허리를 침식하는 것을 상징한다. 이 문장은 단순히 자연현상으로 말하는 것이지만, 연못이 산허리를 침식하는 것은 손실의 상징에 해당한다. 그래서 시초점을 쳐서 이 손괘를 얻었다면, 자신의 현재 상황이 침식되거나 손실의 상황임을 인식하고 욕심이나 분노를 그치고 침잠해야 한다고 해석한다.

명이괘明夷卦☷☲는 태양이 땅 밑으로 지는 현상을 괘상으로 표현한다. 해가 지거나 완전히 지고 나면, 어둑해지다가 밤이 된다. 어두운 밤에 행동은 조심스러울 수밖에 없다. 조심스럽게 자신의 처신이나 행동을 해야 한다는 의미로 명이괘의 상징을 해석하고 있다. 반대로 진괘의 경우는 해가 땅속에서부터 솟아 나온 것을 상징한다. 이는 세상이 밝아지는 것의 의미이고 군자는 자신의 밝은 덕을 밝히는 행위를 해야 한다고 해석한다.

관괘觀卦☴☷의 경우는 바람이 땅 위에 부는 자연현상을 괘상으로 나타낸 것이다. 바람은 땅 위에서 어디든 갈 수 있고 바람이 부는 곳에서는 초목이 바람의 영향을 받아 흔들린다. 동양의 전통에서 바람이 왕의 교화를 상징한다는 것을 안다면, 관괘는 왕이 교화를 펼치는 의미를 갖는다는 것을 알게 된다. 따라서 점을 쳐서 관괘를 얻었다면, 교화를 펼쳐야 한다고 해석할 것이다. 항괘恒卦☳☴는 우레와 바람이 더불어 작용하는 자연현상이다. 우레가 치는 경우 대부분 비바람이 동시에 일어나는 자연스러운 현상이다. 이러한 자연현상은 자연스럽고 항구적인 것이다. 이러한 상징은 항상성을 의미한다. 따라서 점을 쳐서 항괘를 얻었다면, 항괘의 상징인 항상성을 본받아서 자신의 할 일을 그대로 유지하면서 바꾸지 않아야 할 것이다.

혁괘革卦☱☲는 연못에 불이 있는 괘상이다. 물과 불은 그 성질이 서로 상극하는 것이어서, 이 상극의 상황은 결국에는 결말에 이르게 되고 다시 새롭게 무언가가 시작되는 것을 의미한다. 이를 혁괘「상전」'대상'에서는 천체의 운행을 기준으로 세웠던 역수曆數를 새롭게 제정하여 새로운 시대를 밝히는 것으로 해석한다.

　이상의 예들에서 보는 것처럼, 괘상을 구성하는 자연물이나 자연현상의 관계를 따져보고, 그 자연물이나 자연현상이 상징하는 바를 해석하며, 그 해석에 따라 군자(점치는 사람)가 취해야할 행동이나 태도를 결정한다. 이 과정이 「단전」과 「상전」의 주요 내용이다. 「단전」과 「상전」처럼 해석이 가능하기 위해서는 괘들에 대한 상징이 부여되어야 하고, 이 상징들의 의미가 확정되어야 한다. 앞에서 언급한 괘들의 사례를 통해 괘들의 상징과 그 의미를 살펴보았는데, 이는 「단전」과 「상전」 등에서 괘들의 상징과 그 의미를 규정하였기에 가능한 해석이다.

　소성괘 8개의 괘에 대한 상징을 정확하게 이해하면, 소성괘를 중첩한 대성괘의 괘상을 보고, 그 상징들을 쉽게 추측해낼 수 있다. 그리고 그 상징들이 의미하는 바를 생각해낼 수도 있다. 앞에서 몇 개의 괘를 사례로 들면서 그 상징과 그 의미들을 말했다. 그러면서 해당 괘의 상징과 의미를 기록하고 있는 「단전」과 「상전」의 문장을 주석으로 달지 않았다. 이는 굳이 그렇게 인용문을 달지 않아도, 괘상이 그러한 상징을 보여주고, 그 상징의 의미와 규범의 내용을 추측할 수 있기 때문이다. 또한 관괘와 항괘를 설명하면서는 「단전」과 「상전」의 내용을 확인하지 않았다. 그 이유는 필자가 쓴 관괘와 항괘의 내용과 「단전」과 「상전」의 내용이 크게 다르지 않을 것을 알기 때문이다.

2. 음양론, 괘와 효의 음양과 상징

괘나 효의 성질을 표현한 최초의 용어는 '강유剛柔'였다. 괘와 효에 강유라는 용어를 사용한 것은 「단전」에서 처음 사용되었다. 그러다가 「계사전」, 「설괘전」 등에서는 '음양'이라는 용어로 괘와 효를 설명하는 것으로 바뀌었다. 「계사전」에서는 괘에 음양을 적용해, 괘를 음괘와 양괘로 구분한다(13장 참조). 「설괘전」에서는 하나의 괘에서 효의 자리도 음양으로 구분하였는데, 그 내용은 아래와 같다.

> ① 하늘의 도道를 세움은 음陰과 양陽이요, 땅의 도道를 세움은 유柔와 강剛이요, 사람의 도道를 세움은 인仁과 의義이니, 삼재三才를 겸하여 두 번 하였기 때문에 역易이 여섯 번 그음에 괘卦가 이루어졌고, ② 음陰으로 나뉘고 양陽으로 나뉘며 유柔와 강剛을 차례로 쓰기 때문에 역易이 여섯 자리에 문장文章을 이룬 것이다.[4]

이 인용문의 내용은 여섯 효의 대성괘의 구성을 설명한 것이다. 대성괘는 여섯 효로 구성된 것이라는 내용과 대성괘의 여섯 효의 자리의 성격을 음양과 강유로 구분하였다는 말이다. ①은 천·지·인을 의미하는 삼재에서, 천天의 도는 음양이라는 개념으로 포괄되며, 지地의 도는 강유라는 개념으로 포괄되며, 인人의 도는 인의로 포괄되는데, 이를 두 번 중첩하여 여섯 효의 대성괘를 만들었다는 것이

---

4. 「說卦傳」 2장, 立天之道曰陰與陽, 立地之道曰柔與剛, 立人之道曰仁與義, 兼三才而兩之. 故易, 六畫而成卦, 分陰分陽, 迭用柔剛. 故易, 六位而成章.

다. ②는 여섯 효의 자리를 음과 양으로 나누어, 이효, 사효, 육효(상효)를 음으로 삼고, 일효(초효), 삼효, 오효를 양으로 삼았는데, 이들 여섯 효의 자리가 강과 유가 차례로 배치되어 여섯 효의 괘상을 만들었다는 것이다.

「계사전」에서 소성 8괘를 음괘와 양괘로 구분하였고, 「설괘전」에서 효의 자리를 음양으로 구분하여 괘와 효를 음양으로 구분하였다. 다시 말해 괘상과 효상을 음양론으로 파악할 수 있게 되었다.

괘상을 음양론으로 파악한다는 것은 대성괘에서 상하괘를 구성하는 소성괘들을 음양론으로 파악한다는 말이다. 또한 음은 '유순하다[柔]', '따른다[順]', '소인小人' 등의 의미를, 양은 '강건하다[健]', '군자君子' 등의 의미를 갖는다. 이러한 의미로 대성괘를 살펴보면, 음인 소성괘가 상괘에 있고 양인 소성괘가 하괘에 있는 괘상은 소인이 군자를 능멸하거나, 유순한 상괘의 우유부단함이 강건한 하괘를 막고 있는 형상의 의미를 갖게 된다. 반대로 양인 소성괘가 위에 위치하고 음인 소성괘가 아래에 자리 잡은 괘상은 군자가 밖에 있고 소인이 안에 있어 소인이 군자를 따르거나 강건한 성질이 유순한 성질을 이끄는 의미가 된다.

이처럼 괘상을 음양론으로 파악하면 하나의 괘의 성질을 전체적으로 이해할 수 있게 한다. 그리고 이를 사회나 조직에 적용하면, 그 사회나 조직의 성격을 파악하게 하여, 그 사회나 조직의 문제를 해결하는 지침이 될 수 있다.

다음으로 효에 음양을 적용한 사례를 통해 그 상징을 살펴보자. 효에 상징을 부여해 설명하는 내용은 주로 「상전」 '소상小象'에서 확인할 수 있다. '소상'에서는 효상爻象과 효위爻位, 효들의 관계를 파악해 그 의미를 효사爻辭로 말한다. 하나의 괘는 6개의 효로 구성되어 있고, 효는 가장 아래 자리의 효를 초효라 하고, 초효에서부터 위로 자리를 표기해 여섯 번째 자리의 효를 상효라고 부른다. 이처럼 하나의 괘는 초효, 이효, 삼효, 사효, 오효, 상효로 자리가 배열된다. 이러한 자리의 배열에 양의 자리[陽位]와 음의 자리[陰位]라는 성질을 부여하여, 초효, 삼효, 오효는 양의 자리에 해당하고, 이효, 사효, 상효는 음의 자리에 해당한다.

효의 자리를 정하고 그 자리의 상징과 음양을 파악하면, 하나의 효가 괘에서 위치하는 자리와 그 효의 성질, 다른 효와의 관계 등에서 다양한 해석이 가능해진다. 효의 자리는 대성괘에서 각 효들이 위치한 자리를 의미한다. 대성괘에서 초효는 그 자리가 가장 낮은 위치이다. 이는 시초점을 쳐서 처음으로 얻은 효가 놓이는 자리이기도 한다. 그래서 초효는 괘를 형성하는 처음의 자리이자 처음 얻은 효이기도 하다. 이는 초효를 사물이 '새롭게 생성됨[新生]', '새로 생겨나서 유약함[柔弱]'이라는 의미를 갖게 하였다.

이효는 하괘에서 가운데 자리이다. 하괘로만 보면 이효는 하괘의 가운데 자리여서 하괘에서 중심이 되는 자리이다. 하괘의 중심이라는 점에서 이효는 중정中正의 의미를 갖게 한다. 마찬가지로 오효는 상괘에서 가운데 자리이고, 상괘에서 중심이 되는 자리이다. 오효 역시 중정의 의미를 갖는다. 이효와 오효는 중정의 의미를 가짐으로써 존귀함의 의미까지 갖게 된다. 하괘에서 중심이 되는 자리가 이효이고 상괘에서 중심이 되는 자리가 오효이기 때문이다.

삼효와 사효는 특별한 상징이 없다. 다만, 하괘에서 삼효는 가장 높은 자리이고 사효는 상괘에서 가장 낮은 자리여서, 대성괘에서 보면 어떠한 일이 진행되다가 큰 전환이나 변화를 맞는 자리라는 상징을 갖는다. 이들 효는 어떤 일의 진행상황이나 조건에 따라 영향을 받기에 상황과 때에 따라 그 상징의 의미가 결정된다. 상효는 대성괘에서 가장 높은 자리이기에 최고의 지위를 상징하고, 마지막 자리이기에 어떤 일이 끝난 상태, 변화가 완결된 상태를 의미한다.

이러한 효의 자리에 대한 상징에 음양을 결합하면, 초효는 양의 자리이고, 이효는 음의 자리이며, 삼효는 양의 자리이고, 사효는 음의 자리이고, 오효는 양의 자리이며, 상효는 음의 자리가 된다. 이렇게 규정된 효의 자리에 해당 효가 오는 것은 다시 말해 음의 자리에 음효가 오고, 양의 자리에 양효가 오는 것은 정당함을 상징한다. 이처럼 효의 자리에 해당 효가 오는 것을 '자리가 합당하다[位當]' 혹은 '합당한 자리이다[當位]', '제자리를 얻었다[得位]', '제자리에 있다[在位]' 등으로 표현하고, 이들 표현을 포괄하여 '자리가 바르다[位正]'라고 말한다.

반대로 효의 자리에 반대 성질의 효가 위치하는 것, 음의 자리에 양효가 오거나 양의 자리에 음효가 오는 것을 '자리가 합당하지 못하다[位不當]', '합당하지 못한 자리[不當位]', '제자리를 얻지 못했다[未得位]', '합당한 자리가 아니다[未當位]', '제자리를 잃었다[失位]', '제자리가 아니다[非位]' 라고 표현한다. 이들 표현을 포괄하여 '제자리를 얻지 못했다[位不正]'라고 말한다.

특히 효의 자리와 그 자리에 위치한 효의 성질 간의 관계를 가장 중시해 말하는 것은 이효와 오효이다. 하괘와 상괘의 호응을 말할 때, 이효와 오효의 관계를 중심으로 말한다. 이효와 오효의 관계를 '응應'으로 표현하고 중시한 것은 이들 효가 하괘와 상괘의 중심이 되는 효이기도 하고, 상괘와 하괘에서 이들 효가 중정中正을 상징하기 때문이다.

'자리가 바르다'거나 '제자리를 얻지 못했다'라는 표현이 성립하려면, 괘 전체에서 효들의 자리와 효들의 성질에 대해 음양론을 적용하고 그 자리와 효들에 상징들을 부여해야만 가능하다. 효의 자리와 효에 대해 음양론을 적용하고 상징을 부여하게 되면, 효들의 관계에서도 다양한 의미 해석이 가능해 진다.

음효가 양효의 아래에 위치하거나 양효가 음효의 아래에 위치할 경우, 이 효들의 위치와 관계를 해석하는 것도 가능하다. 음효가 아래에 위치하고 양효가 위에 위치할 경우는 순응하는 음효가 강건한 양효를 따르면서 화합하는 것을 상징한다. 이는 음효가 양효의 도움을 받는 것으로 해석 가능하다. 이는 음양의 조화가 이루어져 있는 형상이어서 좋은 의미를 갖는 상징으로 해석된다. 반대로 음효가 위에 위치하고 양효가 아래에 위치할 경우는 정상적인 상황이 아님을 상징한다. 음양의 조화가 깨진 상태로, 약한 것이 강한 것을 능멸하거나 정상성을 잃어버렸거나 아랫사람이 윗사람을 속이는 것을 상징하는 것으로 이해한다. 이러한 효의 관계는 나쁜 의미를 갖는 상징으로 해석된다.

이처럼 괘형에 상징을 대입하면, 이 세계를 모사模寫하거나 구조적으로 파악할 수 있다. 또한 괘형과 효에 음양론을 도입하면, 사회나 조직을 구조적으로 파악하게 하고, 그 사회나 조직에서 개인의 지위나 역할, 개인들의 관계를 해석하게 한다.

3. 음양론, 변화를 설명하다

괘와 효의 상象을 통해 이 세계와 자연물, 자연현상 등의 정적인 사물들을 상징적으로 표현했다면, 이 세상과 사회구조에서의 일들의 동적인 변화를 설명하는 논리가 있을 수밖에 없다. 이러한 변화를 『역전』에서는 체계적으로 언급하지 않지만, "역易은 궁窮하면 변變하고 변變하면 통通하고 통通하면 오래간다."[5]라고 말하거나 "한번은 음하고 한번은 양하니 이를 도라고 한다."[6]라는 말들에서 역이 변화를 말하고 있음을 알 수 있다. 또한 역을 정의할 때 '변역變易'이라고 정의하는 것에서도 역은 변화를 말하는 것임을 읽을 수 있다.

이러한 변화를 포착하고 설명하는 용어가 바로 '음양'이다. 전국 말기 추연鄒衍에 의해 음양론이 제시되고, 이러한 음양론을 「계사전」, 「설괘전」 등에서 수용하면서 변화를 보다 잘 설명하게 되었다. 앞에서 말한 "一陰一陽之謂道"라는 문장에서 '일음일양'이란 음에서 양으로, 양에서 음으로 변화하는 것을 의미한다. 그러한 변화를 '도'라고 표현한 것이다. 『장자』에서 "역은 음양을 말한 것"[7]이라든가, 공영달이 『주역정의』에서 "역이란 음양의 변화를 말한 것"[8]이라고 한 것은 역이 음양 개념을 사용해 변화를 포착해내고 설명하고 있기 때문이다.

---

5. 「繫辭傳」 下2, 易, 窮則變, 變則通, 通則久.

6. 「繫辭傳」 上5, 一陰一陽之謂道.

7. 『莊子』 「天下」, 易以道陰陽.

8. 공영달, 『周易正義』, 易者, 陰陽變化之謂.

괘상과 효상을 음양론으로 파악하거나, 변화를 음양으로 포착하는 것은 자연현상이나 사회상의 변화를 설명하기에 좋은 방법이다. 음과 양은 서로 대립되는 성질을 갖지만, 서로 짝이 되어야만 성립되는 개념, 즉 대대對待관계의 개념이기 때문이다. 해가 비치는 곳과 해가 비치지 않는 곳을 구분하는 용어로 음양이 탄생한다.[9] 즉, 자연현상의 변화를 설명하는 음양풍우회명陰陽風雨晦明의 여섯 가지 용어에 포함되어 있다[10]가, 여섯 가지 용어에서 음양이 대표개념이 되면서 자연의 변화를 설명하는 개념이 된다. 전국시대에 접어들면서 낮과 밤의 변화, 추웠다가 더워지는 1년의 기후 변화, 사물이 갖는 양면성, 어떤 일들에서 보이는 변화의 양상들을 포괄하기 위해 개념어로서 음양론이 탄생하게 된다. 우주의 변화는 음양 두 기의 운동에 의해 일어나며, 만물의 운동과 변화 역시 음양의 운동과 변화에 따른다는 법칙적 사고가 시작된 것이다.

음양론은 자연계의 사물들이 상호 대립적이며 상호 모순적인 관계로 파악한다. 그리고 이러한 대립과 모순에서 운동과 변화가 일어나게 된다고 본다. 여기서 음과 양은 서로 대립적이면서 짝을 이루는 대대의 관계로 그 개념이 정립된다. 이러한 음양의 개념을 역에서 표현하고 있는 것이, "효는 변화를 말하는 것"[11]이라거나, "효란 천하의 운동을 본받는 것"[12]이라거나, "도가 변하여 움직이므로 효라

---

9. 『山海經』「南山經」, 扭陽之山, 其陽多赤金, 其陰多白金.

10. 『春秋左氏傳』昭公 元年, 天有六氣, 降生五味, 發爲五色, 征爲五聲, 淫生六疾. 六氣曰 陰陽風雨晦明, 分爲四時, 序爲五節.

11. 「繫辭傳」上3, 爻者, 言乎變者也.

12. 「繫辭傳」下3, 爻也者, 效天下之動者也.

고 말한다."[13]라는 것 등에서 역은 변화를 말하고 있는 책임을 알 수 있게 한다. 공영달이 『주역정의』에서, 역을 변화에 대한 총괄적인 이름이라고 했다. 그것은 수목數目의 변화를 통해 효를 구하고, 효들의 변화가 쌓여 괘를 이루며, 이러한 효와 괘를 통해 자연물을 상징하고 괘들의 상징을 통해 자연의 변화를 설명할 수 있었기 때문이다.

　괘와 효를 통해 사회의 변화와 사람들의 관계, 일의 변화 역시 설명할 수도 있다. 8개의 소성괘에서 건괘☰는 양으로만 이루어 있고, 이는 양괘이다. 곤괘☷는 음으로만 이루어져 있고, 음괘이다. 나머지 6개의 괘는 음양의 효가 섞여서 괘를 이룬다. 이들 괘는 적은 수의 효가 그 괘의 중심이 되어 그 괘의 성질을 나타낸다. 진괘☳, 감괘☵, 간괘☶는 양의 효가 하나이고, 음의 효가 두 개다. 그래서 이들 괘는 양괘가 된다. 손괘☴, 이괘☲, 태괘☱는 음의 효가 하나이고 양의 효가 두 개다. 그래서 이들 괘는 음괘가 된다. 이러한 구분에서 양은 군주를 의미하고 음은 백성을 의미한다는 상징이나, 군자의 도는 양이고, 소인의 도는 음이라는 상징을 결합하면, 한 나라의 정치적 상황을 괘상으로 표현할 수 있고, 한 조직의 구성을 괘상으로 표현할 수도 있다. 이러한 괘상에서 효들의 관계 역시 상징으로 읽어낼 수 있다. 괘상과 효상에서 음양의 변화를 예측하고 바람직한 정치상황이나 조직의 구조를 읽어낼 수도 있다. 현재 정치상황이나 일들을 괘상으로 표현하고 이를 다시 음양으로 이해하면 현재 상황뿐만 아니라 좋은 방향으로 변화를 읽어내게 되는 것이다.

　이러한 변화를 음양개념으로 포괄하여 "한번은 음이었다가 한번

---

13. 「繫辭傳」 下10, 道有變動, 故曰爻.

은 양으로 변화하는 것을 도라고 한다."는 명제로 정립되었음을 알 수 있다. 『역전』은 점술서로서의 『역경』을 상징과 음양론을 도입함으로써 자연과 사회의 상황들을 표현하고, 그 의미를 해석하게 방향을 전환했다. 이러한 전환에서 중심이 되는 것이 상징과 음양의 도입이었다. 상징론과 음양론을 결합하면 이 세계를 도식화하거나 구조화하여 파악하게 하며, 사회에 대한 이해도 가능하게 한다. 이는 점술서로서의 『역경』을 세계와 사회에 대한 인식을 가능하게 하는 철학서로의 전환을 이룬 것이다.

제15장

『역전』의 개념들의 완성과 한나라 역학

앞의 장에서는 『역전』에 보이는 이론들 중에서 상징론과 음양론을 살펴보았다. 이제 『역전』에 나타난 용어와 이론 가운데에서 철학적이거나 역학적으로 의미가 있는 몇몇 개념들을 살펴보고자 한다. 철학적으로 의미 있는 개념으로는 '태극'과 '음양', '오행'이 있고, 역학적으로 의미 있는 이론으로는 '건곤설', '효위설', '호응론', '선생님이 말씀하셨다[子曰]'라고 할 수 있다. 이들 개념과 이론들은 선택한 이유는 두 가지 이유 때문이다. 하나는 이들 개념과 이론들이 『역전』에서 초기의 형태로 제시되었다가 한나라 시기의 정치 이데올로기와 결합해 철학적으로나 역학적으로도 큰 의미를 획득하기 때문이다. 다른 하나는 한무제漢武帝, BC 156 ~ BC 87 시기의 사상들이 『역전』의 일부 편의 근간을 이루는 내용으로 흡수되어 있음을 확인할 수 있기 때문이다.

1. 태극, 우주의 근원, 그리고 한무제의 권위가 되다

'태극太極'이라는 용어는 「계사전」 상 10장에 등장한다. 「계사전」 상 10장의 내용은 태극으로부터 시작되어 양의兩儀와 사상四象을 거쳐 8괘가 형성되는 과정을 말한다. 그 내용을 가져와 보자.

> 그러므로 역易에 태극太極이 있으니, 태극太極이 양의兩儀를 낳고 양의兩儀가 사상四象을 낳고 사상四象이 팔괘八卦를 낳으니, 팔괘八卦가 길흉吉凶을 정하고 길흉吉凶이 큰 사업事業을 낳는다. 그러므로 법法과 상象은 천지天地보다 더 큼이 없고, 변變과 통通은 사시四時보다 더 큼이 없고, 상象을 달아 드러남은 일월日月보다 더 큼이 없고, 숭고崇高함은 부귀富貴보다 더 큼이 없고, 물건을 구비하며 씀을 지극히 하며, 기물을 이루어 천하天下의 이로움을 삼음은 성인聖人보다 더 큼이 없고, 잡란雜亂한 것을 상고하고 숨은 것을 찾으며 깊은 것을 찾아내고 먼 것을 이루어 천하天下의 길흉吉凶을 정하며 천하天下의 힘써야 할 일을 이룸은 시초점[蓍]과 거북점[龜]보다 더 큼이 없다.[1]

이 인용문은 태극에서 양의로, 양의에서 사상으로, 사상에서 8괘로 이어지는 내용을 말하고 있다. 이를 이해하는 전통적인 방식은 시초점을 치는 과정에서 효를 얻고, 효를 쌓아서 괘를 얻는 과정으

---

1. 「繫辭傳」 上1, 是故易有太極, 是生兩儀, 兩儀生四象, 四象生八卦, 八卦定吉凶, 吉凶生大業. 是故法象莫大乎天地, 變通莫大乎四時, 縣象著明莫大乎日月, 崇高莫大乎富貴, 備物致用, 立成器, 以爲天下利 莫大乎聖人, 探賾索隱, 鉤深致遠, 以定天下之吉凶, 成天下之亹亹者 莫大乎蓍龜.

로 본다. 태극에서 양의로, 양의에서 사상으로, 사상에서 8괘로 이어는 과정이 만물의 생성을 표현한 말이 아니라, 시초점을 치는 과정을 말하는 것이라는 것이다. 그 이유는 인용문에 "역에 태극이 있다."라는 문장과 "팔괘가 길흉을 정한다."는 문장, 그리고 시초와 거북점으로 거론하고 있기 때문이다.

먼저 "역에 태극이 있다."는 문장을 살펴보자. 이 문장에서 '역'과 '태극'의 관계는 역의 하위 요소가 태극이다. 이 문장에서 역은 시초점을 치는 과정과 효와 괘를 얻어 길흉을 판단하는 전 과정을 의미한다. 다시 말해 이 문장에서 '태극'은 우리가 생각하는 철학적 개념을 의미하는 것이 아니다. 이 문장에서 태극은 시초점을 치는 과정의 일부라는 말이다. 그래서 시초점을 치는 과정에서 시초 하나를 떼어내는 행위[태극]로부터 '양의가 생성된다'로 이어지는 것이다. 이후의 '팔괘가 길흉을 정한다'라는 문장과 '시초점과 거북점 보다 큰 것이 없다'라는 문장 역시 시초점을 치면서 괘를 얻고 길흉을 판정하여 천하의 길흉을 확정하는 과정을 말한 것이다. 이 인용문에서 태극은 어떠한 철학적 개념이 아니라 시초점을 치는 과정에서의 어떠한 단계 혹은 과정을 의미하는 것으로 볼 수 있는 것이다.

이러한 관점을 견지하는 학자는 왕필과 당나라의 최경崔憬[2]이다. 이들은 "대연수 50에서 그 씀은 49이다[大衍之數五十, 其用 四十有九]."라는 문장에서 쓰이지 않는 1개의 시초를 '태극'이라고 본다. 그리고 "나

---

2. 최경(생몰연대 불분명)은 당나라 시대의 역학자로 공영달孔穎達 이후에 출생하였고, 이정조李鼎祚의 이전에 사망하였다. 과거시험을 보지 않고 역학 연구에 매진하였으며, 그의 역학은 괘기설을 중심으로 역학의 이치를 밝히는 상수학에 속하며 저서로는 『주역탐현周易探玄』을 남겼다.

누어 둘로 만들어 양의兩儀를 상징하고[分而爲二. 以象兩]"는 바로 "태극이 양의를 생성하고[是生兩儀]"라고 이해한다. 또 "넷으로 세어 사시四時를 상징하고[揲之以四. 以象四時]"는 "양의兩儀가 사상四象을 낳고[兩儀生四象]"로 이해한다. "네 번 경영하여 역易을 이루고 18번 변하여 괘卦를 이루니[四營而成易. 十有八變而成卦]"를 "사상四象이 팔괘八卦를 낳으니[四象生八卦]"로 보았다.

이러한 이해는 「계사전」 상 9장에서 보이는 시초점 치는 과정에서 대한 언급과 연관지어 이해한 것이다. 시초점을 치는 행위에서 50개의 시초에서 하나를 사용하지 않는 것(1), 49개의 시초묶음을 양 손으로 나누는 것(2), 한 손의 시초를 네 개씩 들어내는 것(4), 이 과정을 통해 효를 얻고 효를 쌓아서 괘를 이루는 내용이 위의 인용문과 다르지 않다고 보는 것이다. 왕필과 최경의 설명에서 50개의 시초에서 사용하지 않는 하나의 시초를 따로 떼어놓는 과정이 태극이다.

2. 태극太極, 태일太一

이와 달리 이 인용문의 '태극'에서 '팔괘'로 이어지는 과정을 세계의 형성과정이라고 보는 입장이 있다. 이 입장은 8괘에 부여된 자연물과 자연현상의 상징을 전제하고, 자연의 변화를 음양의 작용으로 보며, 음양의 작용에 의해 드러난 자연현상의 성질을 사상四象으로 이해하는 것이다. 이러한 전제를 두고서 근원적인 실체인 태극에서 양의의 단계나 사상의 단계, 팔괘의 단계를 거치면서 세계와 만물이 발생하는 논리를 말하는 문장이라는 것이다.

태극에서 음양으로, 음양에서 사상으로, 사상에서 팔괘로, 팔괘를 중첩해서 64괘를 만드는 과정이 세계와 만물이 발생하는 과정이라는 것이다. 문제는 이렇게 말하려면, 태극이 만물을 생성하는 근원적인 실체라는 점을 전제해야만 한다. 근원적인 실체인 태극에서부터 만물이 발생하는 것으로 이해하기 때문이다. 하지만 한대 이전의 책들에서 '태극'이라는 용어의 출현 빈도와 사용 용례를 조사해보면, 태극이라는 용어가 실체나 만물의 근원으로 사용된 적이 없다. 한대 이전에 '태극'이라는 용어는 『장자』 「대종사」편에서 처음 등장한다. 『장자』에서 태극은 특별한 의미가 없다. 「대종사」편에서 태극은 도를 형용하는 술어로 쓰였다. "도가 '한 없이 높지만[太極]', 도는 높은 척하지 않는다."라는 문장에서 태극이라는 술어가 사용된 것이다.[3] 이 문장에서 태극은 '한없이 높다'라는 형용 술어이다. 『장자』에 등장하는 태극은 개념이나 특별한 용어가 아니라 술어로 사용되었다. 그러므로 당연히 실체나 근원의 의미를 갖지 않는다.

그럼에도 한대에 이르러서는 '태극'을 음양의 근거로 이해하고, 궁극적인 존재로 이해하기 시작한다. 이러한 사유는 당대에 이르러 공영달의 『주역정의』에 수용[4]되고, 이후 북송시기에는 소강절에 의해 '선천도'라는 도식을 확립된다.

---

3. 『莊子』, 「大宗師」, 夫道, 有情有信, 無爲無形. 可傳而且可受, 可得而不可見. 自本自根, 未有天地, 自古以固存. 神鬼神帝, 生天生地. 在太極之先而不爲高, 在六極之下而不爲深, 先天地生而不爲久, 長於上古而不爲老.

4. 주백곤, 『역학철학사』 상책, 75쪽 참조.

八	七	六	五	四	三	二	一	
곤(坤)	간(艮)	감(坎)	손(巽)	진(震)	이(離)	태(兌)	건(乾)	팔괘(八卦)
태음		소양		소음		태양		사상(四象)
음				양				양의(兩儀)
태극								태극(太極)

　　그렇다면, 태극을 음양의 배후나 근거이자 최고의 실체로 이해하는 논리는 어떻게 탄생하게 된 것일까. 이 문제와 관련해서 한무제를 전후한 한나라의 정치 상황과 종교, 사상을 살펴보아야 한다. 한무제는 자신을 절대 권력화할 종교와 사상, 정치제도의 근간을 이루는 이데올로기가 필요했다. 이 이데올로기의 근거가 되는 이념과 이론이 바로 '대일통大一統사상'이었다.[5]

　　한무제의 '대일통사상'은 몇 가지 측면으로 나누어 볼 수 있다. 하나는 행정제도를 강력한 중앙집권제로 전환하는 것이다. 한나라의 초기에는 분봉제와 중앙집권제, 두 가지 행정체제를 동시에 유지했다. 한나라를 건국하는 데 공훈이 있던 사람과 친족에게 영토를 분봉하고 이들을 '열후列侯'라고 불렀다. 그러면서 수도를 중심으로 한

---

5. 진시황제의 대일통은 법가라는 사상을 축으로 놓고, 추연의 오덕종시설에서 수덕水德을 기준으로 한 행정·제도 법률의 통일이라고 할 수 있다. 일반적으로 진시황제의 도량형의 통일, 중앙집권제와 군현제의 설치를 통한 중앙집권제를 대일통사상이라고 말한다. 이에 반해 한무제에 의한 대일통사상은 사상적으로 유교를 국교화하면서 정치·행정에서 중앙집권제를 이룬 것을 넘어서 사상과 종교, 정치와 사상의 완전한 일치를 추구한 점이다.

지역에는 중앙집권제를 실시했다. 한무제는 분봉제를 폐지하고 강력한 중앙집권제로 전환한다. 그때 필요한 정치적 논리가 대일통 사상이었다. 정치·행정 체제를 강력한 중앙집권제 전환하면서, 국토의 소유를 황제에게 귀속하며, 철과 소금의 전매권 역시 황제에게 귀속시키는 정치적 결단을 진행한다.[6] 이러한 정책의 배후는 지방 세력의 반란에 재원이 되는 소금과 철을 황제 소유로 전환해 반란을 일으킬 빌미를 주지 않겠다는 의도도 있다.

다른 하나는 혼란한 신앙체계를 통일할 필요가 있었다. 전국시대에서 진나라의 통일, 다시 한나라의 통일로 이어지는 과정에서 수많은 전쟁을 겪으면서, 제후국들에서 각기 달리 신앙했던 천제天帝와 산천의 신들, 조상신들에 대한 신앙이 혼란에 빠졌다. 제후국들이 멸망하면서 제후국들이 신앙하던 천제와 산악, 강들에 대한 신앙도 각기 달라 혼란한 상태가 발생했다.[7] 이러한 상황에서 여러 신을 통괄하면서도 절대적인 신의 필요성이 제기되었다.

중국철학사에서 한나라 초기에 조신운동造神運動이 활발하게 일어

---

6. 한무제가 죽고 나자 소금과 철의 전매 제도를 지속할지를 두고, 논쟁한 내용을 다룬 것이 『염철론鹽鐵論』이다.

7. 천자와 제후가 신에게 제사하는 대상과 범위를 규정되어 있었다. 천자는 天神과 地祇, 天下名山大川, 五嶽, 四瀆에 제사하고, 제후는 자신의 땅에 있는 名山大川에 제사하는 것이 「春官」의 규정이었다. 그러나 주나라가 東遷하고 나서 제후들이 방자하여 예를 따르지 않아, 임의대로 신을 모시고 제사하는 일이 발생했다. 예를 들면 秦나라 襄公은 少皞를 주된 신으로 모시고, 白帝를 제사하며, 제사에 쓰일 희생도 예를 어겼다.(秦襄公自以居西戎, 主少昊之神, 作西時, 祠白帝) 제후들의 새로운 신을 모시는 일들은 『사기』「봉선서」에 여러 차례 등장한다.

났다[8]는 서술을 볼 수 있는데, 이는 이러한 시대적 배경 때문이다. 이 과정에서 한무제는 방사方士들과 동중서의 도움을 받아, 태일신太一神을 정점에 두고 하위의 신들을 체계화하는 신학체계를 만든다. 아울러 한무제 스스로도 최고의 신격을 갖춘 태일신太一神이 된다.

3. 오행, 오덕종시설

한무제가 요청한 이데올로기를 만드는 주요한 인물들은 중국의 동쪽 지방인 연·제 지역 출신의 방사方士들과 동중서였다. 동중서와 일군의 방사들이 대일통 사상을 만드는 이론적 근거 중의 하나가 바로 추연의 '오덕종시설五德終始說'이었다. 오덕종시설은 "제왕이 장차 흥하려고 하면 하늘이 반드시 먼저 상스러움을 백성들에서 나타내 보인다."[9]라는 전제를 두고, 하늘의 법칙은 오행으로 나타나고, 이 오행의 법칙이 상생상극으로 나타나며, 상생상극의 이치가 왕조의 흥망과 쇠퇴를 지배한다고 전제한다. 이러한 논리에 따르면, 하늘이 나타내 보이는 상스러움을 살피는 것은 오덕의 추이를 살피는 것이 자, 왕조의 변천을 확인할 수 있는 계기가 된다.

전국 말기에 유행했던 추연의 오덕종시설은 여러 사상에 수용되었고, 연나라 소왕은 추연을 노사老師로 대접하면서 그를 위해 게석궁

---

8. 侯外廬, 趙紀彬, 杜國庠, 邱漢生, 『中國思想通史』 제2권, 인민출판사, 1992, 86쪽 참조.

9. 『呂氏春秋』「應同」, 凡帝王者之將興也, 天必先見祥乎下民.

^{碣石宮}을 지을 정도로 추연을 국사로 대접하였다. 추연의 음양오행설
은 전국 말기에는 지배 사상이 되어, 이전의 사상과 종교를 대체하
는 강력한 이론이 되었다. 예컨대 추연의 오덕종시설을 가장 잘 수
록하고 있는『여씨춘추_{呂氏春秋}』의「응동_{應同}」편에는 다음과 같은 내용
이 나온다.

> 황제 때 하늘이 먼저 큰 지렁이와 큰 땅강아지를 나타내 보였다. 황제
> 가 말하기를 '토기가 왕성하다'고 하였다. 토기가 왕성하기에 땅의 색
> 인 누런색을 숭상하고 나라의 일들을 토기를 위주로 하였다. 우왕 때에
> 이르러 하늘이 먼저 초목이 가을과 겨울이 되어도 살기를 입지 않는 것
> 을 보였다. 우가 말하기를 '목기가 왕성하다'고 하였다. 목기가 왕성하
> 므로 목의 색인 푸른색을 숭상하고 나라의 일들을 목기를 위주로 하였
> 다. 탕왕 때에 이르러 하늘이 먼저 쇠와 칼날이 물에서 생성되는 것을
> 보였다. 탕이 말하기를 '금기가 왕성하다'고 하였다. 금기가 왕성하므로
> 쇠의 색인 흰색을 숭상하고 나라의 일들을 금기를 위주로 하였다. 문왕
> 의 때에 하늘이 먼저 불을 보였다. 문왕이 말하기를 '화기가 왕성하다'
> 고 하였다. 화기가 왕성하므로 화의 색인 붉은 색을 숭상하고, 나라의
> 일들을 화기를 위주로 하였다. 화기를 대신하는 것은 반드시 수기이니
> 하늘이 또한 수기가 왕성한 것을 보였다. 수기가 왕성하므로 물의 색인
> 검은 색을 숭상하고 나라의 일들을 수기를 위주로 한다.[10]

10.『呂氏春秋』「應同」, 黃帝之時, 天先見大螾大螻, 黃帝曰 '土氣勝', 土氣勝, 故其色尚
黃, 其事則土. 及禹之時, 天先見草木秋冬不殺, 禹曰 '木氣勝', 木氣勝, 故其色尚青,其事
則木. 及湯之時, 天先見金刃生於水, 湯曰 '金氣勝', 金氣勝, 故其色尚白, 其事則金. 及文
王之時, 天先見火, 赤烏銜丹書集於周社, 文王曰 '火氣勝', 火氣勝, 故其色尚赤, 其事則

황제로부터 주나라의 문왕에 이르기까지 오행의 기운이 왕성한 것을 하늘이 나타내 보이고, 오행 중의 어떤 기운이 왕성한 것을 '덕德'이라고 표현한 것을 알 수 있다. 또한 하늘의 운행 법칙은 오행을 중심으로 일어나고, 그 운행은 왕조의 변천과 상응한다는 것을 알 수 있다. 그래서 황제는 토덕土德을 얻었고, 우임금은 목덕木德을 얻었으며, 탕임금은 금덕金德을 얻었고, 문왕은 화덕火德을 얻어 새로운 왕조를 건립했다는 것이다. 이처럼 오행은 끊임없이 운행하고 그 운행의 결과로 새로운 왕조가 세워진다는 논리가 오덕종시설이다.

한편 추연의 오덕종시설에서 의문점이 발생하기도 했다. 천의 운행이 오행을 통해서 드러나고, 그러한 운행이 오행의 상생상극으로 진행된다면, 오행의 운행을 주재하는 하늘의 성격이 무엇이냐는 것이다. 만약 오행의 상생상극의 원리로 천지의 변화가 일어나고 이 변화를 따라 왕조의 흥망성쇠도 따라 일어난다면, 이 오행의 운행은 자연스러운 법칙으로 굳이 천을 요청하지 않아도 된다. 오덕종시설에 따르면 천은 단지 오행의 배후로만 인정될 뿐, 천이 신성을 가질 필요는 없다. 마치 우리가 현재 자연의 변화를 과학적으로 설명할 때 신을 요청할 필요 없이 자연현상을 법칙으로 이해하는 것과 같다. 주나라가 천을 신앙하였지만 천제의 도움을 받지 못하고 멸망한 사실과 연관되면서 오덕종시설에서 말하는 천에는 신적인 의지나 섭리와 같은 것이 없을 수도 있다는 생각을 갖게 하였다.

이와 반대로, 오행을 신으로 모시는 일도 일어났다. 진시황제는 자신이 수덕水德을 받은 황제로 생각해 오행의 덕을 신으로 만들고

火. 代火者必將水, 天且先見水氣勝, 水氣勝, 故其色尚黑, 其事則水.

이들 신을 사당에 모시면서 수덕을 상징하는 흑제黑帝는 모시지 않았다. 자신이 흑제이기에 자신을 신으로 모실 수 없었다. 진시황제는 정삭正朔, 율령을 개정하면서 수덕水德에 맞는 해월亥月, 음력 10월을 한 해의 첫 달로 삼고, 의복과 깃발 등에서 흑색을 사용하였으며, 수덕에 맞는 숫자 6을 기준으로 삼아, 수레의 폭을 여섯 척尺으로 하고, 여섯 척을 한 걸음으로 삼으며, 황하黃河의 이름을 덕수德水로 고치기도 하였다.[11]

진시황제의 대일통사상을 "수레는 같은 궤도에 맞게 제작하고, 모든 글은 같은 글자를 쓴다[車同軌, 書同文]"이라고 표현하기도 하는데, "車同軌, 書同文"의 기준이 수덕水德의 숫자인 6이었다.

그런데 한나라 유방이 진나라를 멸망시키고 진나라의 수도에 들어가 사당에 흑제가 없음을 보고 흑제를 신으로 모신다. 이와 관련해 『사기』「봉선서」에는 "진나라가 백제, 청제, 황제, 적제의 사제를 사당에 모신다는 말을 듣고 유방이 말하기를 '내가 듣기로는 하늘에는 오제가 있다고 하는데, 사제만 모시니 무엇 때문인가? …… 내가 이제 알겠다. 나를 기다려 다섯을 채우려는 것이구나.'라고 하고, 이에 흑제를 사당을 건립하고 이를 북치北畤라고 하였다."[12]라고 기록하고 있다.

---

11. 『史記』「秦始皇本紀」, 始皇推終始五德之傳, 以爲周得火德, 秦代火德, 從所不勝. 方今水德之始, 改年始, 朝賀皆自十月朔. 衣服旄旌節旗皆上黑. 數以六爲紀, 符, 法冠皆六寸, 而輿六尺, 六尺爲步, 乘六馬. 更名河曰德水, 以爲水德之始.

12. 『史記』「封禪書」, 東擊項籍而還入關, 問 '故秦時上帝祠何帝也?' 對曰 '四帝, 有白, 青, 黃, 赤帝之祠.' 高祖曰 '吾聞天有五帝, 而有四, 何也?' 莫知其說. 於是高祖曰 '吾知之矣, 乃待我而具五也.' 乃立黑帝祠, 命曰北畤.

문제文帝 때에는 수덕을 받은 왕조가 진나라인지 한나라인지를 두고 논쟁이 벌어지기도 한다. 『사기』 「봉선서」에는 이와 관련해 다음과 같이 기록하고 있다.

노나라 사람 공손신公孫臣이 "애초에 진나라는 수덕을 얻었습니다. 지금 한나라가 이를 이어받았으니, 오덕의 순환으로 미루어 보면 한나라는 마땅히 토덕을 받았으며, 토덕의 응함으로 황룡이 나타날 것입니다. 정삭을 고치고 복색을 바꾸어 황색을 숭상함이 마땅합니다."라고 글을 올렸다. 이때 승상 장창張蒼은 율력에 조예가 깊었는데, "한나라가 바로 수덕의 시작이니, 황하가 금제를 터뜨린 것이 그 징조입니다. 한 해의 시작은 10월로 삼고 복색은 바깥은 흑색 안쪽은 적색으로 하면 수덕과 상응할 것입니다. 공손신의 말은 틀렸으니 그를 내치소서."라고 하였다. 3년 뒤, 성기에서 황룡이 나타났다. 문제는 공손신을 불러 박사에 임명하고 제생들과 함께 역법과 복색을 바꾸는 일의 초안을 잡으라고 명하였다.[13]

한나라가 수덕을 받은 것인지 토덕을 받은 것인지의 논쟁은 진시황제처럼 정삭의 문제와 여러 정치 행정적인 기준에 관련된 문제이기도 했다. 오행의 신들을 국가 제사를 지내는 사당에 모셨는데, 오행의 배후인 천을 어떻게 이해할지가 종교적으로 철학적으로 논란이

---

13. 『史記』 「封禪書」, 魯人公孫臣上書曰"始秦得水德. 今漢受之, 推終始傳, 則漢當土德, 土德之應黃龍見. 宜改正朔, 易服色, 色上黃." 是時丞相張蒼好律曆, 以爲"漢乃水德之始, 故河決金隄, 其符也. 年始冬十月, 色外黑內赤, 與德相應. 如公孫臣言, 非也, 罷之." 後三歲, 黃龍見成紀. 文帝乃召公孫臣, 拜爲博士, 與諸生草改曆服色事.

되기도 한다.[14] 만약 오행의 상생상극의 운행 원리에 따라 왕조가 바뀐다면, 오행의 운행을 주관하는 천의 속성을 어떻게 이해해야 할지, 오행의 배후인 천이 신성을 가지고 있는지 등의 문제가 발생했다.

4. 신앙체계에서 태일－음양－오행

한무제가 황제에 즉위할 때도 이러한 논란은 여전했다. 그러자 연제 지역의 방사方士들이 태일太一이라는 신격[15]을 제시한다. 방사들은 태일의 신격은 천신 중에서 가장 존귀한 신이며, 태일을 보좌하는 것이 오제五帝, 오행신라는 논리를 제시한다.

> 박땅 사람 박유기薄誘忌가 태일신에게 제사 지내는 방식에 대해 상주하기를, "천신 가운데 가장 귀한 자는 태일신이며, 태일신을 보좌하는 자가 오제입니다. 옛날 천자는 봄가을에 동남쪽 교외에서 태일신에게 제사 지냈습니다. 태뢰의 제물을 사용했으며 칠일에 걸쳐 지냈는데 제단에 만들어 팔방으로 통하는 귀도를 열어두었습니다."라고 하였다. 이에 천자가 태축에게 명하여 장안 동남쪽 교외에 사당을 세우게 하고 박유

---

14. 侯外廬, 趙紀彬, 杜國庠, 邱漢生, 『中國思想通史』 제2권, 인민출판사, 1992, 88쪽 참조.

15. 태일太一은 태일泰一로 쓰기도 하는데, 태을太乙과 같은 말이다. 후대에는 태극太極이라고도 썼다. 원래는 북극성을 신앙하는 성수신앙星宿信仰에서 북극성을 태을太乙 신을 섬겼는데, 이를 한무제 때에 태일太一이라고 부르면서 최고의 신격을 부여했다. 이와 관련해서, 胡孚琛 주편, 『중화도교사전』, 중국사회과학원출판사, 1995, 784쪽 태을太乙 항목 참조.

기의 방식대로 제사를 지내게 하였다. 후에 어떤 사람이 글을 올리길, "옛날에 천자는 삼년에 한 번씩 태뢰의 제물을 써서 삼일신, 즉 천일 지 일 태일에게 제사를 지냈습니다."라고 하였다. 천자가 이를 허락하여 태축에게 명하여 박유기의 건의로 만든 태일신의 제단에서 이 방식대 로 제사지내게 하였다.[16]

한무제는 방사 박유기薄誘忌의 제안을 받아들인다. 아울러 태일신 과 하늘을 상징하는 건괘와 양을 상징하는 천일신天一神, 땅을 상징 하는 곤괘와 음을 상징하는 지일신地一神의 신격 체계를 만들고, 오 행을 상징하는 오제五帝의 신을 태일신을 보좌하는 신격(太一佐曰五帝) 으로 규정한다. 새로운 신격의 창조(조신운동)에서 태일신이 최고신 격으로 설정되었는데, 하위의 신격들이 체계화하는 것에는 『노자』와 『여씨춘추』, 「계사전」에 보이는 논리가 사용되었다.

우선 『여씨춘추』의 「대악大樂」편에는 "음악의 유래는 심원하다. 도 량형에서 생겨났는데 이는 태일太一에 근본한다. 태일이 양의를 산 출하고, 양의는 음양을 산출한다. 음양이 변화하여 한번은 위로 한 번은 아래로 움직이고 이것이 합하여 악곡의 마디를 이룬다."[17]라는 말이 나온다. 또한 "만물이 나온 바는 태일에서 만들어지고 음양에

16. 『史記』 권12, 亳人薄誘忌奏祠太一方, 曰 '天神貴者太一, 太一佐曰五帝. 古者天子 以春秋祭太一東南郊, 用太牢具, 七日, 爲壇開八通之鬼道.' 於是天子令太祝立其祠長安 東南郊, 常奉祠如忌方. 其後人有上書, 言 '古者天子三年一用太牢具祠神三一. 天一, 地 一, 太一.' 天子許之, 令太祝領祠之忌太一壇上, 如其方.

17. 『呂氏春秋』 「大樂」, 音樂之所由來者遠矣. 生於度量, 本於太一. 太一出兩儀, 兩儀出 陰陽, 陰陽變化, 一上下一, 合而成章.

서 변화한다."[18]라는 문장과 이어서 "도란 지극히 정밀하지만 형상화할 수도 없고 이름 지어 부를 수도 없다. 억지로 그것을 태일이라고 한다."[19]라는 문장도 나온다.

『여씨춘추』의 이러한 내용들은 『노자』의 "道生一, 一生二, 二生三, 三生萬物"이라는 문장을 재해석한 것으로, 세계의 발생이 도로부터 일로, 일에서 만물로 이어지는 내용으로 해석된다. 여기서 '일'을 '태일'로 해석하고, '이'를 '음양'으로 해석하고, 「계사전」의 "易有太極, 太極生兩儀"를 끌어오면서, 태극과 음양, 오행[오덕종시]설을 결합해 낸다. 그러면 태일에서 음양으로, 음양에서 오행으로 이어지는 신학적 이론이 만들어지고, 이를 다시 신들의 계보에 적용하면 태일신에서 천지의 신으로, 천지의 신에서 오행의 신(오제)으로의 계보가 탄생하게 된다.

```
┌ 태일 → 음양 → 오행
└ 태일신 → 천일신(건괘; 양인 신), 지일신(곤괘; 음인 신) → 오제신(오행신)
```

이 도식은 한무제가 자신을 중심으로 한 대일통사상을 체계화하면서 신학 체계를 완성한 도식이다. 이 과정에서 한무제 스스로 최고의 신격을 갖춘 태일신太一神이 된다.

동중서나 방사들에 의해 한무제가 태일신으로 절대 신격을 갖출 때, 유교의 부권父權이 도입되면서 공자孔子 역시 신격화한다. 한무

---

18. 『呂氏春秋』「大樂」, 萬物所出, 造於太一, 化於陰陽.

19. 『呂氏春秋』「大樂」, 道也者, 至精也, 不可爲形, 不可爲名, 强爲之謂太一.

제는 절대 지배자로서 황권皇權, 유교 논리에 따라 예법禮法 창시자의 상징인 부권父權, 절대 신격으로서 신권神權을 삼위일체로 가진 존재가 되었다. 이를 표현하는 용어가 '성상聖上'이다. 한무제가 사용한 '성상'이라는 용어는 신으로서 현실 통치에 임한 교주이자 황제이자 아버지를 의미했다.

한자에서 '大'와 '太'는 같은 의미를 갖는다. 한무제의 '대일통' 사상은 '태일신'을 정점으로 한 신앙체계 수립으로 이어진다. 태일신의 하위에는 천지天地의 신들이, 천지의 신들 아래로 오행의 신들이 수직적으로 위계를 갖춘다. 이는 '태일신'을 정점에 둔 신학 체계와 '성상'을 정점으로 하는 권력의 위계와 이를 구현해 천하의 소유자이자 소금과 철을 소유자인 한무제에게, 모두[大] 한무제 그 한 사람[一]에게 수렴되는 통치[統] 논리인 '대일통' 사상과 같은 논리에 기초하고 있다.

5. 역에서 태극-음양-오행

한무제의 태일신의 신학 체계는 역의 태극·음양론의 도움을 받았다. 그것은 변화하는 현상을 설명하는 음양의 배후로서 불변하는 근거가 무엇인가라는 질문을 제기하고 태극을 음양의 배후로 설정하는 것이었다.[20]

정리하자면, "역유태극易有太極"에서 '태극'은 시초점을 치는 단계를 표현한 말이거나, 시초점을 치는 단계에서 그 무엇을 상징하는 것이

---

20. 朱伯崑 주편, 『周易通釋』, 崑崙出版社, 2004, 156쪽 참조.

었지만, 그 의미를 알 수 없는 것이었다. 태극은 세계의 근원이거나 음양의 배후이거나 만물의 근원으로서의 의미를 갖는 것이 아니었다. 「계사전」이 쓰인 시대의 다른 책들에서도 태극은 실체의 의미를 갖지 않았다. 태극을 실체 개념으로 전환시켜 낸 것은 한무제의 시기에 정치 이데올로기의 필요에 의해 제기되었고, 방사들과 유생들이 『노자』, 『여씨춘추』, 「계사전」의 내용들을 끌어와 한무제를 신격화하는 과정에서 탄생한 개념이다. 아울러 태극이 개념화하면서 음양과 오행론이 하나의 체계를 갖추게 되었다.

한무제의 태일신앙 체계는 역에서도 영향을 미쳤다. 한대의 역학자들은 역에 오행을 도입했다. 경방京房의 역학에서도 오행은 도입되었으며, 『역위건착도』에서도 오행은 도입되었다. 하지만 오행과 역의 이론이 어떻게 연결되는지는 명확하지 않았다. 오행을 대연수와 결합한 사람이 바로 정현鄭玄이다.

정현은 "대연의 수는 50개이지만 사용하는 것은 49개이다(大衍之數五十, 其用四十九)."에 대한 주석에서 '오행설'을 도입한다.

① 천과 지의 수는 55인데, 오행의 기로 통한다. 천지의 수 55에서 오행의 수에 따라 5를 뺀다. 대연의 수에서 또 1을 감하므로 49가 된다. (……)

② 천일天一은 북방의 수水에서 생성되고, 지이地二는 남방의 화火에서 생성한다. 천삼天三은 동방의 목木에서 생성하고, 지사地四는 서방의 금金에서 생성한다. 천오天五는 중앙 방위의 토土에서 생성한다.

③ 양이 짝이 없고 음이 짝이 없으면 서로 이루지 못한다. 지육地六은

북방의 수水에서 이루어 천일天一과 더불어 합하고, 천칠天七은 남방에서 화火를 이루어 지이地二와 더불어 합한다. 지팔地八은 동방에서 목木을 이루어 천삼天三과 더불어 합한다. 천구天九는 서방에서 금金을 이루어 지사地四와 더불어 합한다. 지십地十은 중앙에서 토土를 이루어 천오天五와 더불어 합한다.[21]

이 인용문에서 ①에서 천지의 수 55는 하도河圖의 점들의 숫자를 의미한다. 하도의 숫자와 대연수가 일치하지 않은 점을 정현을 오행을 가져와 천지의 수 55에서 오행의 수인 5를 뺀 것이 대연수 50이 된다고 말한다. 그리고 대연수에서 하나를 사용하지 않는 점을 들어 49라고 말한 것이다. ②는 천지의 수를 오행과 결합하여 설명하고 있다. 이 내용에서 오행이 본격적으로 도입되는데, 천지의 기인 오행과 천지의 수를 결합하여 하도를 생수生數와 성수成數로 이해하는 방법을 제시하고 있다. ③에서 천의 생수와 지의 성수가 결합하여 오행을 이루는 논리가 드러난다.

역학 가운데 상수학에서 하도를 생수와 성수로 구분하고 이를 오행과 연결하는 논리를 볼 수 있다. 또한 낙서洛書의 구성을 오행으로 설명하는 논리도 만날 수 있다. 이러한 논리는 정현의 주역 주석인 『주역정강성주周易鄭康成註』에서 처음으로 나온다. 정현의 이 학설은

---

21. 『周易鄭康成註』, 天地之氣各有五. 五行之次, 一曰水天地之數五十有五. 以五行氣通, 凡五行減五, 大衍又減一, 故四十九也正義. (…)天一生水于北, 地二生火于南, 天三生木于東, 地四生金于西, 天五生土于中. 陽无耦, 陰无配, 未得相成. 地六成水于北, 與天一并. 天七成火于南, 與地二并. 地八成木于東, 與天三并. 天九成金于西, 與地四并. 地十成土于中, 與天五并.

주역에서 오행을 결합시켜 내는 논리이기도 하다.

> 천지의 기에는 각기 다섯 가지가 있다. 오행의 차례는 一은 水이고, 天
> 數에 해당한다. 二는 火이고 地數에 해당한다. 三은 木이고 天數에 해
> 당하고, 四는 金이고 地數에 해당한다. 五는 土이고 天數에 해당한다.
> …… 地六은 天一과 짝이 되고, 天七은 地二와 짝이 되며, 地八은 天三
> 과 짝이 되며, 天九는 地四와 짝이 된다. 地十은 天五와 짝이 된다.[22]

이 인용문은 하도의 수 10에서 생수生數인 1, 2, 3, 4, 5와 성수成數
인 6, 7, 8, 9, 10으로 구분하여 설명하면서, 오행을 하도의 생수와
성수로 설명할 때 일반적으로 사용되는 논리이다. 천의 수인 1과 지
의 수인 6이 결합하여 오행에서 水가 되고, 지의 수인 2와 천의 수인
7이 결합하여 오행에서 火가 되고, 천의 수 3과 지의 수 8이 결합하
여 오행에서 木이 되고, 지의 수 4와 천의 수 9가 결합하여 오행에서
金이 되며, 천의 수 5와 지의 수 10이 결합하여 오행에서는 土가 된
다는 논리가 탄생한다.[23]

역을 음양오행으로 이해하는 논리는 한대의 역학과 관련이 깊다.
한무제의 절대 권력을 정당화하는 대일통 사상에서 신학적으로 태

---

22. 『周易鄭康成註』, 天地之氣各有五. 五行之次, 一曰水, 天數也. 二曰火, 地數也. 三
曰木, 天數也. 四曰金, 地數也. 五曰土, 天數也. 此五者陰无匹, 陽无耦, 故又合之. 地
六為天一匹也. 天七為地二耦也. 地八為天三匹也. 天九為地四耦也. 地十為天五匹也.
二五陰陽各有合, 然後氣相得, 施化行也.
23. 이와 관련하여 상세한 내용은 이봉호 『정조의 스승, 서명응의 철학』, 동과서출
판사, 2013, 67쪽을 참조하라.

일－천일신, 지일신－오행신의 체계를 이루었다면, 정현에 이르러, 역학에서 대연수와 오행의 결합이 일어난다.

역학에서 태극－음양－오행의 체계는 후한시기『주역참동계周易參同契』에 와서야 완성된다.『주역참동계』에서는 음양을 의미하는 〈수화광곽도水火匡郭圖〉가 나타나고, 이어서 오행의 관계를 나타내는 〈삼오지정도三五至精圖〉가 나타난다. 여기에 태일(태극○)을 위에 덧붙이면 태일(태극)－음양－오행의 체계가 완성된다.『주역참동계』의 도상은 북송시기에 진단의 〈무극도〉와 주렴계의 〈태극도〉의 원류에 해당한다(그림은 다음 페이지 참조).

역학에서 태일(태극)－음양－오행의 체계는 한무제의 태일신－음양신－오행신의 체계에 영향을 받았으며, 한대 역학자들이 역에 오행론을 도입한 것에 영향을 받아, 후한시기『주역참동계』에서 완성된다.

6. 건-곤 괘 배열과 부권父權 이데올로기

한무제의 대일통 사상은 64괘의 괘 배열에서 건괘－곤괘로 시작하는 괘 배열을 이루게 한다. 1부 1장에서 64괘의 괘 배열은 한나라 시기에도 건괘－곤괘로 시작하지 않는 책들이 있으며, 마왕퇴에서 출토된 백서본도 건괘－곤괘로 시작하지 않는다고 언급했었다. 이러한 사실을 기초로 13장에서는 진나라 시기의 역이 출토되면서, 이 역에서도 괘 배열이 건괘－곤괘 배열이 아니어서, 건괘－곤괘 괘 배열은 한무제 시기일 것이라고 말했다. *

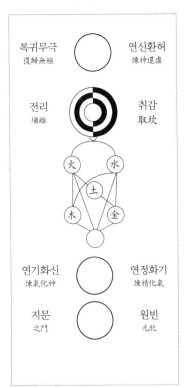

무극도

복귀무극
復歸無極

연신환허
煉神還虛

전리
塡離

취감
取坎

火　水

土

木　金

연기화신
煉氣化神

연정화기
煉精化氣

지문
之門

원빈
元牝

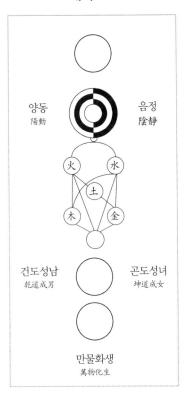

태극도

양동
陽動

음정
陰靜

火　水

土

木　金

건도성남
乾道成男

곤도성녀
坤道成女

만물화생
萬物化生

태일太一

수화광곽도水火匡郭圖

삼오지정도三五至精圖

이제 건괘－곤괘 괘 배열에 대한 내용을 정리해보자. 앞에서 한무제 시기의 조신운동을 거론하면서, '태일신'의 아래에 '천일신'과 '지일신'을 배당했음을 언급했다. 천일신은 하늘을 상징하는 건괘乾卦이자 양陽을 의미한다. '지일신'은 땅을 상징하는 곤괘坤卦이자 음陰을 상징한다. 태일신에서 천일신과 지일신으로 이어지는 신학적 체계를 괘 배열에 적용하면, 태극에서 건괘와 곤괘의 체계가 이루어진다. "역유태극易有太極, 시생양의是生兩儀"에서 '태극'은 '태일신'에 배당하고, '양의'는 '천일신'과 '지일신'에 배당한 것이다. 건괘는 순수한 양이고, 곤괘는 순수한 음이기에 태극에서 '양의음양'로 이어지는 체계를 괘 배열로 구현하면, 건괘－곤괘의 괘 배열 될 수밖에 없다.

이러한 건괘－곤괘의 괘 배열은 군자 이데올로기의 정당화, 왕과 신하 간의 권력의 위계, 법이자 권력, 제도의 상징으로서 부권父權을 정당화하는 논리가 된다. 건괘와 곤괘에만 붙어있는 「문언전」은 이러한 논리를 잘 보여준다. 「문언전」을 관통하는 내용은 군자 이데올로기와 신하의 이데올로기이다. 군자가 갖추어야 할 덕목과 신하가 갖추어야 할 덕목을 나열한 것이 「문언전」이다. 군자는 원형이정의 덕목인의예지을 갖추어야 하고, "음인 신하는 예를 지켜 양인 왕과 대적하지 말라. 신하가 왕과 싸우게 되면陰疑於陽, 必戰", "그 피가 검고 누렇게 될 것龍戰于野, 其血, 玄黃"이라고 경고를 하고 있다.

건괘－곤괘의 괘 배열과 「문언전」의 내용은 한무제를 정점으로 하는 대일통의 사상 중에서 권력의 집중화를 정당화한다. 건괘－곤괘의 괘 배열은 한고조부터 전쟁 등의 외치外治는 황제가 담당하고, 내치內治는 승상과 신하들이 담당해 왔던 권력 배분의 방식을 바꾸는 논리이다.

한무제는 권력과 지식을 일치시키면서 유교의 군자 이데올로기와 예법을 끌어온다. 이것이 유교의 국교화이다. 이를 통해 한무제 이전에 승상과 신하들이 가진 막강한 권력을 무력화하면서 실무형 관료인 유학자를 신하로 등용해 행정관료로 만든다. 이 과정에서 필요한 논리가 유교의 논리인 부권父權의 논리이자, 건괘-곤괘의 괘 배열, 「문언전」에 보이는 군자 이데올로기와 신하 이데올로기이다.

이러한 논리를 만들어낸 인물은 동중서이다. 동중서는 군신관계를 종속적으로 만드는데, 그가 제시한 것은 "대부는 왕과 대등하지 않다(大夫不敵君)."[24]는 명제이다. 이 명제와 앞서 말한 곤괘 「문언전」의 "음인 신하는 예를 지켜 양인 왕과 대적하지 말라."와 의미상에서 전혀 차이가 없다. 그리고 신하는 왕의 명령을 따라 시행해야 하며, 그렇지 않을 경우 반란으로 간주한다는 것이다. 그러면서 동중서는 신하의 직책과 책무, 금지 규정을 상세하게 기록하고 있다. 이는 건-곤괘 배열과 「문언전」의 내용, 효위설과 그대로 부합한다.

한무제의 정치 행위는 모두 유교 경전의 내용과 부합해야 했다. 한무제는 유교의 부권을 상징하는 인물이자, 진리의 체현자였다. 한무제는 동중서의 건의를 받아들여 유학자들을 등용하고, 오경박사를 설치(BC 136년)한다. 이러한 일련의 과정에서 유학자들은 한무제의 대일통 사상을 정당화하는 논리를 만들고 왕과 신하의 위계를 정당화해 낸다. 이러한 일들에서 64괘의 괘 배열은 영향을 받아 건괘-곤괘 배열을 이루게 된다. 그리고 「문언전」에서 군자-신하 이데올로기가 탄생한다.

---

24. 『春秋繁露』 卷第四 「王道第六」.

7. 선생님이 말씀하셨다子曰

『역전』에는 '선생님이 말씀하셨다[子曰]'이라는 표현이 등장한다. '자왈子曰'이라는 표현은 『논어』에서 공자를 선생님으로 높여 표현한 말이기도 하고, 공자의 말을 특정해서 구별하기 위해 사용한 것이기도 하다. 그런데 「문언전」과 「계사전」에서 '자왈'이라는 표현이 등장한다. 이들 편에서 등장하는 '자왈'이라는 표현을 두고 공자를 높여 표현하는 '선생님이 말씀하셨다[子曰]'로 이해하였고, 이러한 이해는 『역전』의 저자가 공자라는 생각을 갖게 하였다.

「문언전」과 「계사전」에 등장하는 '자왈'이라는 표현은 한나라 오경박사 중에서 역학易學 박사들인 경사經師의 말을 '자왈'로 표기한 것이고, 오경박사를 '선생님[子]'라고 부르고, 그들의 강의를 기록하면서 '자왈'이라고 표기하던 전통에서 기인한 것이라는 연구가 있다.[25] 이러한 연구에 의하면, 『역전』의 저자는 공자일 수가 없게 된다. 어쨌든 「문언전」과 「계사전」의 '자왈' 내용을 살펴보자.

건괘 「문언전」에서 '자왈'이라는 표현은 초효에서부터 상효에 이르기 까지 모두 나타난다. 하지만 곤괘 「문언전」에는 '자왈'이라는 표현이 나타나지 않는다. 「계사전」에서는 8회 등장한다. 「계사전」 상의 7, 8, 9, 10, 11, 12장, 「계사전」 하의 5, 6장에 등장한다.

「문언전」에 등장하는 '자왈'에 대해 주백곤은 한대 오경박사 중에서 주역 박사들이 공자의 이름에 가탁하여 한 말이라고도 본다. 주백곤이 이렇게 판단하는 근거는 건괘 「문언전」의 구오효 내용이 『여

---

25. 주백곤, 『역학철학사』 상책, 44쪽 참조.

씨춘추』「응동」편의 내용과 같은데, 「응동」편은 추연의 음양오행설의 내용을 정리한 것이기에 시대적으로 공자와는 맞지 않다고 보기 때문이다. 그리고 「문언전」은 경학박사들이 건괘와 곤괘를 강의한 것을 기록한 것이고, 내용적인 체계가 갖추어지지 않은 것으로 볼 때, 경학박사 한 사람의 손에서 탄생한 것도 아니라고 본다.

이 내용에서 덧보탤 것은 『여씨춘추』「응동」편의 성격이다. 추연의 음양오행론의 내용을 가장 잘 정리한 책이 『여씨춘추』「응동」편이다. 여불위呂不韋가 통일제국을 준비하면서 그 통치 논리를 만들기 위해 여러 학자들을 모아 작성한 것이 『여씨춘추』이고, 『여씨춘추』의 「응동」편에 소개된 음양오행설은 동중서에 의해 한무제의 대일통사상을 정립하는 이론적 근거가 된다. 앞에서도 언급하였듯이, 『여씨춘추』의 「응동」편에 나타난 추연의 오덕종시설을 수용하면서도 이를 뛰어넘는 이론을 만든 것이 한무제의 대일통사상이기 때문이다.

주백곤의 말처럼 경학박사들의 말이 '자왈'로 표현된 것이라면, 「문언전」에 보이는 엄격한 군신간의 위계, 그 위계에 따른 직분을 지키라는 경고를 이해할 수 있다. 필자는 11장에서 「문언전」을 설명하면서 「문언전」의 성격을 군자 이데올로기를 만들고 신하에 대해 그 직분을 넘어서는 행위를 하지 말라는 경고를 주된 내용으로 하고 있다고 해명했었다.

한무제가 BC 136년에 동중서의 건의를 수용하여 설치한 것이 오경박사이고, 오경박사는 한무제의 통치가 유교의 경전들에 부합하는 방식으로 이루어지도록 이론적 근거를 제공하는 것이 그들의 주된 임무였다. 경학박사[經師]들의 역할이 군신간의 위계를 확립하고 그 위계에 따른 정치 이데올로기를 만드는 것이기에 「문언전」과 같은 내용이 나타날 수 있었던 것이다.

「계사전」의 '선생님이 말씀하셨다[子曰]'라는 표현은 역의 기능을 표현한 것들을 제외하고는 대부분 성인과 군자의 덕과 관련된다. 「계사전」에서 '자왈'이라는 표현으로 시작하는 문장의 내용은 성인과 군자 이데올로기를 표현한 내용들이다. 그 내용들은 '역이란 성인의 덕을 높이고 업을 넓힌 것'[26]이라든지, '군자의 말과 행동이 천지를 움직인다'[27]든지, '역에는 성인의 도가 있다'[28]든지, 성인이 역을 통해 천하의 뜻을 통하며 천하의 업을 정하며, 천하의 의심을 결단한다[29]든지 등이다. 이들 내용은 성인과 군자 이데올로기이다. 「계사전」에 등장하는 '자왈'의 내용은 성인과 군자의 권위를 역의 기능과 결합하여 설명하고 있는 내용이어서, 한무제의 절대 권력을 부각하기 위한 논리이거나 황제의 권력을 정당화하는 내용으로 볼 수 있다.

26.「繫辭傳」上7, 子曰 (……)夫易, 聖人所以崇德而廣業也.

27.「繫辭傳」上8, 子曰 (……)言行, 君子之所以動天地也.

28.「繫辭傳」上10, 子曰 易有聖人之道四焉者 此之謂也.

29.「繫辭傳」上11, 子曰 (……) 聖人, 以通天下之志, 以定天下之業, 以斷天下之疑.

8. 효위설, 호응론

한나라 역학에서 새롭게 해석되면서 체계화된 경우가 많다. 태극과 음양, 오행의 결합의 논리는 태극이라는 '일기—氣'로부터 세계와 만물의 형성과 운동을 설명하는 논리로 발전해 괘기설卦氣說을 형성하고, 「단전」에서 기원한 효의 자리[爻位]에 대한 설을 확대해 효의 자리에 사회적 계급을 적용해 그 역할과 관계를 따지는 효위설이 체계화되었다. 그리고 효위설에서 효들간의 호응 정도를 살피는 호응론은 '응비론應比論'으로 확대된다. 또한 한무제 때에 동중서의 제안으로 오경박사가 설치(建元 5년, BC 136)되었다. 역학에 이들 오경박사들의 학설이 도입되었는데 「문언전」 등에 "선생님이 말씀하셨다[子日]"라는 말을 "공자가 말씀하셨다"라는 말로 오해를 일으키는 역경 박사들의 말들이 삽입되기도 한다.

「단전」에서 효의 성질을 강유로 구분하고, 이효와 오효의 호응을 말했다. 효의 성질을 강유로 구분하고 효들의 자리, 효들의 관계에 대한 설명을 「상전」에 보다 구체적으로 나타난다. 하지만 효위에 대한 체계적인 설명과 호응론에서도 응비론은 이들 편에서 나타나지 않는다. 효위설과 호응론의 완성은 한대 역학에서야 구체적이면서도 체계적으로 나타난다. 이제 이들 이론을 설명해 보자.

효위爻位와 상징

9장에서도 말하였듯이, 효의 자리와 상징들은 「단전」에서 단초가 나타난다. 「단전」에서 효들의 호응은 이효와 오효를 중심으로 설명되고 있다. 「계사전」에서는 효들의 상징들에 대한 단초도 나타난다.

이러한 효의 자리와 효들의 관계, 그 상징들에 대한 체계적인 이론은 한대 역학에서 완성된다. 앞에서 언급했듯이 한무제는 대일통사상을 정치 이데올로기로 삼았다. 대일통사상을 왕과 신하간의 관계에 적용하면, 왕과 신하의 직분을 규정하고 그 한계를 명확히 하여 그 한계를 넘지 않는 것을 핵심 내용으로 삼았다. 이는 유교의 예법이론에 부합하는 것이자 그 예법이론의 정점에 황제를 위치 지움으로써 계급적으로 월권을 용납하지 않는 통치술로 삼은 것이다.

동중서가『춘추』를 재해석해 대일통이론을 세울 때 내세운 것이 바로 "군신의 올바름을 밝히는 것이 나라의 바름을 지키는 것"[30]이라는 명제이다. 이 명제는 당연히 예법에 기초한 것이다. 그래서 "『춘추』는 예를 존숭하고 신뢰를 존숭한다. 신뢰는 땅보다 무겁고 예는 자신보다 무겁다."[31]라고 말한다. 황제를 정점으로 하는 계급질서가 바로 대일통사상이다. 그래서 "『춘추』의 대일통은 천지의 항상된 법칙이자, 고금에 통하는 옳음이다."[32]라고 한다.

이러한 유교의 예법이론으로 군신간의 계급적 지위와 역할을 규정하게 되면, 황제로부터 사士까지 계급적 위계가 수직으로 나열되게 된다. 이렇게 나열된 계급의 위계를 대성괘의 여섯 효에 배당하고 그 지위와 지위에 맞는 역할을 규정한 것이 효위설爻位說이다.

효위설을 가장 분명하게 보여주는 것이 앞에서도 언급한 바와 같이 경방京房의 역학과 동한 말의 책인『역위건착도易緯乾鑿度』이다. 경

30.『春秋繁露』「王度」, 明君臣之義, 守國之正也.

31.『春秋繁露』「精華」, 春秋尊禮而尊信, 信重於地, 禮尊於身.

32.『漢書』「本傳」, 春秋大一統者, 天地之常經, 古今之通誼也.

방의 역학은 점을 치기 위해 효위설을 가져 온 것이지만, 『역위건착도』는 계급적인 측면에서 말한다. 우리의 논의에는 『역위건착도』의 논리가 맞으므로 『역위건착도』를 중심으로 살펴보자. 『역위건착도』에서 말하는 효위설은 도덕을 세우고 존비를 확정하기 위한 논리이다.[33] 그래서 초효를 원사로 삼고, 이효를 대부로 삼고, 삼효를 삼공으로 삼고, 사효를 제후로 삼고, 오효를 천자로 삼고 상효를 종묘로 삼는다.[34] 군신간의 지위를 위로부터 아래로 규정하여 효에 배당하고는 이를 만인이 따라야할 법칙으로 말한다.[35] 그래서 『역위건착도』에서는 공자에 가탁해 "역에서 여섯 효의 자리가 바르면, 왕의 법도가 드러난다."[36]고 말한다. 『역위건착도』에서 말하는 여섯 효의 자리와 계급의 배당을 아래와 같이 도식화할 수 있다.

상효 – 종묘宗廟
오효 – 천자天子
사효 – 제후諸侯
삼효 – 삼공三公
이효 – 대부大夫
초효 – 원사元士

『역위건착도』에서 효위를 이처럼 구체화할 수 있었던 것은 『역

---

33. 『易緯乾鑿度』, 上者專制, 下者順從, 正形於人, 則道德立而尊卑定矣.

34. 『易緯乾鑿度』, 初爲元士, 二爲大夫, 三爲三公, 四爲諸侯, 五爲天子, 上爲宗廟.

35. 『易緯乾鑿度』, 君臣所以升降, 萬人所以爲象則也.

36. 『易緯乾鑿度』, 易六位正, 王度見矣.

전』에서 효위설의 단초가 제시되었기 때문이지만, 한무제의 대일통 사상이 확정한 군신간의 엄격한 위계 때문이다.

호응론

호응론의 이론을 체계화한 것도 『역위건착도』이다. 『역위건착도』에는 건곤이 서로 만물을 생성하는데 만물에는 음양이 있기에 이를 중첩하여 여섯 획으로 괘를 이룬다고 한다. 이렇게 이루어진 괘에서 삼효 이하는 땅이 되고, 사효 이상은 하늘이 되어 하늘과 땅에 만물이 감응하여 움직이는데 그 움직임은 같은 류가 상응하게 된다[37]고 말한다. 사물간의 움직임에서 같은 류를 분류한 것을 효에 옮기면, 초효와 사효, 이효와 오효, 삼효와 상효가 응하게 된다[38]고 말한다.

『역위건착도』에서 말하는 효들의 호응은 천지 사이에서 동류의 사물들이 서로 호응하는 것을 효의 자리로 표현한 것이다. 다시 말해 효의 자리가 서로 응한다는 것은 천지의 기가 서로 운행하는 것에서 천기天氣가 하강하고 지기地氣가 상승하면서 만물의 운동과 변화, 호응을 일으키는데, 그 호응은 동류끼리 일어난다는 말이다. 그 동류의 상호 호응을 효의 자리로 배당한 것이다. 이를 도식화하면 아래와 같다.

```
┌  삼효  -  상효
│  이효  -  오효
└  초효  -  사효
```

---

37. 『易緯乾鑿度』, 乾坤相竝, 俱生物, 有陰陽, 因而重之, 故六畫而成卦, 三畫已下爲地, 四畫已上爲天, 物感而動, 類相應也.

38. 『易緯乾鑿度』, 初以四, 二以五, 三以上, 此之謂應也.

이러한 호응 관계에서 효의 자리에 음양을 적용하고, 효의 자리 사이의 호응 관계를 따져보는 것이 호응론이다. 호응론에 음양론을 적용하면, 다시 말해 각 효의 자리가 음이냐 양이냐에 따라 그 효의 자리에 음효가 위치하였는지 양효가 위치하였는지에 따라 다양한 해석이 가능하다. 가령 양효가 양의 자리(초효, 삼효, 오효)에 위치하거나, 음효가 음의 자리(이효, 사효, 상효)에 위치하면, 그 효의 자리와 그 효의 음양이 맞는 경우이다. 이러한 경우를 정正이라고 하는데, 이는 음이 음의 자리에, 양이 양의 자리에 위치했다는 의미로 득위得位라고 한다. 이와 반대로 양효가 음의 자리에 있거나, 음효가 양의 자리에 위치할 경우는 부정不正이라고 하고, 실위失位라고 한다.

하나의 괘에서 중심이 되는 효가 있다. 하괘의 중효이효자리와 상괘의 중효오효자리는 상하괘의 중심이자, 상하괘를 대표하는 효의 자리이다. 따라서 중의 자리에서 효가 정을 얻었다면, 즉 하괘의 중효에음이 오고, 상괘의 중효에 양이 오면 중정中正이라고 한다. 이 경우는 매우 길한 것으로 이해된다. 상하괘를 대표하는 위가 중정을 얻으면 상하괘의 다른 효들을 통솔할 수 있다고 본다.

이러한 호응론은 '응비應比론'으로, '승승承乘론'으로 발전한다. 여섯 개의 효로 이루어진 괘상에서 각 효와 그 효들의 관계를 설명하는 방법은 다양하다. 크게는 응應과 비比의 관계로 나눌 수 있다. 응에는 다시 정응正應과 적응敵應의 관계로 나눌 수 있고, 비는 다시 승承과 승乘으로 나누어진다. 먼저 응의 관계를 살펴보자.

응應
'응'은 초효와 사효, 이효와 오효, 삼효와 상효가 서로 호응의 관계에 있다고 보는 것이다. 이러한 관계에서 초효의 자리(양의 자리)에 양효가 오고, 사효의 자리(음의 자리)에 음효가 온 경우, 이효의 자리(음의 자리)에 음효가 오고, 오효의 자리(양의 자리)에 양효가 오고, 삼효의 자리(양의 자리)에 양효가 오고, 상효의 자리(음의 자리)에 음효가 온 경우는 바르게 응한 관계, 즉 정응正應이라고 한다. 이와 달리 삼효의 자리(양의 자리)에 음효가 위치하고, 상효의 자리(음의 자리)에 음효가 위치하거나, 초효의 자리(양의 자리)에 양효가 오고, 사효의 자리(음의 자리)에 음효가 온 경우처럼, 두 자리에 하나라도 '정'이 되지 않고서 '응'의 관계를 이룰 때, 이를 '적응適應'이라고 한다. 이를 수괘의 경우로 설명해 보자.

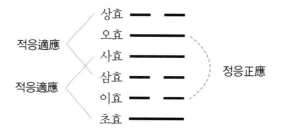

비比

'비'의 경우는 인접한 두 효의 관계를 설명하는 논리이다. 인접한 두 효가 음양으로 연결된 경우를 '비'라고 한다. 앞의 수괘에서 삼효와 사효는, 삼효가 음, 사효가 양으로 '비'의 관계를 형성하였다. 또한 오효는 양, 상효는 음으로 '비'의 관계를 형성하였다. '비'는 '나란하다', '견주다'라는 의미이고, 이는 서로의 관계가 나란하거나 견주임의 관계를 형성한 것을 의미한다.

그런데 음양의 관계가 비를 이루고 있다고 하더라도, 순順의 관계와 역逆의 관계로 나뉜다. 사효와 삼효처럼 음효가 아래, 양효가 위에 위치한 경우는 승承이라고 하고, 오효와 상효처럼 양효가 아래, 음효가 위에 위치한 경우는 승乘이라고 한다. 이를 비괘의 경우로 설명해 보자.

②처럼 양효 자리 위에 음효가 위치하는 비를 '승乘'이라고 하고, 그 의미는 '거슬러다', '올라타다'로 풀이한다. 이는 역의 의미로 양이 음을 이끌거나 주도하지 못하는 것으로 파악한다. 반대로 ①의 경우는 음이 아래에 위치하고 양이 위에 위치한다. 이러한 경우를 '승承'이라고 한다. 그 의미는 '받아들이다', '따르다'로 이는 순의 의미이다. 양이 음을 주도하고 이끌면, 음이 받아들이고 따른다는 의미이다. 이렇게 보면, 효들의 관계를 설명하는 개념은 '응'과 '비'로 크게 구분할 수 있고, 응에는 '정응'과 '적응'으로 구분되며, 비에는 '승承'과 '승乘'으로 구분됨을 알 수 있다.

일반적으로 응과 비의 관계에서는 '응'이 더 중요하게 인식된다. 비에는 소유의 의미가, 응에는 덕의 의미가 있다고 본다. 응이 상괘와 하괘의 관계를 설명하는 것으로 그 범위가 넓고 시간적으로는 긴 시간을 의미하는 반면에, 비는 인접한 관계를 설명하는 것으로 범위는 협소하고 시간적으로는 매우 짧은 기간을 의미한다고 본다.

　효들의 자리에 음양을 적용하고, 효들의 관계를 '응'과 '비'로 따져 보는 것은『역전』에서 단초가 나타나고, 나름의 이론 체계를 갖추어 말하고 있는 것은『역위건착도』이다.『역위건착도』에서는 효의 자리를 계급으로 구분해 배당하였고, 효들의 호응을 설명한다. 하지만『역위건착도』에서 '응'의 관계를 설명하고 있을 뿐, 응을 '정응'과 '적응'으로 구분하거나, '비'의 관계를 설명하는 내용은 나오지 않는다. 응을 '정응'과 '적응'으로 구분하거나, '비'의 관계를 말하는 것은『역위건착도』의 내용을 이어서 발전시킨 것이다. 정현은『역위건착도』의 효위설과 호응설을 체계화하여 득위得位, 실위失位, 응應과 승承, 승乘의 이론을 완성한다.[39] 위에서 설명한 효위설과 호응설은 대부분 정현의 이론을 가져와 말한 것이므로, 원문을 인용하지 않았다.

---

39. 余敦康,『漢宋易學解讀』, 華夏出版社, 2006, 85쪽 참조.

맺음말

'『주역』은 어떻게 탄생하는가'라는 질문에 답을 하는 과정을 마칠 때가 되었다. 전통적 입장에 따르면, 『주역』은 은주 교체기에 경문^經文, 역경이 만들어지기 시작한다. 그 경문에는 거북점을 치면서 물었던 점문과 그 점문의 결과인 길흉판단이 수용되기도 하며, 춘추 중기 이후의 역사적 사실과 인물에 관한 내용도 포함되어 있다. 은주 교체기에서 시작해 춘추 중기 이후까지 경문은 완성의 과정에 있었다. 이렇게 보면, 『주역』의 경문은 그 형성 기간이 600~700년에 달한다.

『주역』의 경문을 해석하면서도 나름의 사상을 보여주는 『역전』은 편마다 성립 시기는 다르다. 하지만 대체로 『역전』은 전국시기에서부터 형성되기 시작해, 몇몇 편은 한나라 초기인 무제에 와서야 완성된다. 『역전』의 완성에는 대략 200~300년이라는 시간이 걸렸다. 이는 『주역』이라는 책이 1000여 년이라는 기나긴 시간을 거쳐서 완성된 것임을 알 수 있게 한다.

『춘추』와 『국어』 등에는 시초점을 친 사례가 많이 나온다. 이들 시초점의 점풀이는『주역』의 괘사나 효사와 다르다. 1993년에는 진秦 나라 시기의 유물인 '귀장역'이 출토되기도 하였다. 이 사례는 진나라 시대에도『주역』뿐만 아니라 여러 점서들이 동시에 사용되었음을 보여준다. 그럼에도 최종 승리자는『주역』이었다.

『주역』이 여러 점서들에서 승리할 수 있었던 것은 다른 점서들에 비해 괘의 배열이나 괘사, 효사 등에서 나름 합리성을 가졌기 때문일 것이다. 다른 점서와 귀장역에 대한 연구가 충분하지 않아 분명하게 말할 수 없지만,『주역』의 경문은 괘사나 효사에서 영험이 있었던 거북점의 길흉판단이나 역사적 사실들을 반영하였다. 이 사실은 『주역』의 경문은 지속적으로 시대적 상황들을 반영하면서 단순한 점술 내용에 그치지 않고, 역사적 흐름과 함께 시대상을 반영한 것으로 볼 수 있다. 이러한 점이 여러 점서 중에서『주역』이 최고의 지위를 얻게 한 요인일 것이다.

『주역』의 경문을 풀이한『역전』은 점서의 성격을 해치지 않으면서도,『역전』이 쓰인 시기의 사상과 정치 상황들을 반영하고 있다. 그러면서『주역』의 성격을 철학적으로 해석해낸다.『역전』에 보이는 상징론, 음양론, 태극과 효위, 호응 등의 내용은『역전』이 쓰인 당시의 사상과 정치 상황들을 반영한다. 주백곤이『역학철학사』에서『역전』의 편들에 보이는 개념과 이론들을 당시 사상들과 비교하듯이 전국 시기의 여러 철학적 사유가『역전』에 수용되고 있음을 확인할 수 있다. 또한『역전』의 몇몇 편에는 한무제 시기의 정치이데올로기와 사상까지 보여준다.

이렇게 보면,『주역』은 1000여 년 동안 여러 사상과 정치 상황을 반영하면서 완성의 과정을 거쳤다. 이 점이『주역』을 철학서로 읽어내게 하는 요인이다.

우리는 유교의 여러 경전이 한나라에서 탄생한 것을 알고 있다. 유교의 경전들의 원형을 알 수 없지만, 이들 원형을 새롭게 편집하고 보강하여 우리가 보고 있는 경전들을 만들어낸 것이 한무제 이후이다.

한나라는 고조 유방에 의해 건국된 이후, 문제文帝와 경제景帝 시기에는 황로사상을 정치 이념으로 삼아 "아무 일도 하지 말고 백성과 더불어 쉬자"는 정책을 펼친다. 이것이 '여민휴식與民休息' 정책이다. 그리고 이 정책의 근거가 되는 논리가 노자의 '무위사상無爲思想'이다.[1] 여민휴식 정책으로 한나라가 누린 태평성세를 '문경지치文景之治'라고 부른다. 이 시기는 황로사상이 중심이 되었기에, 유교 사상이 힘을 쓸 수 없었다.

경제를 이어 황제에 오른 무제는 대일통사상을 내세워 강력한 중앙집권제를 실시한다. 대일통사상의 이론적 근거를 제공한 동중서의 건의를 받아들여 만든 오경박사제도가 설치되고, 유교가 국교가 되면서 유교경전에 대한 새로운 접근이 시작된다. 『주역』 역시 이러한 상황에서 유교적 이념들로 재해석되었다. 문언전, 서괘전, 설괘전, 잡괘전, 계사전 등에서 보이는 용어들과 이론들은 이러한 영향

---

1. '여민휴식與民休息' 정책은 백성동원령 금지, 법령의 간소화, 세금의 경감, 농민들에게 토지 배분 등을 내용으로 한다. 전쟁으로 인해 황폐화된 성곽과 다리, 농토를 복구하기 위해 백성을 동원하는 일을 금지한 '백성 동원령 금지', 진나라의 엄격한 법치를 폐기하여 '법령의 간소화', 전쟁을 치르면서 그 비용을 대기 위해 과중하게 걷는 '세금의 경감', 경자유전耕者有田의 논리에 따른 농민들에게 토지 배분 등의 정책은 한나라를 부강하게 하였고, 정치적인 안정을 이루어 냈다. 이 시기를 '문경지치文景之治'라고 부르며 중국 역사에서 가장 태평한 시대라고 말한다.

이 반영된 결과이다.

한나라는 영토적으로나 문화적으로 오늘날의 '중국'을 만들어 낸 왕조이다. 중국학자 거자오광葛兆光의 말처럼 진한시대의 사상이 과거 우주와 사회, 인간에 관한 파편적이고 치우친 지식을 체계적이고 통일적인 사상으로 전환해냈고, 모든 것을 체계화하여 '중국 사상의 토대'를 이루었다[2]고 평가한다. 리쩌허우李澤厚는 한대의 우주론 철학이 중국의 문화심리 구조를 형성했다고 본다. 한대 사상은 중국 철학 발전에서 가장 중요한 새로운 단계[3]라고 본다.

이처럼 한무제의 정치 이데올로기를 만들고 정당화하는 과정이 모든 사상을 체계화하면서 '중국 사상의 토대'를 만드는 과정이기도 하고, 이 과정에서 『주역』은 완성된다. 한무제의 대제국을 유지하는 논리를 『주역』이 제공하기도 하고, 한무제의 이데올로기가 『주역』에 스며들기도 하면서 현 통행본 『주역』은 완성된 것이다.

---

2. 거자오광 지음, 이동연 외 옮김, 『중국사상사』, 일빛출판사, 2013, 543~554쪽 참조.
3. 리쩌허우 지음, 정병석 옮김, 『중국고대사상사론』, 한길사, 2005, 27~35쪽 참조.

진한시대를 중심으로 한 중국사 연표

은	BC 16경 天乙(湯王), 夏를 멸망. 湯王 殷(商) 건국
주	BC 11경 武王, 은왕 紂를 퇴패, 무왕 周 건국
서주시대	BC 841년 厲王, 西戎 침입, 鎬京의 평민 폭동,
	召公 정치 대행(共和라고 부름)
	BC 771년 幽王, 犬戎 鎬京 침입 西周 멸망
동주시대	BC 770년 平王, 洛邑으로 東遷, 東周시대 시작
춘추시대	BC 772년 魯 隱公 원년, 春秋시대 시작
	BC 479년 魯 哀公 16년, 孔子 사망(BC 552 ~ BC 479?)
전국시대	BC 453년 魯 悼公 16년 韓, 魏, 趙가 晉陽에서 전투
	晉을 삼분할(戰國시대 시작)
(진나라 변법)	BC 359년 周 顯王 10년 秦나라, 商鞅 變法 실시
	BC 239년 秦王 政8년 〈呂氏春秋〉 완성
(진시황)	BC 221년 始皇帝 26년 齊 멸망, 秦 천하통일,
	郡縣制 실시(화폐, 문자, 도량형 통일)
	BC 210년 시황제 37년 전국 巡狩 도중 병사.
	胡亥 즉위.
	BC 206년 二世 황제 원년. 劉邦 咸陽 입성. 秦 멸망.

| 한
(서한시대)

신
(동한시대) | BC 202년 高祖 5년. 한고조 황제 즉위
BC 140년 武帝 建元 원년 武帝 즉위.
　　　年號를 처음 제정함(建元)
BC 136년 建元 5년 董仲舒의 건의로 五經博士 설치
AD 8년 서한 멸망. 王莽 황제 즉위. 국호 新
AD 8년 東漢 建武 元年. 劉秀 황제 즉위(光武帝),
　　　동한 건국
AD 79년 章帝 建初 5년 白虎觀에서 五經을 교정
AD 100년 和帝 永元 12년 許愼〈說文解字〉완성 |

참고문헌

주역 관련 문헌

『周易傳義大全』

『周易本義』

『周易正義』

『周易大傳』

『易緯乾鑿度』

王應麟編,『周易鄭康成註』

歐陽修撰,『易童子問』

趙汝楳撰,『周易輯聞』

胡震亨,『易解附錄 · 易贊易論』

김석진,『周易傳義大全譯解』상하, 대유
학당, 1997.

성백효,『현토완역 周易傳義』상하, 전통
문화연구회, 2010.

류우열,『왕필집교석』, 중화서국, 1985.

왕필 지음, 임채우 옮김,『주역 왕필
주』, 도서출판 길, 2000.

고형,『주역고경금주(周易古经今注)』,
청화대학출판사, 2010.

고형, 김상섭 옮김,『고형의 주역』, 예
문서원, 1995.

고형, 이경지, 용조조 지음 · 김상섭 편
역,『주역점의 이해』, 지호, 2009

朱伯崑,『周易哲學史』上冊, 북경대학출
판사, 1986.

朱伯崑 주편,『周易通釋』, 崑崙出版社,
2004.

廖名春 등 저, 심경호 역,『주역철학
사』, 예문서원, 1995.

余敦康 저,『漢宋易學解讀』, 華夏出版社,
2006.

徐志銳 著,『周易陰陽八卦說解』, 里仁書
局印行, 民國83.

주백곤 지음, 김학권 옮김,『주역산책』,
예문서원, 1999.

카나야 오사무 지음, 김상래 옮김,『주
역의 세계』, 한울출판사, 2010.

김경방, 여소강 지음, 한국철학사상연
구회 기철학분과 옮김,『역의 철
학』, 예문지, 1993.

황병기,『정약용의 주역철학』, 동과서
출판사, 2014.

기타 문헌

『山海經』
『史記』
『周禮』
『禮記』
『尙書』
『春秋左氏傳』
『國語』
『論語』
『中庸』
『墨子』
『老子』
『莊子』
『荀子』
『論衡』
『呂氏春秋』
『春秋繁露』
『論衡』
『漢書』
『漢書藝文志』
『說文解字』
『魏志』
『經典釋文』
『四庫全書總目』
俞樾, 『茶香室叢鈔』, 中華書局, 1995.
王国维, 『觀堂集林』, 中華書局, 2004.

楊伯峻, 『春秋左傳注』, 中華書局, 1992.
侯外廬, 趙紀彬, 杜國庠 저, 『中國思想通史』, 人民出版社, 1992.
徐良高, 『中國民族文化源新探』, 社會科學文獻出版社, 1999.
시라카와시즈카, 『주술의 사상』, 사계절, 2008.
거자오광 지음, 이동연 외 옮김, 『중국사상사』, 일빛출판사, 2013.
리쩌허우 지음, 정병석 옮김, 『중국고대사상사론』, 한길사, 2005.
장현근, 『중국사상의 뿌리』, 살림, 2004.
피석서 지음, 이홍진 역, 『중국경학사』, 동화출판사, 1984.
R.W. Williamson, 『The Social and Political Systems of Central Polynesia』, Vol.3, 1924.
이봉호, 『정조의 스승, 서명응의 철학』, 동과서, 2013.
모종감 저, 이봉호 역, 『중국도교사』, 예문서원, 2015.
朱越利, 「『周易參同契』的黃老養性術」, 『宗敎學硏究』, 2004년 제4기, 2004.

색인

347

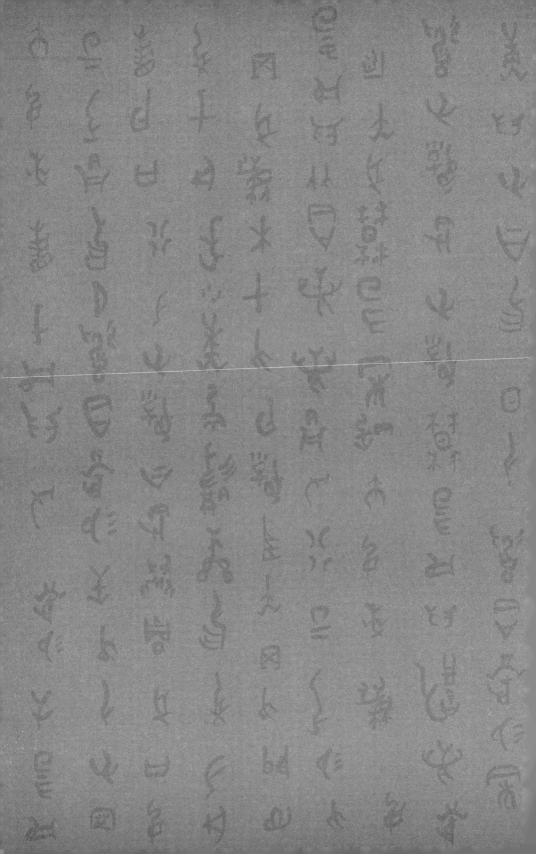